U0559826

東西洋風起

HRRICANE ACROSS THEEASTERN AND WESTERN

中西交通700年

周 宁 著

团结出版社

图书在版编目（ＣＩＰ）数据

风起东西洋 / 周宁著. -- 北京 ：团结出版社，
2019.7
ISBN 978-7-5126-6803-4

Ⅰ. ①风… Ⅱ. ①周… Ⅲ. ①中外关系－国际关系史
－研究 Ⅳ. ①D829

中国版本图书馆 CIP 数据核字(2018)第 269364 号

出　版：团结出版社
　　　　（北京市东城区东皇城根南街 84 号　邮编：100006）
电　话：(010) 65228880　65244790　（出版社）
　　　　(010) 65238766　85113874　65133603（发行部）
　　　　(010) 65133603（邮购）
网　址：http://www.tjpress.com
E-mail：zb65244790@vip.163.com
　　　　fx65133603@163.com（发行部邮购）
经　销：全国新华书店
印　装：三河市东方印刷有限公司

开　本：170mm×240mm　　　16 开
印　张：21
字　数：315 千字
印　数：4045
版　次：2019 年 7 月　第 1 版
印　次：2019 年 7 月　第 1 次印刷

书　号：978-7-5126-6803-4
定　价：68.00 元
（版权所属，盗版必究）

前　言

　　历史从最有戏剧性的时刻写起。公元 1275 年前后，马可·波罗从威尼斯到北京；列班·扫马，一位中国的景教徒，从北京出发，最远到巴黎。选择这个起点叙述中西关系史，有双重意义：一是可稽考的中西交通从此开始；二是世界现代化的历史，也从此开始。

　　中西关系的历史，有一个宏阔浪漫的开场。首先是蒙古骑兵打通了欧亚大陆，大旅行的时代突然开始。在古老的丝绸之路上，人从西方流向中国，财富与技术从中国流向西方。马可·波罗们——那个时代许多西方人到过中国——满载而归，财富与传说让中国在西方文化中，从此变得真切；列班·扫马却再也没有回到故乡，在中国，遥远的西方除了遥远之外，似乎一无所有。蒙元世纪是一段难以忘怀的劫难。蒙古大军与色目官吏到来，洗劫或贸易，或洗劫式贸易，财富源源不断地从中国流出。中国仍是世界的中心，但是一个将耗尽自己力量转动世界的、被奴役的轴心。马可·波罗与列班·扫马的旅行故事，水天辽阔，作为一种文化象征，出现在特定历史结构的起点上，真正的含义还不是个人的身世际遇，而是他们身后那种文明，在历史中的命运。

　　这个浪漫宏阔的开场，还有更深远的影响。马可·波罗与列班·扫马生活的那个百年，1250 到 1350 年间，是西方历史上的伟大世纪。旧世界不同文明区，中国、印度、波斯、伊拉克、埃及、拜占庭、西欧，在财富、技术与知识上都达到一个新的成熟期，不同文化区之间，由于短暂的"蒙古和平"，开始了贸易与文化交流，旧大陆的"世界体系"基本形成。中国是这个世界体系的中心，而边远隔绝的西方，开始"走向世界"，旅行、贸易、观念，都开始了一场革命，西方现代扩张也从此开始了。没有马可·波罗那一代人对中国的渴望与去中国的旅行，就没有哥伦布、达·伽马发现新大陆、新航路。马可·波罗时代的大旅行，是地理大发现的直接动机与灵感，现代文明与全球文明的起点。

如果从马可·波罗与列班·扫马时代算起，中西关系已有七个多世纪的历史。其间交流与冲突、兴盛与衰落，有说不完的故事与事故，叙述这段历史，必须先确立一个有意义的起点，然后在连续发展的事件过程中，找到某种变化交替的模式，表现为特定的历史场景，犹如戏剧的"情节"。历史的真实不在于事件原始的客观性，而在于历史的结构或规律。我们既不能不加取舍地叙述"事实"，也不能按自然时间均匀排列事件。历史有迟缓稳定沉闷的时刻，也有浓缩激变动荡的瞬间。我们必须选择那些戏剧性时刻，将它们连接起来，这样才能感觉到或者展示出历史的脉动或历史的逻辑。

马可·波罗与列班·扫马的旅行，作为一种文化象征，出现在中西关系与世界现代文明的起点上。700年间，至少有四组事件，具有典型性意义，它们是马可·波罗与列班·扫马的旅行、郑和远航与伊比利亚扩张、中英茶叶与鸦片贸易、义和团运动与八国联军入侵。写700年中西关系的历史，取其中四个时段、四组事件，犹如写四幕剧。每一幕都有不同的场景，说明不同历史阶段转折的特征；前后之间又表现出一种连续性，说明历史整体的过程与意义。

第二幕开场的时候，场景已从旧大陆的两端转移到世界南方大洋，公元15世纪是中西关系史上关键的一个世纪，古里（卡利卡特），世纪初与世纪末，见证了世界历史中东西消长、大国兴衰关键的一幕。郑和下西洋，不过二十多年，明朝海禁却200年，正是在这200年间，西方完成了地理大发现，葡萄牙人、西班牙人、荷兰人，持续扩张。中国曾经拥有绝对的海上优势，郑和七下西洋，挥霍性的远航，将这种优势推向瞬间的高峰，然后突然停止。中国势力退出外洋。欧亚大陆两端，一方是内向收敛的古老的内陆帝国，另一方是外向扩张的新兴资本主义民族国家，冲突已经开始，但胜负远未分明。

写历史犹如写戏，总有一段情节，有开端、过程与高潮，有时空与场景的变换。第一幕的时间在公元13—15世纪，场景在欧亚大陆内陆。第二幕转移到15—17世纪的世界南方大洋，冲突的焦点则在印度洋。笔者根据四组典型事件，将中西交流与冲突的历史，分为四个阶段：1250—1450年、1450—1650年、

1650—1850 年、1850 至今。1450 年前后，是中西关系史上的一个转折点，中华帝国的远航在辉煌中突然停止，而葡萄牙的远航，起初尽管微不足道，却最后酿成西方全球化扩张大潮。决定未来命运的，还不是即将到来的、双方不可避免的遭遇与冲突，而是，在西方扩张势力进入亚洲海域之前，中国就已经自己消灭了自己的力量。在世界现代史上，称霸海洋的民族，将称霸世界；失去海洋的民族，最终将不仅失去世界，也失去家乡。

中西交往已有七个多世纪的历史，其间经验道理，深广庞杂，一本书或几本书，一代人或几代人，恐怕也说不清楚。选择四组事件，不过是为每一个典型性的历史阶段选择一个象征，窥一斑而知全豹。1450 年之前，世界是一个东方化的世界；1650 年之后，世界则是一个西方化的世界。世界格局内东西方的命运发生了根本的变化。西方扩张的最大问题是东西方贸易的不平衡与政治军事力量的相对平衡。最终解决这个问题的，是英国建立了印度殖民地，开始向中国贩运鸦片。不管大英帝国的历史多么辉煌，总掩盖不了它的毒品根源。印度生产鸦片，中国消费鸦片，贩毒的暴利既可以收购茶叶运回英国，又可以维持在印度进行殖民统治的财政；中国朝廷禁烟的时候，英国发动鸦片战争，用印度的补给与雇佣军摧毁中华帝国。这是多么奇妙的殖民主义世界结构。鸦片贸易，一种人类历史上最大规模最公开的贩毒活动，构成大英帝国世界经济体系成长的基石或酵母。

第三幕的场景已从遥远的大洋移到中国海岸。1650 年到 1850 年间，不列颠从一个偏僻的岛国成长为日不落帝国，中华帝国最后一个盛世也结束了，开始了无可挽回的衰落。中西关系这段悲壮或耻辱、卑劣或辉煌的经历，原本就没有什么波澜壮阔的史诗因素。1650 年前后英国人开始贩运茶叶，100 年后英国已经成为一个"喝茶的国家"，没有大宗茶叶贸易造成的白银出超，英商可能不会那么急切地向中国贩运鸦片；1750 年后不久，中英鸦片贸易开始，不到 100 年，中国成为一个"抽鸦片的国家"。没有鸦片贸易，大英帝国的东方殖民事业就无法支撑，中华帝国也不会如此衰落。地球两端两大帝国的兴衰关联，竟系于轻薄无聊、如水似烟的茶与鸦片；而生活中本来最无足轻重的物品，却导致了历史上改变帝国与世界命运的最沉重的战争。有人从历史中看出辉煌与悲壮，有人却看出荒诞。

历史如戏，往往在事件与事件、事件与整体的关系中，显露出重大的主题，那就是一种历史结构或历史动力。起于几个商人传教士冒险的西方扩张，终于全球范围内的殖民帝国主义，而一个庞大的世界中心的帝国，却因为某种费解的宽厚凝重自足迟缓，变成世界危险破碎的边缘。200年又200年，列班·扫马的旅行早已被遗忘，马可·波罗的传奇也显得不合时宜，欧洲到中国的旅程已从四年缩短成四周，而对大汗的国土充满仰慕的威尼斯商人的后代，如今在满清朝廷，成为颐指气使的"洋大人"。鸦片战争之后，中西关系对中国来说，已经不仅是外交或国际关系问题，而是内政问题；不仅是贸易与战争、霸权与安全的物质权力问题，还是文明盛衰文化存亡的问题。就西方而言，从地理大发现开始的西方扩张史诗，终于有了一个凯旋的结局；就中国而言，千年帝制即将结束，现代化运动在血腥与屈辱中开始。中国救亡图存，面对的不仅是西方，还有西方扩张造成的中国社会结构与文化观念上的分裂。

中土西洋，天各一方，从奇迹般的旅行与传说，到竞逐外洋的遭遇与冲突，从海岸贸易与战争，到内陆分裂与沦陷，七个世纪四个阶段，中西交流与冲突，都在逐步深化、逐步激化。第四幕的场景，已经从传说渴望的欧洲、零星遭遇的外洋、贸易冲突的海岸，转移到中国内陆，转移到中国的乡土"中原"；冲突的焦点也已不是贸易竞争与政治安全，而是文化裂变。两次鸦片战争，不仅使"洋药"（鸦片）泛滥中国，摧毁国家经济国人躯体；而且使"洋教"（基督教）深入内陆，侵蚀礼教动摇人心。鸦片战争之前，中国要禁洋药；鸦片战争之后，中国要排洋教。持续不断的教案，终于激起中国社会内部的分裂动乱。

中西关系四幕，冲突在第四幕达到高潮。世界现代化的历史，高潮也在第四幕降临。礼乐衰，方术兴，义和团"扶清灭洋"，以野蛮的方式对抗文明，开天下之险；八国联军入侵，以保护文明的旗号暴殄文化，凯旋败灭转瞬之间。义和团运动是中国现代历史的转折点。义和团运动前60年与后60年，中西冲突格局发生了根本的变化。西方对中国持续不断的扩张，达到凯旋的高峰，中国也走上救亡图存富国强兵的艰难历程，而由此展现的中西交流与冲突的复杂而危险的格局，关系20世纪整整一个世纪的中国现代化运动，无论在实践中，还是观念上。义和团运动与八国联军暴侵，在世界现代化历史上，也是一个转折点。西方扩张达到高潮，以后一个多世纪的世界格局与中西关系，在1900年已经注定了。西方世界尽管冲突重重，但在面对非西方世界时，却很容易在政治军事贸易文化上整合成一个整体，而中国在面对西方扩张时，内部文化的分裂却难以形成整体的对抗力量，而这种国民整体的对抗力量一旦形成，又可能在民族主义的狂热与激情中，野蛮撕裂并葬送自身。

"对世界的阐述是无限的。因为，任何阐述都是增长和衰落的象征。"写历史写得条理清晰又令人激动，关键在描述出一种内在的"情节"，让典型的事件与人物在特定的时空中连成一条本来看不见的线索，历史结构与意图就浮现出来了。义和团运动与八国联军暴侵，西方扩张尽现其两面：启蒙主义与殖民主义；中国自强也开启其两面：开放主义与排外主义。西方对中国，同情与援助，恐惧与遏制，飘忽不定，莫衷一是，实践上不现实也不成功，观念中不知己也不知彼。中国对西方，仰慕与效法，排斥与仇恨，取弃难断，兴革无方，实践上忽中忽西，左右摇摆，观念中不能中也不能西，而不中不西又不成东西。中国的现代化运动表现出的某种文化困境，似乎在1900年就已经注定了，到2000年依旧没有走出。马可·波罗与列班·扫马身后700年，中土西洋，从天各一方的传奇，变成全球一体化体系中利害安危息息相关的现代国家，而且，对中国来说，西方已经不在遥远的异乡，它就在本土之内。中国现代历史或中国现代化的历史，根本不可能离开"中西关系"这个坐标或世界现代化这个"宏大叙事"。

中西交通700年，是非恩怨，坎坷兴衰，写四组事件，小中识大；分四个阶段，见历史的关节。本书与其说是学术著作，不如说是知识性的"读物"，在精心安排的戏剧性叙事中，"感知"历史以及历史延伸到现实的意义。与其说是研究，不如说是"叙事"，努力再现"历史现场"，让往事有情节，生动或细腻；让思想有风情，新锐或厚重；让读者有经验，深刻沉痛或激奋高昂。人生读写如行旅。两三百个页码，翻过六七百年沧桑，中西交流与冲突、兴盛与衰落，其中令人激动的精彩瞬间，却只有那么四段。千难一易，都从那次穿越旧大陆的旅行说起……

目　录

CONTENTS

第一章

天上人间：大旅行时代东去西来

　　多少年以后，人们回顾中西交流与冲突的历史，无不想起那次旅行。马可·波罗从威尼斯到北京，几乎同时，列班·扫马从北京启程，最终到达巴黎。

　　那是真正划时代的旅行，似乎今后七个多世纪中西之间的是非恩怨，在那次旅行中，都已经注定了。马可·波罗从东方满载而归，财富与传说让中国在西方人的生活与事业、知识与想象中，从此变得真切，西方的扩张开始了；而列班·扫马，却再也没有回到故乡，在中国，遥远的西方除了遥远之外，似乎一无所有。

　　马可·波罗与列班·扫马，都生活在大时代里。水天辽阔一生，但他们所处的那个时代，对于他们各自身后的文明，却有着完全不同的意义。蒙元世纪最终完成了欧亚大陆的一体化运动，对于西方，它意味着"蒙古和平"，旅行与贸易、观念与知识，都开始了一场革命；欧亚大陆交通畅通，伊斯兰扩张被暂时压制了，东方的财富与技术都向西方开放，在古老的丝绸之路上，人从西方流向中国，财富与技术从中国流向西方。对于中国，它意味着"蒙古征服"，是一场国族覆灭的劫难。蒙古大军与色目官吏到来，洗劫或贸易，或洗劫式贸易，财富源源不断地从中国流出，滋养着丝绸之路海上与陆上的那些商镇，从布哈拉、爪哇一直到威尼斯、热纳亚。

　　马可·波罗与列班·扫马时代，中国仍是世界的中心，一个将耗尽自己力量转动世界的、被奴役的轴心。华夏文明伤了元气，由此产生的封闭保守的本土主义观念与情结，窒息了自身的发展。而西方，则开始走向世界，因为"发现"中国，他们确认了自我；因为向往中国，他们发现了世界，被诱发的资本主义扩张的想象与热情，从此一发而不可收拾。

　　叙述中西关系的历史，从蒙元帝国时代的旅行开始，不是要确证历史的原因，而是想找到一种象征，使历史变得生动，现实可以从中得到解释。中西交流与冲突七个多世纪，恩怨不解，是非难辨，而一切，都开始于那次旅行……

第一节
马可·波罗东来的时候，列班·扫马西去

马可·波罗东来的时候，列班·扫马西去，从北京到巴黎。那是同样伟大的旅行，却有完全不同的意义。马可·波罗从莫须有的传奇进入显赫的历史，而列班·扫马则从显赫的历史退隐到一段若有若无的传奇中，而且被遗忘了500年。我们重新叙述他们二人在同一个时代、同一个世界里的交叉旅行，是想为世界现代文明格局中的中西关系史，找到一个有意义的、戏剧性的起点，1275年前后，马可·波罗从威尼斯到北京，列班·扫马，则从北京西去，一直到巴黎……

马可·波罗东来，从威尼斯到北京

一切都开始于那次旅行。 1271年夏天，马可·波罗(Marco Polo)随父亲、叔父前往"大汗的国土"。他们有双重使命，一是游历东方发财致富；二是受忽必烈大汗的委托，带罗马教皇的传教士去

图1-1：上图，波罗兄弟觐见大汗；下图，波罗兄弟自君士坦丁堡启航。大英博物馆藏《马可·波罗游记》古抄本插图。

图1-2：大汗赐波罗兄弟金牌。值得注意的是，在这幅1400年版《马可·波罗游记》插图中，波罗兄弟是教士装束，与图1-1中的商人装束不同。《马可·波罗游记》中说波罗家东行有双重使命，经商与传教。

中国。①

对于生活在13世纪后半叶的威尼斯人，中国是个神话般的地方，遥远、广阔、富庶，像天堂，也像另一个星球。三位波罗从威尼斯启程，渡过地中海，到达圣城耶路撒冷以北的阿迦。阿迦是十字军东征后法兰克人②在西亚留下的最后一个据点。城里有许多威尼斯人的商栈，还有个基督教主教教堂。

从阿迦 (Acre) 出发，有两条路通向中国，一条是北方草原之路，一条是南丝绸之路。他们最初的路线是准备陆行穿越小亚细亚到黑海，取草原之路前往哈剌和林 (Karakorum)。10年前老波罗兄弟走的就是这条路。草原之路荒蛮，但距离短，也相对安全③。过了顿河就是蒙古帝国金帐汗国 (Golden Horde) 的土地了，凭着大汗赐给他们的那个"光彩夺目的金牌"，他们将通行无阻。从阿迦还有一条更短也更著名的路到中国，那就是沿幼发拉底河到巴士拉，从波斯湾走海道。这条路穿越伊斯兰地区，对基督教商人来说有一定

① 马可·波罗的父亲和叔父刚从中国回来。据说忽必烈大汗请他们作为使臣回欧洲拜见教皇，请教皇给他"派一百名才能和学识过人的基督教徒，以便把他们国家盲目崇拜的人皈依成基督教徒。同时，他还要他们答应保证带着教皇的回音和耶路撒冷城救世主灵碑前的一点灯油重新返回"。参见《马可·波罗游记》，陈开俊等译，福建科学技术出版社，1981年版，"序言"。下引自《马可·波罗游记》的引文，均见该译本，恕不另注。

② 穆斯林称欧洲人或基督徒为法兰克人 (Franc)。

③ 孟德·高维奴主教（见后文）1305年1月从北京写给教皇的信中说，派传教士从欧洲到中国，有两条路可走，"……陆路，经过北鞑靼的皇帝阔丹的领土较为安全可靠，如与使者们同行，在五六个月内即可到达这里。但是，如取道海路，则是最为遥远和危险的，因为这样须航行两段海路……很可能在两年之内还不能走毕全程"。[英]道森编：《出使蒙古记》，吕浦译，周良霄注，中国社会科学出版社1983年版，第264页。

的危险。十字军东征在基督徒与穆斯林之间结下世仇。整个西亚都不会忘记公元1099年、回历492年夏天开始的那场浩劫。红头发的法兰克人（Franc）挥舞着长剑冲入圣城，屠杀男女老少，抢劫金银财宝，焚烧店铺、住家与清真寺。[①] 在基督徒与撒拉逊人（Saracen）[②]之间的这场残酷的战争，持续了两个多世纪。如果不是蒙古骑兵20年

图1-3：十字军攻占圣城耶路撒冷。历史学家形容十字军："他们疯狂屠城，以为为救世主报了仇，然后就捶胸顿足、泪流满面地去朝拜圣墓。"

间征服了从布哈拉到大马士革之间广阔地域，基督教商人通过这一地区，几乎是不可能的。

那是一个令人激动的时代，世界突然展开。波罗一家的旅行，即使在30年前，也还是不可想象的，1245年，柏朗嘉宾（Plan Carpin）修士走草原之路出

---

①　十字军东征在伊斯兰世界被称为"法兰克入侵"。基督教史籍中，十字军东征似乎是一场连续两个世纪的收复圣城的圣战；而在伊斯兰教史籍中，这一系列战争则是野蛮入侵与抵抗入侵、收复失地的战争。两种历史对同一事件的记载完全不同。参见 Les Croisades Vues par les Arabs. by Amin Maalouf J—C Lattes，Paris，1983。

②　基督徒称穆斯林为撒拉逊人。

使哈剌和林，行前根本不知道路在哪里，也没有准备活着回来。[①] 而此后不出10年，似乎就有欧洲商人往返于这条草原之路，包括马可·波罗的父亲和叔父第一次中国之行。波罗一家原想走亚美尼亚与格

图1-4：在荒凉的商路上，信奉真主的商人们建立了许多这样的商队客栈。这是古伊拉克境内的商栈遗址。

鲁吉亚，翻越高加索山脉去金帐汗国。不料亚美尼亚国王与巴格达的苏丹之间爆发了战争。道路阻断了，他们只能南下摩苏尔，穿越辽阔的伊斯兰地区，前往中国。摩苏尔在伊拉克北部底格里斯河岸边，是一座著名的商贸城市，盛产金线丝织品，也是香料、药材、谷物贸易的集散地，处在地中海贸易区、北方草原贸易区与中东穆斯林贸易区的交会点上。

　　一个人不能选择他生在哪个时代，但可以选择他所在时代的生活。随行的两名"学识渊博"的修士因为恐惧"决定放弃使命"，返回欧洲，马可·波罗一家则继续前行，进入蒙古征服后的伊斯兰地区。13世纪的欧亚大陆，可以分为五大文明地区，分别是华夏文明、伊斯兰文明、印度文明、草原文明、基督教文明地区。基督教文明区在文化、政治、经济上都具有相对一体化的特征，它以罗马、君士坦丁堡为宗教中心，以巴黎、君士坦丁堡为文化政治中心，以威尼斯、热那亚为贸易中心，以布鲁吉斯(Bruges)、根特(Gand)为手工业中心，以地中海为内湖，以威尼斯、热那亚、君士坦丁堡、苏达克(Sudak)、阿迦、亚历山大里亚为环星城市。基督教文明区北接草原文明，如今是蒙古帝国金帐汗

---

　　① 方济各会修士柏朗嘉宾受教皇英诺森四世派遣出使蒙古，从里昂出发，经波兰、乌克兰草原继续东行，一年以后到达伏尔加河畔拔都幕帐，再由拔都派人护送前往蒙古帝国的首都哈剌和林。有关旅行线路与经历的详细记载，可见《柏朗嘉宾蒙古行记·鲁布鲁克东行记》，耿升、何高济译，中华书局1985年版。柏朗嘉宾走过的北纬50度的这条草原之路，可能是希罗多德《历史》中所说的斯基泰商队的"黄金之路"，也可能是托勒密所说的马其顿商人前往赛里斯国的商路。参见希罗多德《历史》第四卷上册，王以铸译，商务印书馆1985年版；[英] G.F. 赫德逊著，《欧洲与中国》，王遵仲等译，中华书局1995年版，第1—26页，第一章"朔风以外"；[法] 戈岱司编：《希腊拉丁作家远东古文献辑录》，耿升译，中华书局1987年版，第19—58页，《地理志》(即托勒密的《地理学》，在此被耿升先生译为《地理志》) 的有关章节。

的天下；东邻伊斯兰文明区，十字军东征后，那里的战争与贸易同样热闹。

阿迦是基督教文明区的东界，过了阿迦，向北向东，可以进入草原文明区与伊斯兰文明区。如果向北穿越博

图 1-5：底格里斯河和幼发拉底河交汇口

斯普鲁斯海峡到黑海，在苏达克上岸就进入了草原文明区，草原与大河，营帐与废墟，完全是鞑靼人的天下。在那里你可以采购皮毛、木材、奴隶，贸易的形式往往不是买卖，而是献赐。你可能被鞑靼人抢得血本无归，冻死在雪地里，你也可能用几颗好看的石头、珊瑚贝壳之类讨得汗王的欢心，赏得你暴富到不认识自己。草原的财富与危险同样难以预料。

从阿迦向东，进入以伊拉克、波斯为中心地区的伊斯兰文明。前 500 年间，这里曾是世界上最繁华的地区，有耶路撒冷、安条克 (Antioch)、巴格达、大不里士 (Tabriz)、巴士拉 (Basra)、忽里模子（Ormes，今阿巴斯港）等重要宗教、贸易城市。伊拉克、波斯一带，自古以来就是东西交通的孔道。位于底格里斯河与幼发拉底河之间的岛屿般的城市巴格达，曾是世界之都。阿拔斯王朝曼苏尔 (Mansul) 哈里发当年选择这个名叫巴格达 ① 的小村子建都，据说他的想法是穿城而过的底格里斯河，可以通向遥远的中国，带来世界的各种财富。巴格达变成世界市场。中国的丝绸、瓷器、纸张、马鞍、剑、肉桂，吐蕃的麝香，印度的黄金与孔雀，还有数学哲学，马来群岛的香料，撒马尔罕 (Samarkand) 的地毯，

---

① "巴格达"的意思是"神的花园"。

波斯的白银、珍珠，埃塞俄比亚的黑奴、象牙，埃及的亚麻布，希腊的医学与地理学，俄罗斯的蜂蜜、黄蜡，西班牙的金属，都被运到这里贸易。巴格达的码头有六七公里长，日常停泊着几百艘各式各样的商船。商人们从那里出发向西到地中海沿岸，通过犹太人的经销网，东方的奢侈品进入"法兰克人"的基督教世界。伊斯兰世界的商品也运往中国，大食商人可能直航广州或泉州，也可能由印度、锡兰或马来亚的商人转销其货物。怛逻斯 (Dallas) 战役中被俘流落巴格达的中国人杜环，回来后说大食"郛郭之内，里閈之中，土地所生，无物不有。四方辐辏，万货丰贱，锦绣珠贝，满于市肆。驼马驴骡，充于街巷"。①

从摩苏尔到巴格达，波罗一家走了 4 天。他们看到的蒙古征服后的巴格达，盛况远不如当年。1258 年，旭烈兀的蒙古大军围攻巴格达，哈里发出城投降，所有的守城士兵和 9 万居民被集体屠杀。劫掠持续了 17 天，全城火光冲天，札米清真寺和阿拔斯王朝的陵寝受到严重破坏，繁华的都城几成废墟。投降的哈里发在交出了库储与宝藏后，被裹在毛毡里，让骑兵的马踏死。②半个世纪以后游历巴格达的伊本·白图泰 (Ibn Battūtah)③，还感叹这座世界之都已如"消逝的朝霞，或如幻想中的偶像"，"事过境迁，名存实亡了"④。

尽管战乱夺去了巴格达往日的辉煌，但是，在马可·波罗看来，巴格达仍是"这一片辽阔地域所遇见的最壮丽、最宏伟的大都市"。古老的城市与贸易正在废墟上重建，市场里商品琳琅满目，有金线丝织品、豆蔻、胡椒、钻石……穆斯林的生活也在一点点地恢复生机。蒙古骑兵可以瞬间征服一个城市，却难以长久统治这个城市。几万蒙古骑兵转战整个西亚，只有当地的景教徒⑤可以帮助他们。最后不是蒙古人征服了穆斯林，而是伊斯兰教征服了蒙古人，因为统治西亚的伊儿汗国蒙古人，最终都信奉了真主，并开始站在穆斯林立场上屠杀

---

① 《通典》，卷 193。

② 蒙古人处死有身份的贵族的方式。

③ 伊本·白图泰 (1304—1377)，突尼斯旅行家，1325 年开始三次世界旅行，足迹踏遍从西班牙到中国、从苏门答腊到俄罗斯草原的广阔地区。素丹的秘书穆罕默德·伊本·朱赞·凯洛比根据他的口述于 1356 年写成《异域奇游胜览》。

④ 马金鹏译《伊本·白图泰游记》（校订本），宁夏人民出版社 2000 年版，第 177 页。

⑤ 景教（Nestorian Church），基督教的东方分支。主张耶稣为唯一的神格，信奉君士坦丁堡大主教聂斯脱利的教义，因此在西方被称为聂斯脱利派。公元 431 年以弗所会议 (Council of Ephesus) 被西方基督教会定为异端，主要在中东一带传播。唐贞观年间传入中国，在中国称为景教。

景教徒，景教徒也是基督徒。

　　马可·波罗时代的伊斯兰文明，仍是当时的一种"全球化文明"，从西欧的伊比利亚半岛一直到东南亚的香料群岛①，都是真主的天下。伊本·白图泰从北非出发，一直到中国闽粤沿海，横跨欧亚大陆从西北到东南，都可以见到穆斯林与清真寺。而基督徒在广阔的伊斯兰地界旅行，情况就不一样了，他们必须小心翼翼，甚至得像马可·波罗的同乡尼哥罗·德·康梯（Nicolo De Conti）那样，把自己装扮成穆斯林。②

　　生活在那个时代，旅行是自由的，没有明确的国界海关，不用护照签证；也是危险的，天灾难免，人祸更多：战争或和平，强盗或良民，财富或信仰，都可能使你丧命。马可·波罗幸运地赶上了"蒙古和平"时代，大汗的金牌多少可以保证他的安全。波罗一家的旅行，在伊拉克、波斯一带颇费周折，南下北上，东折西行，几乎让人看不出目的与方向。从巴格达往中国，最近的一条路是南下走海路。可是波罗一家没有从巴格达乘船沿底格里斯河南下忽里模子，而是由巴格达北上大不里士，觐见阿八哈（Abaga）汗王。

　　波罗一家在波斯境内盘桓了相当长的时间，从大不里士向东南，经今德黑兰附近的撒巴城（Saba）、伊斯法罕（Isfahan）、亚兹德（Yazdi）一直到起儿漫（Kirman），这些城市都在今天伊朗从大不里士到克尔曼的铁路干线上。如果他们计划中的旅途是走草原之路到上都开平，那么他们应该从撒巴城继续向东，沿古老的忽罗珊（Khorassan）大道去布哈拉（Bokhara）——"波斯王国最宏伟壮丽的城市"。可是他们却从起儿漫继续向南，最后还是到了忽里模子。再折向东北，翻越"世界屋脊"帕米尔高原，进入今日中国地界。混乱的旅程到此还没有结束。如果他们旅行的目的地是上都，从喀什噶尔（Kashgar）他们应该向东沿塔克拉玛干大沙漠南部边缘行进。但《马可·波罗游记》的叙述在从喀什噶尔到鸭

---

　　①　即马鲁古群岛（Kepulauan Maluku），旧名摩鹿加群岛，指今印度尼西亚东北部岛群，因盛产丁香、豆蔻、胡椒等香料得名。

　　②　马可·波罗的后辈同乡尼哥罗·德·康梯（Nicolo De Conti）15世纪初在东方游历，娶了印度姑娘做妻子，伪装成穆斯林，甚至信了伊斯兰教。为此他一回到意大利就去教皇那里请求赦罪，如果没有教皇的秘书博嘉·布拉希奥里尼（Poggio Bracciolini）从中斡旋，教皇还不会赦免他。参见张星烺编注《中西交通史料汇编》第一册，中华书局1977年版，第335—336页。

图 1-6：马可·波罗一家前往中国的商队。见于 14 世纪加泰兰 Catalan 地图的一角，1375 年《马可·波罗游记》抄本

儿看（Yarkand，今叶城）、忽炭（Khotan，今和田）之间，又提到葱岭以西千里之外的撒玛尔罕。可能在此他要交代忽必烈与其侄海都 (Haidu) 的战事。或许只有当时的战乱治安与区域贸易状况，才可以解释这些明显不合情理之处。

《马可·波罗游记》记述的旅程颠三倒四，令人生疑。是否有过马可·波罗？是否有过马可·波罗的旅行？或许根本没有马可·波罗其人？《马可·波罗游记》也不是游记，而是汇编起来的通商指南或地理书？[①] 相信其有不易，怀疑其无更难。或许我们应该试图了解他那个时代的旅行与贸易情况。首先，蒙

① 有关问题可以参见英国弗朗西丝·伍德博士饶有趣味的著作《马可·波罗到过中国吗？》，洪允息译，新华出版社 1997 年版。

图 1-7：蒙古帝国疆域图，图中标出从威尼斯出发前往大汗国土的两条路线。

古帝国战事不断，道路中断是寻常事，尤其是察合台汗（Chiaaday）统治下的突厥斯坦，从布哈拉到吐鲁番，战乱更是接二连三；其次，当时大陆贸易多是滚动式的区域贸易，商人在一个城市收购货物到另一个城市出售，购买新货上路，波罗一家实际上是在许多城镇间迂回贸易，而不是从欧洲到中国直线旅行。

进入大汗的帝国，就进入了另一个文明区，物产风俗信仰语言都不一样了。这是一个广阔的世界，从帕米尔高原一直到东南亚海域诸岛，半内陆半海洋，半农耕半贸易，有信奉真主的穆斯林、信奉上帝的景教徒，但更多是膜拜偶像的佛教徒与效忠天子祭祀祖先的儒教百姓。首先是广阔的唐古忒（今甘肃西部、青藏地区）。从沙州（今敦煌）到肃州、甘州（今酒泉、张掖），在这

图 1-8：据说是长老约翰国的文字，见 14 世纪《曼德威尔游记》插页。

里，马可·波罗见到上好的大黄、精美的佛教造像，还有撒拉逊人、偶像教徒（崇拜偶像的，如佛教徒）与景教徒。马可·波罗以好奇的心态描述奇风异俗，如沙州的离奇的殡葬仪式，哈密以妻女供客人淫乐，甘州表兄妹通婚和继娶岳母等。从甘州向北，进入蒙古人传统的家乡。从嘎顺诺尔西南的亦集乃城（汉代居延塞）到鄂尔浑河上游的哈剌和林，漫长的旅途中没有城市。离开哈剌和林，波罗一家又南下西夏国旧地，到贺兰山、凉州后向东折，过鄂尔多斯草原抵达天德，即今天内蒙古东胜、托克托一带。马可·波罗说这里是长老约翰[①]的首府，又说是《圣经·旧约全书》"启示录"中所说的魔鬼部族"歌革"与"玛各"所

---

① 长老约翰（Pretre Jean）的传说最早出现在 12 世纪欧洲，1165 年，一封奇怪的信传至罗马。信是由一位莫须有的长老约翰致曼奴埃尔一世教母的，信中长老约翰自称为"三个印度和从巴别塔到圣·托玛斯（St Thomas）墓之间辽阔地区的国王"。长老约翰的信应和了西欧的有关在中亚和南亚存在有基督教徒的古老传说。圣·托玛斯以及由他所创建的印度基督教区的传说，阿尔弗莱德大帝于 883 年派向印度的英国主教西格尔穆斯的旅行，一时间似乎都成为确实无疑的事实。蒙古世纪直到地理大发现时代去东方的冒险家，从柏朗嘉宾到哥伦布，多有寻找长老约翰的动机。他们相信东方确有一位基督徒君主，同时又是宗教首领，即长老约翰。1140 年左右哈朗契丹汗国创建，继而又有以成吉思汗为首的蒙古人出现，蒙古帝国同情基督教，东方有许多信奉十字架的景教徒，这一连串发现都使基督教徒想象长老约翰的国土就在中亚甚至就是信奉景教的克烈部。马可·波罗相信克烈部的王罕就是长老约翰。他在游记中将成吉思汗与克烈部的战争描述为"成吉思汗和长老约翰之间的战争"。当然，真正到过东方的人，谁也没有在蒙古帝国的土地上见过长老约翰或长老约翰的国土。所以到马可·波罗逝世那些年里，西方人传说中的长老约翰的国土又移到阿比西尼亚（今埃塞俄比亚），1329 年 8 月 21 日被教皇敕封为印度主教的儒尔丹说他认为长老约翰就是阿比西尼亚皇帝；马黎诺利也称阿比西尼亚为"长老约翰之地"。

在。[1] 在一个完全未知的陌生世界旅行，想入非非是可以理解的。马可·波罗在中国发现魔鬼部落，把马来半岛的犀牛当成《圣经》传说中美丽纯洁的独角兽，感觉自己到了地狱或天堂的边缘，所有这一切，似乎都不足为奇。

大汗统治下的华夏文明区，是当时世界上最繁华最安全的地方，也是旧大陆上离基督教文明最遥远的地方。旧世界五大文明，相互比邻交往，只有华夏文明与基督教文明天各一方，处在欧亚大陆的两极，在历史上也未曾有过贸易和文化方面直接的交通。马可·波罗的旅行，对于当时的中国，意义轻微到根本不值得注意，随蒙古入侵到来许许多多色目人，某年某月在他们中间又出现三个威尼斯商人，能算得了什么？所以，在中国史籍中找不到他们的事迹；对于当时的欧洲，马可·波罗旅行的意义又重大到几乎令人难以置信。欧洲人从未想到在世界的另一端存在着这样一个世俗天堂般的地方，马可·波罗的旅行大破天荒，财富与传说刺激人们的想象与欲望，终于酿成一种改造历史的力量。最后，在世界现代史或全球化历史上，马可·波罗的旅行作为一种文化象征，其真正意义是第一次联通了华夏文明与基督教文明，使偏远的欧洲进入旧世界的文明中心，并且进一步导致世界范围内的西方资本主义扩张，成为世界文明一体化进程的一个新起点。

艰难而浪漫的旅行即将结束了。1275 年的一个夏日，马可·波罗离开威尼斯将近 4 年以后，终于望见草原上由金碧辉煌的石头宫殿与五彩缤纷的帐篷组

---

[1]　中世纪基督徒曾经幻想天堂与地狱都在东方。千年尽头，末日到来，被释放的撒旦将召唤"歌革"与"玛各"，"聚集争战。他们的人数多如海沙。他们上来遍满了全地，围住圣徒的营与蒙爱的城"（"启示录"，第 20 章）。蒙古人最初出现在多瑙河岸的时候，欧洲人直接的感受是末日降临了，蒙古人（Mongol）的名字让他们自然联想起歌革和玛各（Gog 和 Magog）。所有魔鬼都从地狱里拥出了，大地黑暗。另一个具有文字游戏意义的名字是鞑靼人（Tartar），拉丁文中"地狱"一词写作"Tartarus"，鞑靼人从地狱中来，蒙古人就是歌革与玛各的部族。教皇要发动一场抵抗蒙古人的"圣战"，号召"把魔鬼赶回地狱里去"，圣路易说："要是他们敢来侵犯我们，我们就把这些鞑靼（Tartares）赶回他们原来的地方地狱（Tartarus）！"腓特烈二世也发誓："但愿来自鞑靼 / 地狱的鞑靼 / 地狱人被扔进地狱。他们受到了撒旦的纵容。当落日之邦的所有民族全体一致，愿意派遣强兵作战，那他们打击的绝不是人，而是魔鬼。"有趣的是，当马可·波罗说到天德省是"歌革"与"玛各"的故乡时，他似乎没有意识到这些恐怖的内容。因为此时基督徒发现蒙古人没有毁灭他们而是毁灭了他们的敌人撒拉逊人，所以蒙古人身上的魔鬼色彩也就消退了，大汗成了庇护基督教的伟大君主。波罗一家从甘州到哈剌和林，从哈剌和林到天德，至少已经两次经过长城。但马可·波罗却只字不提。亨利·裕尔爵士说，当他讲到"歌革"和"玛各"时，他已经暗示了长城。因为中世纪传说中的撒旦是被锁在一周大墙中。见 Cathay and the Way Thither，by Sir Henry Yule，Vol. 1，p.87。

成的开平府[①]。这里是忽必烈大汗的夏都。大汗的特使到离城40天路程的地方迎接他们。如果波罗一家真是大汗的使者，见到他们6年后归来，大汗一定很高兴，可能举行庆祝性的狩猎活动，可能大宴群臣。草原的夏天短暂而美丽，入秋不久，大汗就迁往华北平原上刚

图1-9：大汗赐金牌给波罗家，14世纪末《马可·波罗游记》插图。

落成的元大都，波罗一家也随着去了。13世纪的元大都北京，在西方文本中被称为"汗八里"（Cambaluc）[②]，出自波斯语，意思是"帝都"。在这座雄伟壮丽的世界之都，马可·波罗开始了他传说中飞黄腾达的"中国生活"。

波罗一家在中国生活了17年。按照《马可·波罗游记》的说法，老波罗兄弟一定在继续做生意，小马可·波罗则深得大汗恩宠，奉旨出使，足迹踏遍中国的西南、西北、东南，一直到印度。给大汗当差，财富、阅历飞速增长。远游冒险，富贵还乡，人生理想，也是故事模式。不知什么时候，一次偶然的际遇，天空中的一行雁阵，风中的一丝青草的芳香，或者仅仅是雨后的景色，最后一抹晚霞，让他们感到乡愁了。当然，可能还有更现实的原因，大汗已老，一旦失去这个靠山，发财的机会没有了，已经获得的财富也可能保不住。他们寻找机会离去，恰好大汗要远嫁公主阔阔真（Kokatchin）给伊儿汗王

---

① 始建于1256年，1260年忽必烈在此即位，1263年加号"上都"，与"大都"北京并称两都。上都开平府故址在今内蒙古正蓝旗东约20公里闪电河北岸。

② 即今日北京，波斯语中汗八里（Cambaluc）的意思是"帝都"，《马可·波罗游记》中的中国地名多为波斯语音译。马可·波罗生活在色目人中间，可能懂一定的波斯语，波斯语也是当时从地中海到南中国海通行的商业用语。

图 1-10：中世纪西方传说中的印度狗头人在买卖胡椒。

阿鲁浑 (Argun)，波罗一家奉旨护送。

　　1292 年，波罗一家从泉州港启航，踏上了归程。来路是土黄色的，横穿欧亚大陆内陆从西向东；去路是蔚蓝色的，他们走的海上丝绸之路。13 世纪末的泉州，可能是当时世界上最大的商港，海船定期往来于泉州—马六甲—南印度间。半个世纪后伊本·白图泰在南印度候船来中国，发现从印度洋到南中国海，往来的都是中国楼船。这些大船在泉州、广州制造，挂十面帆，分四层舱，舒适豪华，可载 1000 名乘客，600 名水手，400 名士兵。[①] 波罗一家从刺桐港（即泉州）放洋，乘季风沿中南半岛过马六甲海峡，在印度洋、阿拉伯海兜了一个大圈子，最后在忽里模子登岸。

　　海上丝绸之路经过南方大洋，完全是另一个世界。13 世纪旧世界的东西交通，从起儿漫到汗八里，北纬 40 度是个文明过渡带，从占城穿过马六甲海峡

　　① 马金鹏译《伊本·白图泰游记》（校订本），宁夏人民出版社 2000 年版，第 486 页，"中国船只"。

图 1-11：马可·波罗一家回到威尼斯，1400 年前后《马可·波罗游记》抄本的插图。

到锡兰岛再到马达加斯加，由大大小小的半岛、岛屿构成，容克船与季风连接横贯赤道的广阔海域与地区，是另一个过渡带。那里香料与宝石、飞禽与走兽，多得难以想象，水手在水底浪尖上谋生，鸢飞鱼跃般自由，居民中有信仰佛教的、印度教的、伊斯兰教的，还有一些当地稀奇古怪的巫教信徒。泉州港是这个地带东方的起点，桑给巴尔是这个地带西方的尽头，锡兰岛（Ceylon，今斯里兰卡）是这个广阔领域的中介点。从锡兰岛向北，另一片大陆和另一个更为古老庞大的世界展开了。那是棉布与糖、佛陀与湿婆大神造像的世界，信仰深厚的印度人，骑在大象上徐徐出行……

马可·波罗的旅行，如今已经经历了旧大陆五大文明区，从内陆到海洋。过了南印度，进入阿拉伯海，又是伊斯兰文明的地界。阔别20年后，他们重游古老的波斯、伊拉克，看到伊斯兰文明新一轮的繁荣。阿鲁浑汗刚刚去世，公主嫁给阿鲁浑的儿子、呼罗珊总督合赞(Gazan)。此时伊儿汗王领地，正在全面伊斯兰化，在伊斯法罕或大不里士的某一天，他们听到忽必烈大汗驾崩的消息。这消息可能让他们悲伤也可能让他们高兴，悲伤是他们知道再也不可能重游遥远如天堂般的汗八里；庆幸是他们用不着回汗廷复命，从特烈比宗(Trebizond)上船到君士坦丁堡再到威尼斯，他们终于可以回家了。

列班·扫马西去，从北京到巴黎

1275年前后，马可·波罗随大汗到达汗八里的时候，列班·扫马(Rabban Sauma)与他的徒弟马可(Rabban Markos)，正在城西南50公里外的房山"十字寺"修行，准备去耶路撒冷朝圣。[①] 这是一次历史的巧合，马可·波罗东来的时候，列班·扫马西去……

列班·扫马与马可都是汪古部的蒙古突厥人。我们不知道列班·扫马与马可的蒙古名或汉名叫什么，列班·扫马与马可，不过是他们在叙利亚文本中的景教教名。列班·扫马生在北京，父亲是景教堂的按察员。1275年，列班·扫马52岁，出家修行已经27年了，是一位颇有声望的景教僧侣。马可生在内蒙古的托克托，就是马可·波罗说的天德，长老约翰国的首府，"大部分居民信奉基督教"。15年前他从家乡旅行半个月投奔房山的列班·扫马修行。那时候马可还是一个热情的少年，现在已经30岁了，是他劝列班·扫马放弃山中的隐修生活，去耶路撒冷朝圣。

---

① 有关列班·扫马的旅行，可参见 Voyager From Xanadu，by Morris Rossabi，Kodansha International，1992。

图 1-12：元大都旧城墙的一角，20 世纪初的照片。

马可·波罗说大汗请教皇派 100 位精通七艺的教士到中国来，并让老波罗兄弟带回一点耶稣基督圣陵长明灯上的圣油。如果这是真的，列班·扫马与马可的朝圣背后有大汗的旨意，也未可知[①]。毕竟马可·波罗一家带着耶路撒冷圣陵长明灯上的圣油回禀大汗不久，列班·扫马就领了大汗的令牌，沿着帝国驿道踏上了西去朝圣的征程。

那是一次同样伟大的旅行，一个非常具有戏剧性的时刻，在同一个世界里，几乎同时，东来西去。马可·波罗的来路正是列班·扫马的去路。第一站停留的是马可的家乡东胜，然后沿着黄河向西南到达唐古忒城。马可·波罗在这里注意到的是许多佛寺、大量的佛教徒与佛教徒"特殊的殡葬仪式"。列班·扫马看到的却是"信仰非常热诚、思想纯洁"的景教徒"男女老幼立刻出来迎接"

---

① 同时代中东的两则史料说明列班·扫马朝圣是禀忽必烈大汗使命的。希伯来学者巴·希布洛斯 (1226—1286 年) 在他所著的世界历史中提到忽必烈大汗曾派遣两名畏兀儿僧侣去耶路撒冷朝圣，见 The Chronography of Gregory Ab'ul Faraj, the Son of Aaron, the Hebrew Physician Commonly Known as Bar Hebraeus, E. A. Wallis Budge, trans.1 : 492。14 世纪的一部阿拉伯语景教编年史记载忽必烈大汗曾派两位僧侣携带他的长袍去约旦河受洗后盖到耶路撒冷的基督圣陵上，见 The Hisiory of Yaballaha 111.21.by E.Gismondi.Amri et Slibae de Patriarchis Nestorianium Commentaria.1 : 3-4,,James A Montgomery trans。列班·扫马的叙利亚文传记中却没有提到朝圣与忽必烈大汗的关系。

他们。^①如果不是地名相同、他们来去的线路相同，读者会以为他们到过的不是同一个地方。

离开今日银川附近的唐古忒城后，列班·扫马穿过河西走廊，沿着塔克拉玛干大沙漠的南部边缘，即古老的丝绸之路南路，先西北再折向西南，两个月后到达和田。在和田城休整 6 个月，到喀什噶尔。和田与喀什噶尔都是古丝绸之路上重要的绿洲城市，商队来来往往。波斯人、叙利亚人、畏兀儿人、蒙古人，不同种族的居民讲着不同的语言，信仰不同的宗教。埃及或罗马的玻璃、波斯的地毯、中国的丝绸，从这里转运各地。过了喀什噶尔就出了丝绸之路的中国段。佛教徒越来越少，穆斯林越来越多。他们来到海都汗王所在的怛逻斯城，在那里拿着海都的特许证，"在困难、疲劳和恐惧情况下来到呼罗珊"。呼罗珊已是波斯伊儿汗国 (llkhan) 的领土了。伊儿汗国的阿八哈汗王亲景教。途思城 (Tus，今马什哈德西北20 公里处) 有《天方夜谭》中著名的哈里发哈伦·赖世德（H.Rashid）的墓，还有

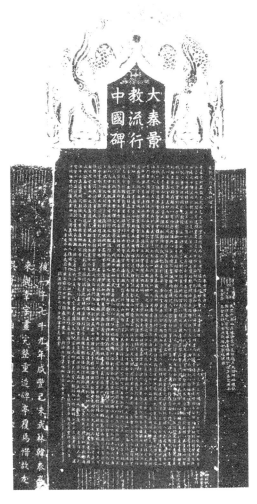

图 1-13：唐贞观年间，叙利亚传教士阿罗本将景教传入中国，这是唐建中二年（公元 781 年）立的"大秦景教流行中国碑"。

圣马赛扬修道院。50 年前蒙古入侵时，途思城曾遭到毁灭性破坏，《世界征服者史》记载全城幸存的房子不超过 50 所。列班·扫马没有介绍这座重建的城市的

① 列班·扫马的西行记述见［英］阿·克·穆尔著《大总管马·雅巴拉哈三世和列班·扫马传》，《一五五○年前的中国基督教史》，郝镇华译，中华书局 1984 年版，第 108—146 页。原为叙利亚文本，1888 年欧洲出现法文译本，《一五五○年前的中国基督教史》摘译自法文译本。出自《大总管马·雅巴拉哈三世和列班·扫马传》的有关列班·扫马的西行的引文，恕不另注。

图 1-14：蒙古旅行者，13 世纪钦察细密画。

情况，不久后伊本·白图泰游历到途思，说"这里是呼罗珊地区最大的城市之一"①。

实际上，列班·扫马很少提到旅行中的世俗经历与见闻，或许是被教会的记述者省略了，令人失望，否则 13 世纪一位从北京出发的旅行者的世界见闻，将是非常有意义的。列班·扫马在圣马赛扬修道院里住了一段时间，感觉自己在精神与肉体上都获得了新生，就准备去巴格达拜见景教宗主教马·登哈 (Mar Denha)。马·登哈宗主教是景教界的首脑，此时正巡幸马拉加城（Maragha，今大不里士城南 100 公里处）。列班·扫马与列班·马可沿着里海南岸赶到马拉加。拜谒场面令人感动。他们跪在地上，像看见耶稣基督那样泪流满面。"他们对他说：上帝倍加怜悯，广施恩惠于我等，因为我们看见了我们大总管容光焕发的面孔。他问他们：您们从何处来？他们答道：我们从东方众王之王大汗的城汗八里来。我们来此是为接受您的祝福，接受此地众神甫、修士和基督教徒的祝福；如果我们力所能及，如蒙上帝允许，我们将去耶路撒冷。"

马可·波罗一家离去大约 5 年以后，列班·扫马与列班·马可也来到劫后复兴的巴格达。上帝似乎无意成全他们去耶路撒冷朝圣。他们敬拜了巴格达和巴格达周围一些地区的景教圣地圣物，受到当地景教徒的欢迎。或许是因为

① 马金鹏译《伊本·白图泰游记》（校订本），宁夏人民出版社 2000 年版，第 319 页。

他们从大汗的汗八里来，并且可能秉承忽必烈的使命，马·登哈宗主教派他们去大不里士见阿八哈汗。旭烈兀 (Hulawu) 王室一直庇护景教徒，旭烈兀的妻子是克烈部的公主，信奉景教，攻占巴格达的蒙古大将乞惕不花 (Qitibongha) 也是景教徒。蒙古军队变成了景教徒的解放者，他们把敬奉基督的帐幕载在车上，用木铃召唤人们来做礼拜。

图 1-15：列班·扫马与列班·马可向往朝拜的耶路撒冷圣墓教堂。

列班·扫马在伊儿汗国的新都大不里士觐见阿八哈汗。马·登哈宗主教的意图或许是借助他们二人从汗八里来的特殊身份争取汗王对景教的进一步的支持。因为在阿拔斯帝国的土地上，穆斯林的势力正在复兴。列班·扫马在阿八哈那里得到去耶路撒冷的通行证，就去亚美尼亚了。他们计划取道亚美尼亚、格鲁吉亚，走海路去耶路撒冷。然而，战乱使他们不得不返回巴格达。在那里，列班·马可突然被任命为"契丹城和汪古部的大主教"，名雅伯拉哈，列班·扫马成为巡察总监。马·登哈宗主教祝福他们，派他们回中国去。列班·扫马与列班·马可都不想回去。他们解释：朝圣的使命还没有完成，他们只想在修道院里修行度过一生，无法胜任重要任命。马·登哈宗主教

图 1-16：耶路撒冷圣殿山的岩石穹顶。

图 1-17：拜占庭首都君士坦丁堡，由君士坦丁大帝建于公元 330 年。君士坦丁堡位于博斯普鲁斯海峡，有两堵坚厚的城墙，守卫着城市与海峡航道。

最后还是说服了他们。如果不是忽必烈与海都间的战事又起，中亚的路径阻断，列班·扫马和列班·马可可能即刻就起程了。行期延误，他们在马拉加又待了一年。这期间发生了什么事我们不知道。总之，第二年，马·雅伯拉哈（列班·马可）去巴格达接受主教礼服与权杖准备回中国时，奇迹出现，马·登哈宗主教去世，列班·马可不仅赶上了葬礼，还被推举为宗主教，继承马·登哈位。

来自遥远的中国的朝圣者，变成了统治全世界景教徒、驻跸巴格达的宗主教，实在是个奇迹。我们知道，中世纪有四大旅行家，马可·波罗、鄂多立

克 (Friar Odoric)、尼哥罗·康梯、伊本·白图泰。他们都很著名，都是从西向东旅行，三位基督徒、一位穆斯林。列班·扫马师徒是来自中国的景教徒，他们的旅程从东向西，同样伟大甚至更有戏剧性，在历史中却默默无闻。如果不是 1887 年一次偶然的机会，居住在波斯西北的索罗门先生 (Mr. Soloman)，从一位信奉景教的突厥青年那里，发现了一部叙利亚文手稿——《宗主教马·雅伯拉哈三世和列班·扫马传》，他们可能永远也不为人知。

列班·扫马有马可·波罗的伟大，但没有马可·波罗的幸运。马·雅伯拉哈三世在巴格达的马·科卡大教堂就职，列班·扫马，他过去的老师，现在为他管理内务。如果不是 5 年以后阿鲁浑汗要联合罗马教廷进攻叙利亚、巴勒斯坦，马·雅伯拉哈三世推荐列班·扫马出使欧洲，列班·扫马很可能就会终老为宗主教的内务总管，消失在历史记忆中。列班·扫马旅行的历史意义，不在于他从中国到了波斯，而在于他从中国到了欧洲，可能还是历史上第一位从中国到西欧的中国旅行者。

列班·扫马受阿鲁浑汗派遣出使罗马，从特烈比宗或黑海的某个港口出发，前往拜占庭帝国的首都君士坦丁堡。拜占庭皇帝安东尼库二世 (Antonicu Ⅱ) 热情地招待了他们，他的妹妹 15 年前嫁给阿八哈汗，但是，此刻，他丝毫没有响应联合进攻马木鲁克苏丹的建议。他的政策是在伊儿汗、钦察汗 (Kypchak)、马木鲁克 (Mameluk Dynasty) 苏丹之间寻求政治与贸易的平衡，东罗马帝国已经衰落成博斯普鲁斯海峡的一个城市，任何军事冒险都会导致它的彻底毁灭。

从北京到君士坦丁堡，列班·扫马穿越整个伊斯兰文明核心地带，从华夏文明的边缘来到基督教文明的边缘。他的使命，不仅是旅行、传教，更重要的是地缘军事与政治结盟。代表草原文明的蒙古帝国，突然意识到有必要联合基督教文明，共同遏制伊斯兰文明的全面复兴。这是世界历史中具有决定性的一刻，而列班·扫马有幸扮演了关键性的角色。

若不是圣索菲亚大教堂令列班·扫马惊慕，出使拜占庭几乎一无所获。圣索菲亚大教堂无疑是当时世界上最壮丽的基督教建筑，宏伟的穹隆、券柱，豪华的大理石、辉煌的金底玻璃马赛克……列班·扫马说自己根本无法用语言描绘。实际上这位东方旅行者很少像他同时代的西方旅行者那样描述世界。作为

图 1-18：圣索菲亚大教堂内景。

朝圣的僧侣，或许他根本就不关心世俗内容，作为来自一个更发达地区的旅行者，或许西方朝圣路途中的一切，都显得简陋粗糙。最后一次觐见东罗马帝国皇帝后，列班·扫马表示要进一步西行去法兰克人那里，即欧洲。

1241年拔都从多瑙河撤军之后，蒙古征服的势头转向南方的伊斯兰世界。蒙古骑兵对穆斯林的暴行让基督徒们感到欣喜与希望。欧洲派出的出使蒙古的使团中，规模最大的是安德鲁 (Andrew) 使团。他的使命是谋求大汗的支持，希望十字军与蒙古军队联合进攻西亚伊斯兰国家。路易九世 (Louis IX) 将收复耶路撒冷的希望，寄托在与蒙古人的联盟上。使团带回贵由大汗的遗孀摄政斡兀立海迷失 (Ogul Gamish) 的一封恐吓信，警告路易九世："如果你不同我们保持和平，你就不能获得和平……我们命令你，每年须进贡金银，其数量则以足可赢得我们的友谊为准。"路易九世大失所望，甚至后悔派出这个使团。

起先是基督教十字军希望联合蒙古人，蒙古没有响应，然后又是蒙古人试图联合基督教十字军，欧洲又没有响应。在蒙古汗国中，波斯的伊儿汗国的处境最为艰难。东方的察合台汗国，北方的钦察汗国随时准备进犯它的领土，战争在乌浒河 (Oxus) 与高加索持续不断，西方的马木鲁克王朝正集合西亚的穆斯林力量，威胁伊儿汗国的西部，并使伊儿汗的势力难以超出波斯。旭烈兀曾想联合十字军消灭马木鲁克王朝，阿八哈 1266 年、1276 年两次遣使欧洲教廷，寻求军事合作。教皇不是不感兴趣，而是无能为力。

图 1-19：路易九世曾率领 3000 骑兵，发起第七次十字军东征，在埃及被马木鲁克骑兵俘虏。

庞大的蒙古帝国正陷入四分五裂，狭小的基督教欧洲，也四分五裂，罗马教廷与拜占庭帝国不和，威尼斯与热那亚冲突不断，安茹 (Anjou) 国王与阿拉贡 (Aragon) 国王之间爆发战争，英王爱德华一世 (Edward I) 和法王圣路易 (Saint Louis) 组织的十字军因得不到安茹和查理的配合而失败。1285 年，即位不久的阿鲁浑再次致书教皇，表示"要在上帝、教皇和大汗的帮助下驱逐撒拉逊人"，请求在他发兵叙利亚时，十字军也在该地登陆，同时发起进攻。教皇没有回答，至少没有回绝，这就是希望，1287 年，他又派出列班·扫马，带着信札、礼物。这已经是最后一次机会

图 1-20：阿鲁浑的儿子完者都改宗伊斯兰教，在伊儿汗国新都苏丹尼厄为自己修建了巨大的伊斯兰风格的陵墓。图为完者都墓。

了。伊儿汗国即将开始衰落，1291 年阿鲁浑去世后，其很快地伊斯兰化。

十多年前，列班·扫马与马可出张家口西去朝圣的时候，还不知道此行的终点不是地中海边的耶路撒冷，而是更西的大西洋边的巴黎或波尔多；也不知道他的旅行的历史意义远远超出个人朝圣：1. 蒙古世纪有许多西方旅行家从欧洲到中国，而已知的东方旅行家从中国到欧洲，却只有列班·扫马一位。2. 蒙古世纪罗马教廷与蒙古汗国一直在寻找合作的机会，先是基督教国王向蒙古大汗，后是波斯的伊儿汗国向基督教廷，而列班·扫马出使欧洲的时候，机会最有可能变成现实。那将是一次可能改变世界格局与历史的旅行。

历史富有戏剧性的一幕开始于 1287 年 6 月 23 日。这一天，那不勒斯港口停靠的一艘船上，走下来自汗八里城的教士列班·扫马。在此之前，还没有一位来自那么遥远的东方的使者到过意大利。港外安茹国王与阿拉贡国王的舰队之间的海战正在进行，此时大概没有太多的人注意到这位 65 岁的东方教士，实际上整个欧洲，教皇或国王，都没有理会他的使命，没有意识到他们正处于一个改变世界历史的关键点上，列班·扫马给他们带来了唯一一次机会。列班·扫马的历史意义，还不仅在于他可能是历史上第一位从中国到西欧的中国旅行者，还在于他肩负的使命可能改写世界历史。罗马教皇与伊儿汗王可能联合行动吗？

列班·扫马到罗马时，梵蒂冈的教皇霍诺留斯四世已经去世了，12位红衣主教主事，新的教皇还没有选出。梵蒂冈里的觐见仪式，令人想起大汗皇宫，都有主管礼仪的僧侣或礼部官员教你如何下跪、如何行礼。红衣主教们对列班·扫马进行了教义诘问，当他们听说许多景教教士去东方传教，蒙古人、突厥人、汉人中有许多基督徒，看到列班·扫马举行的景教礼拜与西方基督教大同小异时，他们显然有些吃惊。而当他们听到列班·扫马说"我从远方来此不是为了讨论或讲述我的信仰，而是为了晋谒我主罗马教皇和敬拜圣徒遗物，为了送交国王与宗主教的信件"时，他们甚至显得茫然不知所措，他们让列班·扫马先休息、观光。

人们都希望知道列班·扫马的旅行见闻。我们知道蒙古世纪许多西方旅行者眼中的东方，却很少知道东方旅行者眼中的西方。列班·扫马在他划时代的旅行中究竟看到了什么，怎么看的？西方的人与物、城市与建筑、语言与习俗、食物与服装，有什么不同，有什么值得羡慕或令人不安的？遗憾的是，关于西方世界的世俗生活，列班·扫马几乎什么都没说，如果不是被后人散失或删节，就是列班·扫马本人偏狭或者超脱。从那不勒斯到罗马，他们骑马穿过了古罗马帝国当年最繁华的地区，列班·扫马也只简单地说沿途"没有闲置的土地，到处都是房屋"。在梵蒂冈，列班·扫马最感兴趣的是圣彼得的墓、教皇的神坛与裹着亚麻布的基督受难像。对于教堂的艺术，柱廊、花窗、雕刻，列班·扫马似乎没有在意。在教士们的陪同下，列班·扫马还参观了罗马城里的其他几个教堂，在朝圣者的眼里，丰富的罗马城只有圣迹。

列班·扫马的旅行始终交织着出使与朝圣。政治使命未成，只好先朝圣。老教皇已死，新教皇一时还选不出来，每一位红衣主教都想

图1-21：远眺罗马，帝王之城与教皇之城。

图 1-22: 基督徒想象中十字军搏杀的场面。

自己当教皇[1]。列班·扫马的使命一时无法完成，继续北上去巴黎觐见法国国王菲利浦 (Philip)。法王菲利浦是此时欧洲最热衷于十字军东征的君主，也最有实力。从罗马到巴黎，途经热那亚，这是个国际化的商都，许多热那亚商人在波斯做生意，让列班·扫马感到亲切。当然，这个城市有许多让他困惑不解的事，这里没有君主，只有商人和商人们组织的市政会。这里的教徒从不斋戒，他们说，当年皈依他们的圣徒看到他们身体太弱，就允许他们一年的任何一天都可以吃肉。

盛夏的日子在南欧旅行，炎热增加了疲劳。初秋到达巴黎，在盛大的欢迎仪式中进城，列班·扫马连续休息了 3 天，有焕然一新的感觉。新即位的法王菲利浦四世看上去是个有作为的年轻人，更像他的祖父路易九世，当年派遣安德鲁与鲁布鲁克 (William of Rubruk) 出使蒙古。觐见很圆满，菲利浦四世 (Philip IV) 询问他的使命，被阿鲁浑汗的"诚意"所感动。他说连异教徒蒙古人都这么关注解放圣地耶路撒冷，基督徒没有理由不热烈响应。菲利浦四世答应"派大军"与阿鲁浑汗联合行动，进攻马木鲁克苏丹。

列班·扫马如释重负，在巴黎住了一个多月。13 世纪的巴黎可能是欧洲最

---

[1]　The Lives of Popes in the Middle Ages.ed. by Horace Mann，London，1931—1932。

大的城市，它不像那不勒斯、热那亚那种商业城市，也不像罗马那种宗教城市，巴黎的特色是王家气派与文化氛围。如果说王家气派不可与君士坦丁堡同日而语，文化氛围却是其他地方不可比拟的，10万市民中，有3万学者[1]。"这里有3万学者研究基督教教义和世俗之学，即翻译和解释所有的圣经和科学，科学系指哲学、修辞学、医学、几何学、算术和星象学。他们经常忙于写作，一切活动都得到国王支持。"列班·扫马在巴黎住了一个多月，"参观了市内一切"。但他在游记中特别提到的只有圣丹尼教堂，那里停放着已故法国国王们的棺木和他们的王冠、武器和衣服，有500名修士在为他们斋戒、祷告。30000名学

图1-23：列班·扫马提到的巴黎圣丹尼教堂的大门。

者与500名修士，在数字上显然都有些夸张，或许说明巴黎的规模让列班·扫马印象深刻，叙述游记时保留在记忆中的数字不知不觉地被夸大了。但是，他始终没有提到巴黎圣母院，这一点不可思议，唯一可能的解释是他和他所在的教会，都无法接受一个供奉"圣母玛利亚"的教堂[2]。

　　实际的前景并不像菲利浦四世许诺的那么乐观。菲利浦四世心有余而力不足，他的心腹之患在法国边界而不在地中海的那一边。西部他与英国国王爱德华的积怨已深，不久将爆发一场持续4年（1294—1298年）的战争，南部与阿

---

　　① 按照 Gordon Leff 在《Paris and Oxford Universities in the Thirteenth and Fourteenth Centuries》一书对中世纪的大学的研究，3万学者之说显然有些夸大。13世纪的巴黎人口大概在10万至12万之间，教士加学生，很难超过1万人。
　　② 景教在基督位格上明确区分神子基督与人子基督，只信奉神子基督，不接受"玛利亚是上帝之母"的定义。

图 1-24：13 世纪末罗马教皇塑像。

拉贡国王的争端主要在普罗旺斯的领主权上，东北方在佛兰德斯，他与神圣罗马皇帝也有冲突，由于财政收入不足，他禁止法国硬通货外流，法国教会的贡税减少，又得罪了罗马教廷。菲利浦四世即使有诚意组织十字军东征，目前身边的困扰也使他无能为力。他隆重招待了阿鲁浑汗的使者，并派了一位骑士随行波斯报聘。

辞别英王的时候，已经是冬天了。列班·扫马决定返回热那亚过冬。或许那是唯一一个让东方人感到亲切的西方城市。许多热那亚商人去过波斯甚至中国，其中可能还有列班·扫马的熟人，至少那是他的意大利译员或随从的家乡。列班·扫马的心情很好，12 月的热那亚依旧是绿叶满树、海风和煦，列班·扫马将热那亚比作"花园般的天堂"。出行的使命已经完成了三分之二，欧洲两位最强大的国王已经答应出兵配合伊儿汗国进攻马木鲁克，只剩下教皇了。当然，他知道，没有教皇支持是不行的。半年过去了，想当教皇的 12 位红衣主教有 6 位已经去世，教皇还没有选出来。随着新年的到来，列班·扫马有些焦急。教廷的使节约翰·图斯库鲁姆路过热那亚时，列班·扫马抱怨他为选举教皇已经等了半年多了。

1288 年 2 月 20 日，新教皇选出，就是当时诘问扫马教义的那位红衣主教。列班·扫马急忙赶往罗马。新教皇尼古拉四世（Nicholas Ⅳ）的礼遇令一个朝圣者感激涕零，他被挽留下来过复活节，有幸在梵蒂冈领了一次弥撒，从教皇手里享用了圣餐，并参与、目睹了复活节期间所有重大仪式，教皇布道的声音被淹没了，成千上万的教众们手持橄榄枝，云集在露天广场，阵阵响起的"阿门"之声，回荡到天堂。但是，作为一位使节，出使的结果却令人失望。复活节之后，列班·扫马将返乡，教皇分别致书阿鲁浑汗、马·雅伯拉哈三世、已故阿八哈汗的遗孀拜占庭公主、列

图 1-25：20 世纪波斯北部山区。

班·扫马①和一些在波斯居留的欧洲人。这些信的副本保存在梵蒂冈教廷档案中。

在给阿鲁浑汗的信中，尼古拉四世只字不提派遣十字军配合攻打马木鲁克，似乎收复圣地是蒙古人的事，他关心的是让蒙古汗王信奉罗马天主教。他再三敦促阿鲁浑汗接受洗礼，受洗后"借助主的帮助，耶路撒冷的解放将会更容易实现"。十字军的援助不可指望了，阿鲁浑汗只好先信仰上帝，然后等待上帝在他攻打马木鲁克苏丹时助他一臂之力。狡猾的教皇将责任一半推给阿鲁浑，一半推给上帝。列班·扫马的使命实际上落空了。尼古拉四世感激马·雅伯拉哈三世恩待在东方传教的圣方济各会修士，同时也不失时机地暗示景教的信仰不纯正，罗马教廷对景教教廷拥有"像慈母一样"的绝对的权威性，为了让这些东方教徒"保持罗马教会所遵守的纯正信仰"，尼古拉四世在给马·雅伯拉哈三世的信中不厌其烦地阐释教义。让阿鲁浑接受洗礼，让景教宗主教、波斯大主教、汗王的遗孀修正信仰，让在波斯经商或在汗廷当差的欧洲世俗中人传教……

带着这些不合情理、令人失望的信件与礼物返回波斯，列班·扫马并没有表示什么不快。晋见阿鲁浑汗的时候，汗王说："我使您太劳累了，因为您是位

① 阿·克·穆尔《一五五〇年前的中国基督教史》认为这封写给把·扫马的信，就是给出使欧洲的列班·扫马的，Morris Rossabi"Voyager From Xanadu"则认为是给一位与列班·扫马同名的景教波斯大主教把·扫马的。

图 1-26：阔别家乡 26 年后，马可·波罗回到威尼斯的场景，《马可·波罗游记》15 世纪版本插图。

老人。此后我们不再让您离开我们。我们要在宫外建一教堂，您可在那里领礼拜做祈祷。"列班·扫马之后，阿鲁浑继续遣使去欧洲，但没有任何实效。教皇对他的倡议未置可否，法国国王与英国国王都没有履行他们的诺言。1294 年，马可·波罗一家在从波斯到君士坦丁堡的途中，得知忽必烈大汗驾崩的消息，同时，在波斯北部小城阿尔伯拉，列班·扫马也

去世了[①]。这位来自中国的景教徒弥留之际，深沉悠远的祈祷声响起的时候，法王与英王之间再次爆发战争。

大旅行时代：幸运与不幸

"彼将进入异族的国土，将在万事中经历祸福。"（《传道书》）旅行是一种令人激动的个人经验，从中可以体会到某种再生的过程。1295 年冬天，阔别故乡

---

① 见《大总管马·雅巴拉哈三世和列班·扫马传》，[英] 阿·克·穆尔著：《一五五○年前的中国基督教史》，郝镇华译，中华书局 1984 年版，第 138 页。

24 年后，波罗一家终于回到威尼斯。他们稀奇古怪的衣衫已经破旧不堪，满面尘土掩着倦容，像是从另一个世纪、另一个世界里回来的流浪汉。故乡已经没有人认识他们。他们必须重新证明自己，用缀满内衣的金锭银铂、钻石翡翠，用天花乱坠的旅行故事……

旅行改变自我的同时，也将改变世界。旅行者从故乡到异乡，沟通了两地的物资贸易、人员交往，甚至进一步改变了世界秩序。旅行者从异乡回到故乡，在故乡面前打开了异域，他所开始的交通贸易重塑了本土的经济政治结构，他所叙述的大量有关异域的知识与经验，开放了故乡的文化视野；旅行者的故乡在试图将异域的

图 1-27：有多种马可·波罗画像，这是其中之一。

力量纳入自身文明秩序的同时，开始在自身的社会与文化结构内组织、创造异域的意义，使其成为具有某种超越价值的文化乌托邦，推动本土的变革。

旅行是变革的动机。旅行者不仅要去过，而且要回来，不仅要将故乡带给异乡，还要像马可·波罗等人那样，将异乡带回故乡，将自己的旅行见闻写下来，流传开来。一个人，一本书，一段传说，一种渴望……马可·波罗去过，而且回来了；看到，而且告诉了大家。1298 年，威尼斯与热那亚之间爆发了一场海战。此时，马可·波罗回到威尼斯已经 3 年了。他用从中国带回的财富，装备了一艘战舰出征。威尼斯战败，马可·波罗被俘。在热那亚阴暗潮湿的监狱里，他遇到鲁思梯谦 (Rusticiano)，一位有文学天赋的比萨贵族，马可·波罗讲述自己辉煌的游历："我也多次旅行过，并到过世界的东方……"鲁思梯谦像写作传奇小说那样，记述马可·波罗的旅行："皇帝、国王、公爵、伯爵和骑士

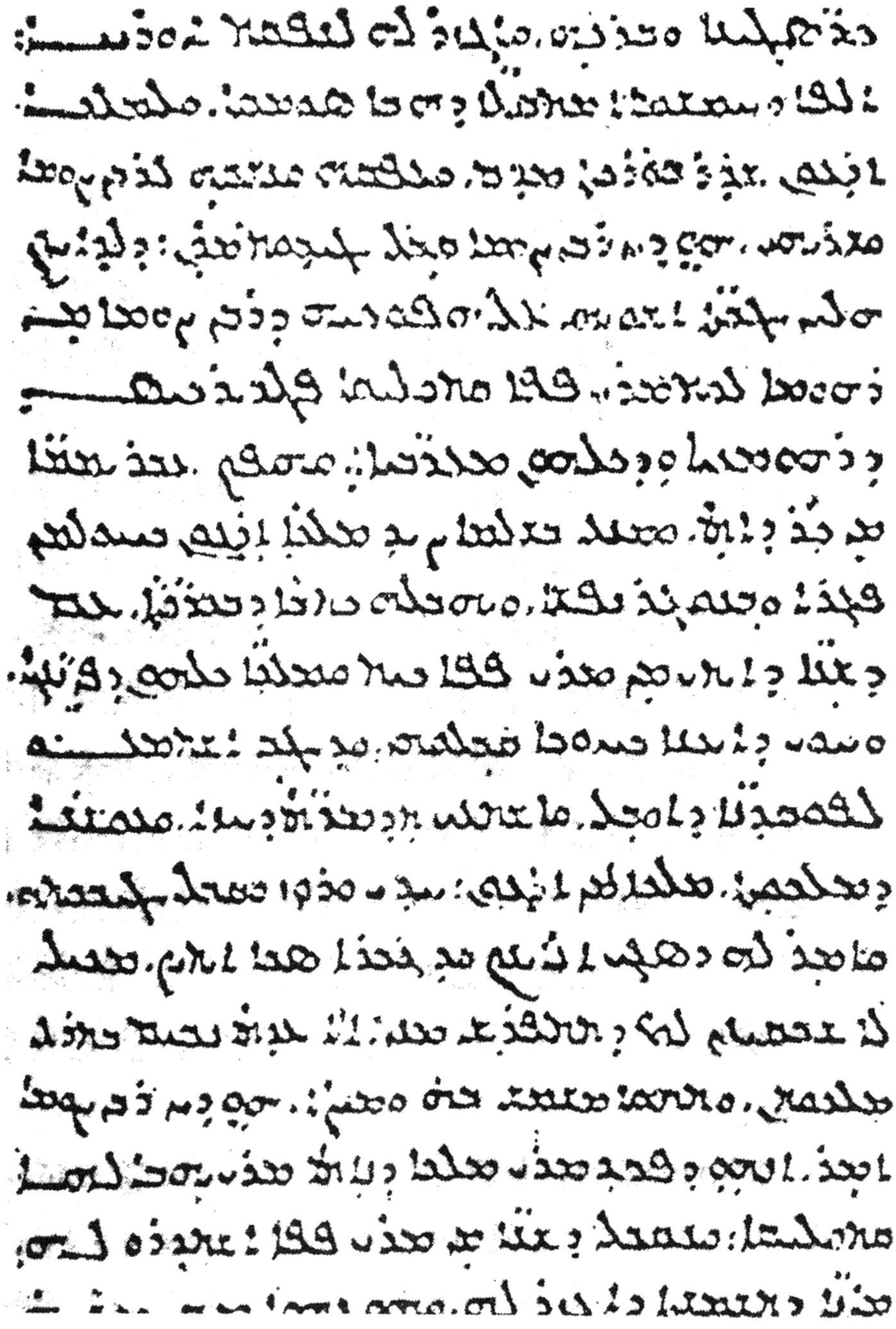

图 1-28：叙利亚文本《大总管马·雅巴拉哈三世和列班·扫马传》一页。

们，以及其他各界的人士们，你们如果希望了解世界上各民族之间习俗的差异，了解东方各国风土民情的不同，请读一读马可·波罗的这部游记吧！"

一部书成就了一个人。这里有马可·波罗的幸运，《马可·波罗游记》使马可·波罗闻名世界；也有列班·扫马的不幸，游记手稿的散佚与遗忘使他消逝在历史的记忆中，即使重新被"发现"，也是学术小圈子内的事。试问今天有谁不知道马可·波罗，又有几个人听说过列班·扫马？

列班·扫马的旅行，改变自我经验，却没有改变世界。列班·扫马自从1276年前后离开汗八里，就再也没有返回故乡。从欧洲返回波斯后，列班·扫马用波斯文记载了他的出使经历与见闻，在伊儿汗国的伊斯兰化过程中，列班·扫马的游记、出使报告、日记以及书信全部散佚了。直到索罗门先生发现了叙利亚文手稿，一次东方人发现西方的旅行，又被西方人发现。大英博物馆购买了手稿，法国出版了最早的法语译本，以后又有英语、俄语译本。西方人感兴趣的是13世纪的欧洲出现在一个来自中国的突厥景教徒眼中是什么样子。遗憾的是，手稿太简要了，叙利亚语译者也是编者，他说他翻译过程中删节了大量的内容。

列班·扫马，这位可以与马可·波罗、伊本·白图泰齐名的中世纪的伟大旅行家，被历史遗忘了500年。而重新被"发现"，又留下太多的遗憾。列班·扫马生在一个历史的关键时刻并扮演了关键的角色。如果教皇响应阿鲁浑汗的倡议，而法王英王又不食言，西亚伊斯兰世界、基督教的十字军东征的历史都可能重写。列班·扫马的原始记载中，一定包含着大量吸引人的史料，如果没有散佚，如果叙利亚语译者没有删节，东西交通交流的历史一定写得更丰富更有意义。在马可·波罗们到中国的时候，从中国出发的旅行家也到了西方，而且列班·扫马很可能是第一位到西方的中国旅行家。在历史中，所有的关于另一种可能的假设，都是伪问题。真正值得我们思考的，不是它可能是怎样的，而是它必然是这样的。列班·扫马生前出使欧洲，试图改变当时欧亚大陆地缘政教格局。他失败了。蒙古骑兵征服了穆斯林的身体，穆斯林的信仰却征服了蒙古人的头脑。在整个伊斯兰地区，蒙古统治者先后皈依了伊斯兰教，于是，新一轮的伊斯兰文明复兴，在13世纪末借着蒙古征服的动力，迅速展开。阿鲁浑汗曾试图做最后的努力改变这种趋势，但到列班·扫马出使归来，大势已经不可挽回了。列班·扫马的出使，不可能改变世界政教格局，也不可能影响中国。列班·扫马从中国去欧洲，他的生活与信仰，都在华夏文明的边缘。列班·扫马生活在13世纪的北京，地缘上处在草原文明与华夏文明的中介点，列班·扫马在民族上是突厥人，在信仰上是景教徒，生活在北伊拉克突厥人景教徒中，可能比生活在北京更让他感到亲切。列班·扫马出使欧洲，不可能成功，列班·扫马没有返回中国，也并非偶然。

列班·扫马去了，但没有回来。13世纪后期从中国到欧洲，他的旅行的全部成果，似乎并没有超出个人经验。这种遭遇，与他个人的努力与态度无关，起决定作用的，是他所处的历史文化环境。13世纪蒙古帝国突起，对旧大陆不同文明区，有不同的意义。对本部的草原文明，它是一次彻底的整合与爆发性扩张；对华夏文明，它是一次灭种毁教的浩劫，直接导致一种文化保守倾向；对印度文明，它起初是破坏，后来导致北方的伊斯兰化压迫；对伊斯兰文明，它既是震荡摧毁的力量，也是激发复兴的动力；而对于基督教文明，它的积极作用似乎最大，它为偏远的欧洲打开了世界，使他们第一次进入欧亚大陆文明的中心地带，从伊拉克、波斯一直到印度、中国。马可·波罗身后的欧洲，带着对新开放世界全部的猜想与渴望，接受马可·波罗的旅行与故事；列班·扫马身后的中国，对于遥远的外部世界，有的只是沉痛的经验与恐惧、冷漠与猜疑。

列班·扫马没有回到中国，他的游记或日记，即使在波斯，也没有流传，因为紧接下来的伊斯兰化压制了景教以及与景教相关的文化材料的流传。列班·扫马是不幸的，他的家乡，不管是中国还是波斯，都不关心他去过说过的那个无端遥远的欧洲，即使他回到汗八里，用汉语写作游记，也难免不会散佚。蒙古世纪许多欧洲人到中国，从中国到欧洲的中国人也可能不止列班·扫马一个，大旅行的种种动人事迹，为什么在中国史料中记载那么少？表面上看，散佚是一个偶然的事件，实质上却有必然的理由，它是社会文化无意识遗忘的方式。随意丢失的是人们不经意、不珍视的东西。旅行的历史意义不仅要有勇敢的旅行者，还要有接受这些英雄们的社会文化环境。

马可·波罗是幸运的，他赶上了这样一个大时代，欧洲人第一次"走向世界"，渴望异乡与异乡的消息，渴望超越自己改造自己，渴望从家乡走向世界并将世界变成自己的家乡。在欧洲开放的文化视野中，《马可·波罗游记》不胫而走，尽管许多人将信将疑，还是有不同语种许多版本在多个国家广泛流传。马可·波罗变成了一个传奇人物，一种文化象征，以至于是否有马可·波罗其人，有马可·波罗旅行其事，都不重要了，关键是他满足了他那个时代的渴望与想象，让人们看到陌生的新世界与这个世界展现的所有的幸福与希望。

列班·扫马，一位虔诚的、可能肩负着改变他那个时代政教文明格局的重要使命的、基辛格式的人物，因为不合时宜而失败。记载他的生平的叙利亚文手稿——《宗主教马·雅伯拉哈三世和列班·扫马传》，埋没了将近 600 年后，才被重新"发现"。而马可·波罗，一位生逢乱世、亡命天涯、显赫富贵、大吹大擂的威尼斯商人，却因为一部真假难辨的游记，"暴得大名"。以至于笔者著文，试图恢复人们对列班·扫马的应有记忆时，不得不取了这样一个为醒目提神而委屈比附的标题《来自中国的"马可·波罗"——列班·扫马西行研究》。①

幸或不幸，往往不是因为个人的虔诚与努力，而是历史际遇。成就马可·波罗的事迹与声名的，是蒙古世纪西方人大旅行的精神与环境。马可·波罗的旅行，不过是那个时代成功的文化象征。1250 年到 1450 年间，我们知道至少有 100 多位西方人抵达中国。他们经商、传教，或者可能纯粹是旅行。首先是 1245 年，圣方济各会（Order of Franciscans）修士约翰·柏朗嘉宾受教皇之命出使蒙古，从里昂到哈剌和林，回来后写出《柏朗嘉宾蒙古行记》，8 年以后，鲁布鲁克的威廉（William of Rubruk）又前往蒙古，写出

图 1-29：约翰·柏朗嘉宾修士，1245 年出使蒙古。当时他已经 60 岁了，出发前他说自己"不知道是走向死亡还是走向生活"。

① 参见拙文《来自中国的"马可·波罗"》，《中华读书报》，2000 年 6 月 21 日；又见《来自中国的"马可·波罗"——列班·扫马西行研究》，《国际汉学》第三辑，大象出版社，2003 年版。

《鲁布鲁克东行记》。他们在哈剌和林第一次听到有关中国的消息，并将这些传闻报告给西方。对于马可·波罗时代的旅行家，他们是真正的先驱，对于马可·波罗时代欧洲关于中国的传奇，他们是真正的始创者。

从柏朗嘉宾出使蒙古到 1347 年马黎诺里 (John of Marignolli) 从剌桐登船返回欧洲，一个世纪间到中国的欧洲人，历史记载中有名有姓的，就不下 100 人。波罗一家肩负着大汗与教皇的双重使命，尽管金银珠宝买入卖出一路，却也念念不忘让大汗与他的子民们成为上帝的信徒。但他们毕竟是世俗中人，还不会为了上帝的事业献出现世生命。马可·波罗离去不久，1294 年初春的某天傍晚，一路风尘的孟德·高维奴 (Monte Carvino) 修士来到华北平原上的这座有湖水、高塔、宫殿的大汗的都城。他是真正

图 1-30：鲁布鲁克修士，1253 年鲁布鲁克出使蒙古，请求蒙哥大汗允许他留在哈剌和林传教。蒙哥大汗对他说："各种宗教犹如手上的五指，而佛教，是手掌。"听得出来，大汗是倾向佛教的。

来传教的。

马可·波罗时代西方人到中国旅行，不外有两大目的：贸易与传教。贸易为现世幸福收获财富，传教为天堂期望收获灵魂。孟德·高维奴在中国待的时间比马可·波罗还要长。他归化阔里吉思 (Kerguz) 王，买下男童给他们施洗礼，教他们唱圣诗，在汗八里建教堂，派人去剌桐（今日泉州）设立传教点，最后被教皇任命中国大主教。"似乎没有人记得我了。我已经老了，我的头发已经白了，这是由于劳苦和忧虑，而不是由于年高，因为我现在不过才 58 岁。"[1]高维奴诉说着，20 多年后在北京去世。

经商、传教，或者纯粹旅行，那是一个经常被遗忘、非常难以想象的大时代，有许多像马可·波罗那样的英雄。与马可·波罗、伊本·白图泰、尼哥

①［英］道森编：《出使蒙古记》，吕浦译，周良霄注，中国社会科学出版社 1983 年版，第 265 页。

罗·康梯一起被誉为中世纪的四大旅行家的鄂多立克，1318 年从威尼斯出发，沿着马可·波罗返回威尼斯的同一条路去中国，君士坦丁堡、特雷比松、大不里士、忽里模子、马巴尔、苏门答腊、爪哇，在马可·波罗离去 30 多年后，来到刺桐。

鄂多立克在中国生活了 6 年，对中国的了解不亚于马可·波罗。鄂多立克将中国南部（马可·波罗说的蛮子省）称为"上印度"[1]。"蛮子省有两个大城"[2]，鄂多立克的旅行从南到北。他所见到的辛迦兰[3] 大城"比威尼斯大三倍"，"该城有数量极其庞大的船舶，以至有人视为不足信，确实，整个意大利都没有这一个城的船只多"。刺桐城"有波洛纳[4]的两倍大"，

图 1-31：孟德·高维奴是罗马教皇派往中国的第一位天主教大主教，据说他在汗八里建了两座教堂，为 6000 人施过洗礼。

物品繁荣，应有尽有。还在印度马巴尔的时候，鄂多立克就知道刺桐和刺桐城的两座天主教堂。从刺桐到福州，从福州到杭州，他说行在是"天堂之城"，"是全世界最大的城市，确实大到我简直不敢谈它"。

或许纯粹是为了旅行，纯粹"为了赢得某种灵魂的收获，越过海洋访问异端诸国"。鄂多立克暮年口述自己的《东游录》时，竟没有交代他为什么出游。鄂多立克早年就服务于教会，生活清苦，一度为了躲避教职的提升，还退隐到荒野。早在去东方旅行之前，他那圣徒般的生活就为他赢得了不小的名气。不知为什么，1316 年到 1318 年这两年的某一天，他突然动了去东方的念头。他很可能是个自由主义的云游僧，我们实在无从知道他出使的使命是什么，他没有带任何世俗国王或神圣教皇的信函，没有谒见什么汗或大汗，更没有租船或驼

---

[1] 中世纪欧洲经常将伊斯兰世界以外的东亚与南亚笼统称为印度。

[2] 《鄂多立克东游录》的有关引文见《海屯行纪·鄂多立克东游录·沙哈鲁遣使中国记》，何高济译，中华书局 1981 年版，第 23—90 页。恕不另注。

[3] Censcalan，广州。

[4] Bologna，意大利北部城市。

图 1-32：鄂多立克参观行在城的一所寺庙，那里的僧人在喂养一种"人面兽"。鄂多立克《东游录》中的插图，细密画。

队贩运地方特产。他只是自由自在地游历、见闻，或许赶上大旅行的时代，只有海天辽阔地生活才是最重要的。

鄂多立克从南京附近渡过长江，沿运河北上。他大概已经知道这条大江横贯的国土，江北叫契丹，江南叫蛮子。扬州、临清，从长江到黄河，鄂多立克的游历深入契丹。他见到一条名叫哈剌沐涟①的河，也知道这条河"决堤时给该邦带来极大祸害"。鄂多立克是位细心的游行家，博闻强记、观察细致，也很有些现世情趣。对比他的游记与列班·扫马的游记，一个过分关心世俗，一个过分关心宗教。在山东的临清，鄂多立克发现丝产丰富，售价便宜得惊人。到大汗京都汗八里，鄂多立克看到的是"全世界最美的宫殿"，皇城宫阙巍峨，大汗的朝会、狩猎更是壮观。

鄂多立克在汗八里居住了三年半，那时高维奴大主教还在，鄂多立克就住在他的教堂里，甚至与他同修会的教友朝夕相处。鄂多立克说他叙述的都是些

① Caramoran，蒙语黑色的河，指黄河。

"大奇迹"，世界上最大的国家、最多的
人、最繁华的城市、最大的河流。对当
时的欧洲读者，游记难以置信，因为旅
行者所说的离他们身边的现实太远。而
对于旅行者，难以置信的就是现实本身，
只因为他们亲身经历的两个世界之间的
差距太大。

　　鄂多立克离开汗八里的那一年，孟
德·高维奴去世了，他口述游记时根本
没提到这位为上帝的利益献身的人；回
到波登隆埃不久，鄂多立克也去世了。
有的人像真正的圣徒那样死去，却被人
遗忘了；有的人像真正的俗人那样活过，
死去以后却被人当作圣徒。意大利南部
有两个叫"孟德·高维奴"的小村子，
我们不知道哪个是孟德·高维奴人约
翰 [①] 的家乡，他的家乡也不知道他。对
基督教来说，孟德·高维奴是一位真正
的圣徒。

图1-33：一说鄂多立克的旅行也是为了传教。鄂
多立克墓上大理石浅浮雕表现的故事是鄂多立克在东
方传教。

　　孟德·高维奴的死讯1333年才传到亚维农的教廷 [②]，教皇委任巴黎大学神学
教授尼古拉 (F. Nicholar) 为汗八里大主教，接任孟德·高维奴。尼古拉一行 26
人走草原之路前往契丹，最后听到他们的消息是 1338 年在新疆的伊犁。尼古拉
并没有到汗八里，可能在下面一段旅程中出了意外。教皇的使者迟迟未到，元
朝皇帝需要阿兰骑兵，信奉基督教的阿兰人需要主教。阿兰教徒上书教皇，元
顺帝也降旨遣在中国传教的西方教士与阿兰教徒代表去教廷请主教。这一次教
皇派出的是另一位意大利人约翰·马黎诺里，1339 年 5 月，约翰·马黎诺里在

---

① 约翰·孟德·高维奴这个名字的意思是"孟德·高维奴人约翰"。
② 亚维农，法国南部城市，又译阿维尼翁，1305—1377 年教皇居留此地，教廷亦迁至此。

那不勒斯启程，他离开意大利的最后一站恰好是半个世纪前列班·扫马踏上意大利土地的第一站。

迄今为止已有三位伟大的"约翰"受遣去远东了。他们是约翰·柏朗嘉宾、约翰·孟德·高维奴、约翰·马黎诺里，他们都是使徒约翰的出色的后代。马黎诺里1342年秋到达元大都，向元顺帝献上一匹高大的战马[①]。他在汗八里住了3年，在繁华中看到奢侈，在强大中看到腐败，或许是他预感到大汗皇朝的末日，才不愿意像第二个约翰那样留在那里。他在回到欧洲撰写的《世界史》中记述这段经历："皇帝见我决意不愿久留，遂准许我返回教皇处，并给我三年的盘费和礼物。皇帝希望教皇派我或者另一有权之红衣主教迅速返回，充当主教，因所有东方人，不管他们是否为基督教徒，皆最崇拜主教。来者应属方济各会，因为东方人只认可该会教士……"[②]

蒙古世纪许多欧洲人到中国，不止马可·波罗一家；从中国到欧洲的中国人，可能也不止列班·扫马一位。生活在大时代，水天辽阔一生，是幸运；生活在书里，超越生死世代流传，是另一种幸运。我们从仅存的史料中，想象马可·波罗那一代人的经历与见识，似乎《马可·波罗游记》记述的绝大多数内容，在历史中都是完全可能的。1347年马黎诺里从刺桐登船返回欧洲，1353年到达亚维农觐见教皇的时候，距离鲁布鲁克出使，已经整整一个世纪。这个世纪对西方人来说，是个浪漫传奇的世纪，有许多像马可·波罗那样的冒险家，被欲望激励着，被旷野的风、灵界的眼睛、被青草与海水的气味、夜空或彩虹，引领着，漂泊远方，把钻石与香料带回故乡，把尸骨抛在荒野，把一生的狂热与高傲，变成一段虚幻的故事。大旅行时代的生活就是这样。

1250年到1350年，是西方历史上第一个"走向世界"的时代。剩下的好时光已经不多了。蒙古帝国分裂以致最后崩溃，东西商路中断。大明洪武皇帝诏令"片板不得入海"，突厥王公、埃及苏丹垄断了地中海的航运贸易，亚历山大港的胡椒价格短时间内上涨了几倍，欧洲市场就更不必说。1436年，威尼斯共

---

① 中国记载见《元史》卷40，《顺帝本纪》：至正二年，"拂郎国贡异马，长一丈一尺三寸，高六尺四寸，身纯黑，后二蹄皆白"。

② ［英］阿·克·穆尔著：《一五五〇年前的中国基督教史》，郝镇华译，中华书局1984年版，第287页。

和国派了一位名叫朱撒发・巴巴罗 (Josafat Barbaro) 的青年出使波斯，寻求贸易机会。巴巴罗晚年自著的《奉使波斯记》（1478 年）中，提到他在印度塔那时还碰到一位名叫尼古拉・狄多 (Nicholas Diedo) 的威尼斯商人："一天，我与一位鞑靼大使站在门前，恰逢威尼斯人尼古拉・狄多走过，穿着丝绸外套，皮坎肩，长袖宽松，头上戴着草帽，帽下头巾飘垂到肩膀上。鞑靼人惊奇地说：契丹人的衣服就像他这样，你们一定信奉相同的宗教，因此服装才会相同……"[①]

　　蒙古世纪欧亚大陆大旅行的时代，即将结束，而地理大发现，尚未开始。原野中的废墟与道路尽头的新城，晨光中的硝烟与暮色里的炊烟，曾经送迎着那些挟着尘土与黄金的商人传教士；丝绸之路、胡椒之路、象牙之路，契丹、西邦戈（Cippangne，指日本）、印度，他们曾经穿过荒芜的沙漠和同样荒芜的海洋，穿过无数危险也穿过死亡。那个时代许许多多人的传奇生活，我们今天已经无从知晓。巴巴罗和鞑靼大使在塔那见到的那位名叫尼古拉・狄多的威尼斯人是谁？我们无从考证。但我们至少知道当时有一位名叫尼哥罗・德・康梯的人，他曾经也是穿着丝绸宽袖衬衣在塔那街头走过的威尼斯商人之一。他的经历令人想起马可・波罗，在东方游历 25 年，到过叙利亚、埃及、阿拉伯、波斯、印度、锡兰、苏门答腊、爪哇、支那半岛，也可能到过明朝的中国。1350年前后，西方大旅行的高潮已过，以后的一个世纪里，旅行在继续，但远没有当年的规模。1441 年，尼哥罗・康梯回到故乡威尼斯，他是我们知道的最后一位马可・波罗的同乡同行，游历东方。

---

① 张星烺编注：《中西交通史料汇编》第一册，中华书局 1977 年版，第 332—334 页。

第二节

"大汗给人民以和平"

　　那是一个奇迹般的时代，世界突然对西方人开放了，从欧洲到中国，像从一个世界到另一个世界，一切都那么新鲜，那么令人激动，又那么令人感到不可思议。它改变了一代人的生活，改变了西方乃至整个人类历史，这是奇遇，是人类历史中千年等一回的机会。而一切，都因为那些骑在马背上驰骋世界的野蛮人，他们的野蛮征服，打通了旧大陆。

　　蒙古帝国创造了人类历史上难得的机会，他们以征服的方式创造了"世界和平"，最后冲破了旧大陆的东西界限与南北界限，使东西五大文明连成一体，

图1-34：当年创建世界帝国的蒙古骑士们。

使南北农耕与草原文明相互通融，完成了希腊化、伊斯兰化时代以来欧亚大陆最彻底的世界一体化运动。没有成吉思汗家族横扫旧大陆带来的"世界和平"，就没有马可·波罗、列班·扫马们的大旅行，也就没有后来进一步改变世界历史的地理大发现与资本主义扩张。

图1-35：古埃及的金字塔与狮身人面像。

蒙古帝国创造了人类历史上难得的机会

在哥伦布发现新大陆之前，旧世界概念基本上等同于欧亚大陆，再加上北非。许多世纪，欧亚大陆是人类文明的核心，在从大西洋到太平洋、从北冰洋到印度洋这片大陆广袤的土地上，公元前40世纪开始，陆续出现了五大文明：两河流域文明（美索不达米亚文明）、尼罗河流域文明（埃及文明）、印度河流域文明（印度文明）、黄河流域文明（华夏文明）与爱琴海文明（古希腊文明）。埃及文明尽管地处非洲，但它在人类历史上与苏伊士地岬以东的亚洲和地中海的联系，要远远多于与撒哈拉大沙漠以南的非

图1-36：大流士时代波斯波利斯王宫遗址，王宫前的台阶与百柱大厅。

图 1-37：同时活在历史与传奇中的"万王之王"亚历山大大帝。他想看到地球的最东端，无奈印度兵的象阵与兴都库什山挡住了他的东征。

洲大陆的联系。这些诞生于水边的文明，各自繁荣、相互影响，从成长到衰落，从中心到边缘，渐渐清晰了，又渐渐远去……

波斯帝国 20 个行省，统治着从爱琴海到印度河，从高加索山脉到波斯湾的广阔土地，大流士的"古代皇家大道"串通了三个大河文明，海上航线从开罗过红海一直到孟加拉湾。亚历山大东征是个难以想象的奇迹。大流士的后代走投无路而自杀，亚历山大成了"万王之王"。亚历山大东征将欧亚大陆与埃及的四种文明最终连成一体，只有华夏文明除外。从波斯帝国到马其顿帝国，古代世界西部的四大文明已完成了最初的"一体化"。亚历山大远征终止在兴都库什山。在连绵隆起的大山以东，是另一个世界——华夏文明扩张的世界。"希腊化时代"的融会与交通，希腊化或波斯化世界与中国的隔绝，形成了一种新的、以中亚大山为界的旧大陆文明的地缘秩序。

文明是地理的产物。如果你想将太大的欧亚大陆分成两部分，最自然的分界应该是横亘中亚的世界上最大的沙漠草原与一系列最高的山脉，这是欧亚大陆最辽阔也最壮丽、最沉静也最神秘的核心。在辉煌隆起的亚欧大陆上，连绵不断的喜马拉雅山、昆仑山、兴都库什山、天山、阿尔泰山、阴山、大小兴安岭，像一道由雪峰与高山森林树立的天然长城，将华夏文明与其他四大文明隔开。所有这大山都是东西走向或东南向西北走向的。它们巍峨崛起、连成一线，山西山北是一个世界，山东山南是另一个世界，只有那些险隘的山口、围绕大洲的海，维持着两个世界间微弱的交通。当人类的主要交通工具仍是马匹、骆驼与帆船时，草原与大海是路，高山则成为难以逾越的屏障，自然地理的界限也就成为文明的界限。

亚历山大从印度河撤军，他面对的不仅是印度军队的象阵，还有北方的沙漠、东方的高山、南方的大洋。东征不可能继续，不管是在现实还是在观念中。将中国与"世界"隔开的大山与戈壁草原是不可逾越的，何况在古希腊人的头脑里，亚洲就是波斯帝国，这里已是世界的尽头。亚历山大东征的时候，华夏文明故土上的列国也在进行争霸与争盟，战争的规模与野蛮程度丝毫不亚于西方。100 年后，秦始皇的东征终于统一了"天下"。六王毕，四海一，书同文，车同轨，华夏九州就是一个世界，欧亚大陆上的东方世界。亚历山大以为自己征服了"世界"，中国在"世界"之外。中华帝国有野心的君主们也想征服"天下"，而西方也在"天下"之外。中亚那天幕般的大山屏障隔绝了两个世界。

图 1-38：秦始皇陵的兵马俑，遥想当年"六王毕，四海一"的威武。

中亚大山以西是一个相对一体化的西方世界，中亚大山以东是一个相对一体化的东方世界。西方世界四大文明在人种、语言、信仰、迁徙、贸易与战争上相互联系，从印度河到地中海的"世界一体化"。罗马帝国衰亡，伊斯兰帝国兴起，伊斯兰化世界恰好覆盖了 1000 年前的希腊化世界。横贯中亚的大山从孟加拉湾一直绵延到鞑靼海峡，既是一个地理分界，也是一个文明分界。它将欧亚大陆分成东西两个世界，中亚大山以西是一个相对一体化的西方世界，中亚大山以东是一个相对一体化的东方世界。从波斯帝国到马其顿帝国，古代世界西部的四大文明已完成了最初的"一体化"。在连绵隆起的大山以东，是另一个世界——华夏文明扩张的世界。华夏文明的概念将中国、日本、朝鲜半岛、东南亚连成一体，在人种、语言、信仰、文化与政治结构、历史交往上，对内的共同性与对外的差异性都同样有效。从葱岭向东，华夏故地、日本、朝鲜半岛、越南，汉字都是

图 1-39：巴格达哈里发的旗手与乐手，13 世纪细密画，旗帜上写着："除安拉外，别无神灵。"

通用的书面语言，儒学都是一种共同的文化。

"伊斯兰和平"是继希腊化时代又一次欧亚大陆一体化运动。拜占庭帝国的海军覆灭，基督教文明退回到地中海以西；萨珊波斯的王子流亡长安之后 100 年，黑衣大食①的呼罗珊总督打败唐将高仙芝②，华夏文明又退回到大山以东。伊斯兰帝国地跨欧亚非大陆，《古兰经》从西班牙半岛一直念到河西走廊。如果说陆地的中亚与海上的东南亚、骑士与商人、沙漠中的骆驼与海上的三角帆帆船，将伊斯兰文明与华夏文明连接起来，西方文明则被阻隔在世界之外。公元 3 世纪到 13 世纪，西方陷入中世纪与世隔绝的黑暗，古代文明被教皇驯化的北方蛮族遗忘了，亚历山大开创的希腊化世界消失在新月旗帜下，世界对基督徒关闭着，直到更野蛮的蒙古骑兵来，豁然为他们打开。

东西是不同的世界，南北也是不同的世界。欧亚大陆自新石器时期以来，就是世界文明的中心，它拥有地球近 40% 的陆地，90% 的人口，古代五大文明从西向东依次排开，从地中海到太平洋，中亚的高山将其断然分成东西两个世界。这是一个地缘文明的界限，还有另一条界线，将欧亚大陆的南北分开，将定居的农耕文明与游牧的草原文明分开。这就是欧亚大陆北纬 40 度，另一个地缘文明的分界线。北纬 40 度以南是建立在河谷、平原、盆地、绿洲间的农耕文明。北纬 40 度以北，则是被沙漠蚕食、由森林点缀的欧亚大草原和在这片茫茫

① 中国以"大食"称阿拉伯人，源于波斯语（Tazi）。白衣大食指倭马亚王朝，因其旗帜尚白，黑衣大食指阿拔斯王朝，因其旗帜尚黑。

② 公元 751 年怛逻斯战役。

无边的大草原上不断迁徙、兴衰更迭的草原文明。东西是相互隔绝的两个不同的世界，南北也是相互隔绝的两个不同的世界。

北纬40度线将欧亚大陆分成南北两个世界。北纬40度以南都是农耕文明各自分立的帝国，北纬40度以北都是流动的草原游牧部落。他们

图 1-40：蒙古草原。

属于斯基泰人 (Scythia) 和蒙古利亚血统的匈奴人，他们像野狼一样奔驰在从多瑙河到兴安岭之间广阔的欧亚大草原上，穿着皮衣、长裤，在马背上度过一生，从一个涸水点到另一个涸水点，从一片牧场到另一片牧场，草青马肥的夏秋，他们生活得像幸福放荡的王子；冬季严寒来了，他们又被饥饿与死亡无情地追逐捕获；他们是浪漫的歌手、嗜血的骑士，他们不断地迁徙、劫掠与贸易，没有故乡，也没有历史，只有一种具有彻底的开放性与残酷性的文明。

高山是屏障，草原是路，无边无际的路。几千年来在广阔的亚欧大草原上不断迁徙、劫掠与贸易的游牧部落，是这条通道上勇敢而又凶残的主人，他们纵马践踏麦田、夷平村庄、烧毁城市、屠杀人民，将所有的财物抢劫一空，让自己的王罕当上中原的天子、波斯的万王之王、巴格达或开罗的苏丹、罗马的皇帝；除了战争与劫掠外，他们也在不同农耕文明之间，从事中介性贸易。一个部落可以是一支军队，劫掠草原尽头的村落、集市；一个部落也可能就是一支商队，往返于地中海与黄河间。游牧民族天生就是商业民族，流动性赋予他们商人的特长，在欧亚大陆北方无边无际的草原沙漠和穿越草原、戈壁、沙漠、绿洲的古老漫长的商路上，最初不是希腊罗马人，也不是秦朝汉朝人，而是那些野蛮的游牧部落。大汉皇帝从安息使节那里获得的玻璃饰物，可能曾经属于某个死去的罗马士兵。罗马贵妇的丝裙，也可能是单于手下在中国甘肃某个和平的村庄的劫获物，正是匈奴、斯基泰的子孙将中国的丝绸传到希腊，将罗马的

图 1-41：忽必烈汗。

彩花玻璃带到中国，将旧大陆东西南北不同世界连接起来。

农耕文明是一个世界，草原文明是另一个世界。二者不断地冲突与融合，是欧亚大陆历史上最宏大的史诗。农耕民族分隔世界，游牧民族串通世界。这是旧大陆文明的规律，也是欧亚大陆南北的区别。阿尔泰山是欧亚大草原神秘的中心，那些最初发明马鞍、马镫、骑术与最先开始穿长裤的游牧民族，突厥语族人、蒙古语族人、通古斯语族人，几乎都起源于盛产黄金与宝石的阿尔泰山区；横贯欧亚的万里草原，也从这里呈扇形向北延伸，构成连接东西两个世界的广阔的通道。中亚连绵的高山将农耕文明分成东西两个世界，同时将农耕文明与游牧文明分成南北两个世界。在这个划分欧亚大陆的"T"字形格局中，阿尔泰山恰好处于横线与竖线的交叉点上。那是欧亚大陆地理与文明的中心。也是蒙古帝国的中心与它征服世界的起点。

农耕民族分隔世界，游牧民族串通世界。公元 13 世纪，成吉思汗的子族们从欧亚大草原的神秘中心出击，再次使自己的家乡成为世界的桥梁，以野蛮的方式冲破了旧大陆自然与文明的界限，使人类五大文明连成一体，完成了人类历史上旧大陆第一次"世界一体化"运动。1254 年马可·波罗出生的时候，圣方济各会修士鲁布鲁克正出使哈剌和林，他说鞑靼人的土地"从多瑙河伸延至日出之地"。马可·波罗到达中国的第二年 (1276 年)，忽必烈占领南宋首都临安（今杭州），3 年以后，最后一个宋朝皇帝淹死在中国南海的碧波里。从中国海到地中海的广泛地区，历史上第一次，也是唯一一次，统一成一个帝国。

图 1-42：忽必烈汗廷用金银兑换纸币，13 世纪欧洲传说的中国纸币似乎有"点纸成金"的魔力。《马可·波罗游记》14 世纪版本的插图。注意画中的忽必烈汗看上去就像是查理曼大帝，西方人是按自己的形象想象东方大汗的。

蒙古帝国以血腥的方式创造了古老的欧亚旧大陆最广泛的"和平"，中世纪西方历史学家庄维尔 (Joinville) 在《圣路易传》中说："大汗给人民以和平。"马可·波罗说忽必烈汗是"从我们的祖先亚当到现在，人世间前所未有的最强大的统治者，他拥有的臣民最多，土地最广阔，财富最充裕"。

大汗给人民以和平。从地中海到中国海，广阔的欧亚大陆几乎变成一个帝国。在威尼斯与北京之间，马可·波罗一家可以拿着大汗的金牌通行无阻。这是人类历史上的奇迹，是个人难得的机遇。马可·波罗的同时代诗人但丁写出一本小册子《论世界帝国》(1310 年)，他提出，只有出现一个绝对的、权威的世界统治者，建立一个囊括四海的尘世帝国，才能协调不同人、不同民族的意志，谋取最大范围的和平。

历史中真正拯救西方的，是蒙古帝国

13 世纪中叶，东方史学家阿不合乞 (Abou'l Ghazi) 说："在成吉思汗统治下，

图1-43：在蒙古帝国旅行用的圆形路牌。

所有在伊朗与都兰（即突厥斯坦）之间的地区是那样的平静，以至于人们能够顶着一盘黄金而从大地东端走到西端，他不会受到任何人的一小点暴力。"①一个世纪以后，裴哥罗梯(F. B. Pegolotti)在《通商指南》中几乎重复了阿不合乞的说法："据曾经去过契丹的商人讲，从塔纳至契丹的路途，不论白天黑夜，都十分安全……"②"大汗给人民以和平"，成吉思汗变成了西方传说中的亚历山大大帝，蒙古帝国变成理想中的世界帝国。旧大陆从西到东畅通无阻，西方人可以去东方为俗世收获财富，也可以去东方为上帝收获灵魂，大汗的金牌将保护他们的安全。

马可·波罗东来的时候，列班·扫马西去。他们生活在现实中的同一个世界里，大汗的金牌使他们在北京与巴黎之间畅通无阻；他们生活在历史上同一个重要的时刻，欧亚旧大陆范围内的世界经济、世界政治甚至世界宗教，瞬间都有了可能，尽管这种可能性又瞬间消失。13世纪的欧亚大陆，如果按文明类型划分区域，至少可以有五大文明区，它们各自有各自语言、习俗、宗教、贸易与政治体制方面的共同性，但同一种文明区中，又呈现出子系统之间的差异与中心边缘的结构，阿布·鲁格(Janet L. Abu-Lughod)在《欧洲霸权之前：1250—1350年间的世界体系》一书中提出八大亚文明体系：

① 勒尼·格鲁塞著：《草原帝国》，魏英那译，青海人民出版社1991年版，第282页。
② 《通商指南》(约1340年前后)的作者为佛罗伦萨城巴尔底公司(Company of the Bardi)的经理。引文见张星烺编注：《中外交通史料汇编》第一册，中华书局1977年版，第310—318页。

1. 当年查理曼帝国旧版图上拉丁基督教的西欧，以罗马、亚维农为宗教中心，以巴黎为文化政治中心，以威尼斯、热那亚为贸易中心，以布鲁吉斯、根特为手工业中心，在文化、政治、经济上都相对一体化的基督教文明；

2. 古罗马帝国旧版图上的地中海沿岸，这是个文化与贸易汇通的文明区域，以地中海为内湖，以威尼斯、热那亚、君士坦丁堡、苏达克、阿迦、亚历山大里亚为环星城市的区域，它在贸易上的共同性要远远大于文化上的共同性，是一个文化冲突贸易合作的边缘区域，渗入其他几大亚文明体系的边界；

3. 以伊拉克、波斯为中心的伊斯兰教核心地区，这个地区是前五百年世界最繁华的地区，有耶路撒冷、安条克、巴格达、大不里士、巴士拉、忽里模子等重要宗教、贸易城市，自古以来就是东西交通的孔道；

4. 从亚历山大里亚直到亚丁港的红海沿岸地区，主要是海上贸易与交通的要道，连接地中海与印度洋，信仰共同的伊斯兰教，贸易品多为香料与宝石；

5. 从亚丁湾进入阿拉伯海区域，这个亚文明体系像地中海地区那样，贸易上的共同性大于文化上的同质性，这个地区的重要城市是一系列呈半月形的大商港，从亚丁、祖法久、勿里模子、坎贝到卡里卡特、科钦、锡兰岛；

6. 整个印度次大陆直到印度尼西亚岛屿的广阔大陆与海域海岛，是一个在文化与经济上都具有相对共同性的亚文明体系，是传统的季风贸易区；

7. 从东南亚海域海岛到华北平原，是华夏文明区，半边内陆半边海洋，半边农耕半边贸易，在政治文化经济上也具有一定的共同性，是蒙古世纪里世界最富裕最先进的地区，与西欧处于旧世界最为遥远的对峙的两极；

8. 华夏文明的北方终点开始的草原文明从北京延伸到君士坦丁堡，是这八大亚文明体系中地域最为辽阔的而城市最为稀少的。在北京、哈剌和林、萨拉、撒玛尔罕、布哈拉、大不里士、君士坦丁堡之间，是无边无际的草原之路。[①]

蒙古帝国的广阔版图，连接起所有这五大文明区或八大亚文明体系，而穿越这五大文明区或八大亚文明体系，从世界的一端北京到世界的另一端巴黎，至少有三条路可以选择，第一条是北陆路，在北纬45度到50度之间横贯东西的北

---

① See "Before European Hegemony: The World System A.D. 1250-1350", by Janet L. Abu-Lughod，Oxford University Press，1989，Chapter 1 "Studying a System in Formation".

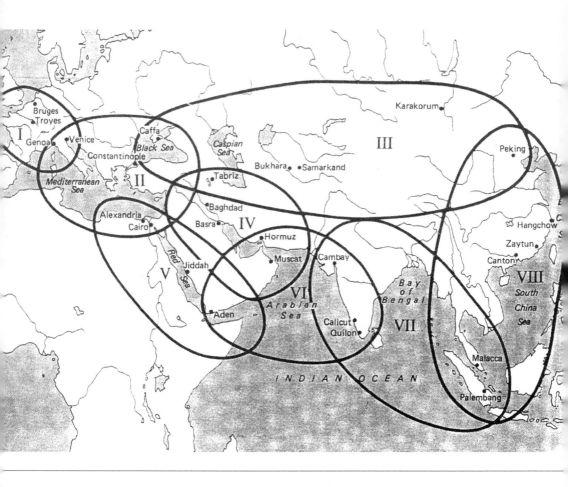

图 1-44：阿布·鲁格提出的八大亚文明体系，原书第 34 页插图。

方草原之路，鲁布鲁克与老波罗兄弟的旅行基本上都在这条路线上；第二条南陆路（丝绸之路），它穿越伊斯兰文明核心地带，从地中海到中国，是马可·波罗来中国的道路；第三条道路是南海路即海上丝绸之路，地中海—红海/波斯湾—印度洋—马六甲海峡—南中国海，也就是马可·波罗一家返回威尼斯的路线。

这三条道路贯穿起五大文明区与八个亚文明体系，今天我们可以在地图上明确区分这三条路线，但中世纪的旅行家对这三条道路的使用，却是自由的。裴哥罗梯描述的草原商路在中亚并入南陆路，马可·波罗返回威尼斯，列班·扫马出使欧洲，都是海路陆路并用。这些道路，在历史中时断时通，断的

时候多，通的时候少，如果从
亚里斯特亚士时代算起，到蒙
元世纪，至少也有1500年历史。
马可·波罗那一代人的幸运与
机会都在于，"蒙古和平"为
这些古老的商路突然带来了畅
通与繁荣。列班·扫马的旅行
跨越了五个亚文明区域，而马
可·波罗则经历了所有这些文
明地区。

基督教文明区与草原文明
区、伊斯兰文明区相邻，与印
度文明区、华夏文明区却相隔
甚远。亚历山大东征到兴都库
什山下、印度河三角洲，罗马
帝国的商船也曾取海路到南印

图1-45：穿越古丝绸之路的商队，约公元5—6世纪陶俑。

度，但印度对西方来说，还是非常遥远。当然，最遥远的是华夏文明区。公元
前五世纪，希罗多德游历到黑海北岸，听说有一位名叫亚里斯特亚士的希腊浦
洛孔奈斯人 (Aristeas of Procounesus)，跟随斯基泰商队，沿北纬50度由西向东延
伸的草原"黄金之路"，远游到"烈风之山"，可能是阿尔泰山。① 大汗给人民以
和平。从地中海到中国海，广阔的欧亚大陆的核心地带，在蒙古征服中几乎变
成一个帝国，三条道路贯穿旧大陆东西南北，一时间都畅通了，蒙元世纪的旅
行家不仅在空间上连接起东西两个遥远的世界，也在时间上连接起两段陌生的
历史。

马可·波罗一代旅行家走过的北纬45—50度的这条草原之路，很可能就

---

① 有关亚里斯特亚士旅行的记述，见希罗多德著：《历史》第四卷上册，王以铸译，商务印书
馆1985年版。有关该旅行的历史考证，可参见［英］G.F.赫德逊著：《欧洲与中国》，王遵仲等译，
中华书局1995版年，第1—26页，第一章"朔风以外"。

是 2000 年前斯基泰人的"黄金之路"①。人类历史的荣耀是，某一个时代的壮举，有可能是对某段遗忘的历史的重复。北陆路（草原之路）、南陆路（丝绸之路）、南海路（海上丝绸之路），都有悠久的交通史。南陆路或著名的丝绸之路至少也有 1000 多年的历史。罗马时代马其顿商人来到中国，走的是穿越亚洲腹地的南陆路，而安敦王使者走的则是南海路。旅人们在空间中穿行的时候，也穿越了时间。蒙元世纪马可·波罗们从欧洲到中国，走过欧亚大陆的陆地与沿海，也走过 2000 年欧亚大陆东西交通的历史。

马可·波罗与列班·扫马，从一种文明的边缘到达另一种文明的核心，旅行使他们个人的经历成为世界生活的指南。对于他们那个时代而言，马可·波罗离开的威尼斯与列班·扫马离开的北京，分别处于两大文明的边缘。13 世纪的北京，处于华夏农耕文明与草原游牧文明的交界点上，是一个曾经被毁灭又正在重建的都城，它在人文地理上的位置也正好象征着蒙元帝国综合游牧与农耕文明的性质。13 世纪的威尼斯，也处在基督教欧洲与伊斯兰文明的边界上，是一个沟通东西方贸易与文化的城市。在这两个城市之间，是广阔的异域与穿越这些土地与海洋的古老的道路。

旅行者可以走草原之路，从多瑙河畔到哈剌和林。这条穿越金帐汗国与白帐汗国的路并不太荒蛮，乞瓦 (Kiev)、萨莱 (Sala)、斡脱罗尔 (Otrar)、阿历麻里 (Armalec)、别失八里 (Besbalex)，都是有一定规模的贸易集镇或城市，伏尔加河畔的萨莱城是金帐汗国的首都，伊本·白图泰在那里还见过不少中国商品。洲际贸易实际上是区域滚动的，大多数商人从意大利出发，过地中海到阿迦或叙利亚的某个港口，或者从君士坦丁堡出发到苏达克，然后沿着古代的丝绸之路穿越西亚、中亚。旅途经历的地区与国家，有许多古老的商业城镇，像大马士革、巴格达、巴士拉，或大不里士、伊斯法罕、撒马尔汗、布哈拉……这些城市在蒙古浩劫后迅速复兴。马可·波罗说"布哈拉是波斯最美丽的城市"，撒马尔罕、巴里黑 (Balkh)、巴达克尚 (Badakhshan)、和田、哈密都可以见到来自世界各处的商品，《世界征服者的历史》描述布哈拉"各种财富堆积如山，各类人

①　黄金之路即中西交通的北陆路，从黑海北岸到阿尔泰山，穿越北纬 45—50 度的草原之路，最初是斯基泰人 (scythians) 在这条路上贩运黄金，又称黄金之路。见［英］G.F. 赫德逊著：《欧洲与中国》，王遵仲等译，中华书局 1995 年版，第一章"朔风以外"。

才荟萃，各门学科昌兴"①。

穿越西亚的丝绸之路的商机要多于草原之路，每一个城市都可以提供你想要的东西，到下一个城市又很容易卖到好价钱。商人们根据自己的需要与联系，选择草原之路或经过西亚、中亚的丝绸之路，也可以选择海路从地中海到红海到印度洋、南中国海。从地中海到红海、印度河口的航线早在古罗马时代就已经开通了，从印度南海岸经过马六甲到广州或泉州的航线，也有近千年的历史。亚历山大里亚、亚丁、忽里模子、坎贝（Combay）、古吉拉特（Gujirut）、爪哇，从威尼斯到泉州沿途有无数个大商港，各种货物应有尽有。

蒙古征服最终完成了欧亚大陆的一体化运动，连接地中海与南中国的航线与道路上，人从西方流向东方，物资从东方流向西方。不论是现实中的世界市场还是观念中的世界地理，中国既是世界的起点，也是世界的终点。中国是世界财富的源头，随着蒙古大军，冒险家、商人、传教士，赶着骆驼骑着马，或乘季风航船，从旧大陆的各个角落涌向大汗的国土——中国。《世界征服者的历史》记载：大汗"慷慨慈善的声名远播世界，商人们闻讯从四面八方汇集到他的宫廷……"②

"大汗给人民以和平。"这句话的历史意义，对西方与东方，可能完全不同。人源源不断地流向中国，洗劫或贸易，或洗劫式贸易，财富又源源不断地从中国流出，丝绸之路海上与陆上的那些商镇，在蒙古劫难后迅速恢复繁荣。蒙古和平最终完成了欧亚大陆的一体化运动。旅行与贸易、观念与知识，都开始了一场革命；全世界都在动，只有中国不动。它是世界的轴心。一个将耗尽自己力量转动世界的、被奴役的轴心。

蒙古征服对中国是战乱，对西方是和平。蒙古帝国彻底打通了东西方世界，以残酷的方式创造的旧大陆的"世界和平"，首先为西方人带来了千载难逢的机会。他们奔赴在古老的丝绸之路上，从西到东；他们贩运小亚细亚的织物、亚美尼亚的银器、巴格达的珍珠、波斯的宝石、唐古特的麝香、蛮子的丝绸、孟加拉的姜、爪哇的胡椒、印度的香料，从东到西。1295 年，波罗一家回到威尼斯，

---

① "The History of the World Conqueror". Vol.1，p.108.

② "The History of the World Conqueror"，by Ata-Malik Juvaini，trans. by John Andrew Boyle，2Vols， Harvard University Press,1958 ,Vol .1,pp.213-214。

图 1-46：鄂多立克东游图四幅：觐见教皇（左上）、东游航海（右下）、觐见大汗（右上）、回乡著述《东游录》（左下）。《东游录》14 世纪版本插图。

1293 年，前往中国传教的孟·德·高维奴在波斯遇到意大利商人彼得，后者一路伴随高维奴东行，并在汗八里购置地产送给高维奴建了一座教堂。1330 年前后，鄂多立克说他在威尼斯见过许多去过行在 [①] 的人。1346 年伊本·白图泰来到刺桐，他也见过不少西方商人、教士。蒙古世纪里，威尼斯、热那亚的商人与中国多有贸易往来。1325 年热那亚商人安·萨维纳奴 (A. Sarvinano) 到汗八里，以元朝大使的名义回到欧洲，1338 年再返中国。卜伽丘的《十日谈》讲到发生在契丹的故事，他说热那亚人完全可以做证。

历史中真正拯救西方的是蒙古帝国。1241 年拔都大军打到多瑙河畔，惊恐的基督徒以为末日最终降临。没想到的是鞑靼魔鬼们在关键的时候莫名其妙地离去，而且随即传来他们屠杀穆斯林的消息。对西方来说，这是一个意外的惊喜，而且，还可能有意外的收获。西方旅行者在"蒙古和平"下开始"走向世界"，贸易或传教。他们在荒蛮的草原与城市废墟的尽头，发现了一个天堂般的

---

① 行在（Kinsay），又译京师，指今杭州。

图 1-47：《清明上河图》（局部）。

国家——契丹与蛮子。13 世纪 80 年代末，威尼斯的马可·波罗与汗八里的列班·扫马，分别在杭州与巴黎做客，大有天上人间的感觉。

列班·扫马出使欧洲，访问了君士坦丁堡、那不勒斯、热那亚、罗马、巴黎、波尔多，觐见法王菲利浦、英王爱德华。列班·扫马走过的这些欧洲城市，除了君士坦丁堡之外，在他看来可能只是一些不起眼的异域小镇。热那亚、那不勒斯、罗马、波尔多之类当时欧洲著名的城市，人口最多只有 5 万到 6 万，巴黎是北欧最大的城市，至多不过 10 万人。这些由当年城堡、市集发展起来的城市，在很多方面都不尽如人意。街道狭窄，路面凹凸不平，一条短短的青石板或鹅卵石铺成的马路已是市政建设的奢侈了。市场上除了昂贵奢华的东方舶来品，就是本地粗糙的面包、腌肉、羊毛衣。城市日用品供应单调，酒肆茶亭、青楼楚馆无处可寻。朝圣者背着肮脏的背包，清晨走在街头。他们要时刻提防飞来横祸，有经验的人提醒他们，某一个洞开的窗口会突然泼出一盆尿。城市的卫生条件的确差，街角到处是垃圾，污浊的河面上漂着死猫死狗的尸体。城里唯一令人赏心悦目的景象就是王公出巡和主教教堂。王公出巡前要进行卫生大扫除，而哥特式的主教大教堂高耸在四周低矮阴暗的石头房子上，巍峨壮丽。它是城市的中心或标志性建筑，是神圣教权的象征，它以威严的目光逼视着城中每一个人的一生和每一个过客的旅行。

马可·波罗从混乱的市集、废弃的城墟、荒凉的大漠戈壁、一望无际的草原上到大都北京，仿佛到了另一个世界，东方景观特有的壮丽豪华从这里开始

图 1-48 :《清明上河图》(局部）。

了。马可·波罗详细描述了元大都宫殿的气派、街市的繁华。从汗八里到行在城①，城市变得更为富裕繁荣。杭州可能是当时世界上最大的城市。按马可·波罗的说法，全城有 160 万户，这个数字夸大了，但至少也有 100 万人口。佛寺没有主教堂那样高耸肃穆，但色彩鲜亮，有世俗的富贵与轻盈。南宋的皇宫还在，石块青砖铺成当年的御道长 3 英里，宽 60 码。运河流经城里，西湖周围是富人区，红墙绿树，雕梁画栋。城里至少有 15 个日用消费品的市场，沿街饭铺、客栈、酒店、茶肆、青楼歌馆连绵不绝。运河连接长江，南北西东货物，荟萃于此。杭州湾码头停泊着远洋蕃舶，它们往来于马来亚、印度、阿拉伯沿海。船首高翘，船帆卷起，南海的犀角、象牙、珍珠玛瑙、香料没药、沉香樟脑之类的奢侈品卸下，装船的有丝绸、陶瓷器……在西方旅行者眼里，这是个无法想象的世俗天堂。

蒙古帝国拯救西方的意义是为西方打开了世界，打开了通往财富与秩序的道路。马可·波罗与列班·扫马在东西两个世界之间的旅行，是一次富饶与贫困之间的比较历程。中国不论从何种角度上看，都是当时欧洲人在这个世界上发现的世俗的天堂，"世界上最富裕的地区"，繁荣、文明、秩序、宽容，唯一一点遗憾，那就是这个人间天堂属于异教徒。所以，西方人的东方冒险，总

① 行在 (Kinsay)，今杭州。马可·波罗说，行在 "这个名字有 '天城' 的意思，这样称呼行在城，不仅在于它的雄伟美丽、名冠天下，更在于这里的生活如此丰富多彩，令人喜悦，这一切都让当地的居民感觉自己生活在天堂极乐之境……"

图 1-49：《清明上河图》（局部）。

是将发财与传教结合起来的。传教与经商，在西方走向世界的历程中，从来是结伴而行，相辅相成。

去东方，商人与传教士同行，在刺桐、辛迦兰（广州）、行在、汗八里，收购生丝、瓷器、漆器、珠宝金银，可能还有药材、香料。按裴哥罗梯《通商指南》的说法，商人们进入契丹，将所带金银兑换成纸钞，主要购买生丝。13 世纪尽管养蚕丝织技术已在君士坦丁堡和地中海沿岸城市推广，但依旧无法满足欧洲市场的生丝需求。我们在热那亚的商贸档案中发现，1257 年 1 月中国的生丝首次出现在热那亚港，此后不久，意大利丝织工业中心卢克市场上也出现契丹的生丝。热那亚商人还把大宗的生丝卸在法国沿岸的码头。1304 年，英国伦敦也出现了"契丹丝"(Cathewy)[①]。"契丹丝"从泉州港贩运到意大利，再由意大利商人转运到欧洲，补充纺织原料市场。在卢克、热那亚、威尼斯、米兰、佛罗伦萨、波罗尼亚，或许还有里昂、伦敦，织成带金线和时髦图案的丝绸，装饰当时欧洲有钱的贵妇淑女。契丹生

图 1-50：13 世纪西方最繁华的都城君士坦丁堡。

---

① R.S.Loper 的 "China Silk in Europe in YuanPeriod" "Journal of theAmerican Grental Society, LXXXI"。

图 1-51：14 世纪的威尼斯。

丝的流入，影响到欧洲市场丝织品价格的变动。丝织成品的贸易则促进了欧洲的纺织工艺。色彩鲜艳、图案绚丽、明显有中国风格的丝绸服装穿在贵族老爷、名门淑女身上，让他们恍然觉得自己又回到恺撒、屋大维的罗马黄金时代。

蒙元世纪是人类历史上的一个关键时刻，它瞬间推进并在一定程度上实现了欧亚旧大陆的文明一体化，旧世界的文明格局也被改变了，旅行与贸易、观念与知识，都开始了一场革命，而这场革命的主要的受益者，是基督教西方。对西方来说，那是一个焕发开放的世界主义观念与激情的时代。罗马帝国崩溃以来，他们在欧亚大陆的一个角落被压抑了 1000 年，蒙古征服意味着解放与和平，他们走向世界，走过从未走过的路，经历了前所未有的事，见过完全陌生的种族，发现了另一个世界，有着无数的财富与生灵。

蒙古世纪突然开始，中西交通的大时代延续了近 200 年，它改变了世界格局，也改变了中国与西方的历史命运。马可·波罗那一代商人与传教士们的旅行，在当时西方人的眼里，确实像是创世纪以来从未有过的创举，他们巨大的收获不仅是财富，还有政治与宗教机遇、知识扩张与世俗文化复兴。但是，世界历史上的同一历史事件，从民族国家不同的立场不同的角度观察，可能显示出完全不同的意义。从西方角度看的"蒙古和平"，从中国角度看是"蒙古征服"。蒙古入主中国是一场彻底的灾难，它伤了华夏文明的元气，由此产生的封闭保守的本土主义观念与情结，窒息了民族历史的发展。在中华帝国 2000 多年的历史上，是由盛及衰的转折点。唐强宋富，将中国古代文明推向高峰，接下去是两次彻底的异族统治（蒙元与满清），中华文明从此衰落。

第三节
光来自东方

历史中真正拯救西方的，是蒙古帝国。"蒙古和平"首先为西方人带来了千载难逢的机会，他们开始"走向世界"，贸易、传教，或者纯粹为了旅行。于是，人从西方流向东方，财富与知识从东方流回西方，旅行与贸易、观念与知识，都开始了一场革命。蒙古帝国不仅开放了欧亚大陆的交通，暂时抑制了伊斯兰文明的发展，而且，中西交通还进而诱发了西方资本主义扩张的大潮。

蒙元世纪西方走向东方的最大意义，就是发现中国，而发现中国，不仅使西方人发现了世界，也使西方人发现了自我。发现世界的意义体现在地理大发现与资本主义扩张开始；发现自我的意义，则在于激发与表现了现代资本主义世俗文化精神。照耀西方现代文明的曙光，不仅来自古典遗产，也来自东方。

因为发现中国，西方发现了自我

历史中真正拯救西方的，是蒙古帝国。

选择一段历史写作，是选择一种叙事。它不仅提供特定的主题，一段相对完整的故事，发端、高潮与结局，还确立一种知识模式，包括判断历史的价值与真理。选择中西关系史，从马可·波罗与列班·扫马的旅行写起，到义和团事件结束，真正的意义不仅在于"国际关系"，更重要的主题是，世界现代历史上西方文明兴起以及西方大扩张背景下中华帝国的衰落与收缩。不管后殖民主义文化批判如何"反写"或"逆写"（write back）历史，西方扩张中心的世界现

图 1-52：马可·波罗的又一种画像。

代化历史，是难以回避的"主宰叙事"。马可·波罗与列班·扫马降生的时候，中国仍是世界文明的中心，在人口、财富、技术、军事与行政能力上，都领先世界。马可·波罗的过分热情与列班·扫马的过分冷漠，都可以在中西文明的势力平衡中得到解释。从那时起，边远隔绝的西方开始"走向世界"，加入旧大陆的世界体系，从地理大发现、资本主义扩张到全球殖民主义帝国主义霸权的建立。650 年过去，义和团事件发生，八国联军冲破东方传统帝国的最后一道防线，确立了西方中心的工业资本主义、民族—国家制度的全球化格局。

这一段完整的历史叙事，从马可·波罗的旅行写起，不是因为他个人的事迹如何决定历史，而是因为他的故事已经成为一种文化象征。他所生活的那个百年，1250 年到 1350 年间，是西方历史上的伟大世纪。旧世界不同文明区，中国、印度、波斯、伊拉克、埃及、拜占庭、西欧各国，在财富、技术与知识上都达到一个新的成熟期，不同文化区之间，由于短暂的"蒙古和平"，开始了贸易与文化交流，最重要的是西方进入旧大陆的"世界体系"，在最遥远的中国与西欧之间，也开始了有史以来第一次直接的交流。马可·波罗虽不一定是真正的开创者，却是那个时代最典型的代表。

在世界现代化的历史上，不管在他同时代，还是多少年以后，马可·波罗都是一个文化象征。这个文化象征的意义在中国与在西方并不相同。在中国，它意味着一种超越现代化历史的沉重与残酷的乌托邦，其中中西关系的所有方面都被颠倒过来。首先，不是西方冲击影响中国，而是中国冲击影响西方，西方人对中国不胜景仰，朝廷里的洋人不是一贯凶暴的列强而是一心向化顺民，甚至可以满足"万国衣冠拜冕旒"的天朝上国的回忆与想象。其次，中西关系不是历史中经历的令人尴尬与痛苦的掠夺与战争关系，而是亲切友好的贸易与旅游关系，甚至寄托着某种对全球化秩序的中国中心世界大同的"非分之想"。最后，马可·波罗作为文化象征，甚至还具有英雄主义与浪漫主义色彩，马可·波罗的经历是典型的个人成长传奇，遍游天下，富贵还乡，在任何时代任何地方，都算得上是传奇英雄。

在西方，马可·波罗的文化象征意义，远没有在中国那么重要。即使有上述三层意义，其重要性也是被颠倒过来的。首先，是位传奇式的个人英雄，是位哥伦布或达·伽马、麦哲伦式的人物，只是多了些喜剧或虚幻色彩，少了崇高、严肃与真实性。马可·波罗在他同时代是一个滑稽人物，马可·波罗因为在游记中吹牛，得了一个绰号叫"马可百万"。在中世纪晚期意大利乡村喜剧中，有一个爱说大话的小丑角色，名字就叫"马可·波罗"。其次，西方历史中马可·波罗的形象大多出现在文学艺术作品中，不入正史难登大雅。即使有人试图思考马可·波罗与《马可·波罗游记》的历史意义，也很少想到他与西方现代文明的兴起与扩张有什么关系。似乎西方扩张与世界文明一体化的历史，开始于哥伦布横渡大西洋和达·伽马发现印度航路，至于谁启发他们、谁是他们的先驱，西方学术界似乎不多追究也难以想到马可·波罗。最后，马可·波罗的文化象征意义，更多在于满足西方人的"东方情调"想象，

图 1-53：多少有点可笑的马可·波罗形象。1477 年纽伦堡德文本《马可·波罗游记》插图。

关于神秘广阔的东方帝国，关于财富与权力，关于个人冒险……至于西方人在人道主义立场上对中西关系中所谓"扩张罪恶"感到遗憾与忏悔时可能记起马可·波罗，实在不可企望。

选择马可·波罗旅行这一文化象征，作为我们的叙事起点，意义不仅限于理解七个世纪时间里中西关系的历史经验，还希望能够构筑一种世界现代文明或全球文明的新叙事。

人们通常将 15 世纪最后 10 年当作现代文明与全球文明的起点。[①]这 10 年间，哥伦布发现新大陆，达·伽马发现印度航路，如亚当·斯密说："美洲的发现及绕好望角到东印度道路的发现，是人类历史上最大而又最重要的两件事。"[②]西方从欧亚大陆的一个角落开始了世界性的扩张，全球开始现代化西化的进程。但是，这个起点在历史中过于"突兀"。它只能说明结局不能说明原因。没有马可·波罗那一代人对中国的渴望与去中国的旅行，就没有哥伦布、达·伽马发现新大陆新航路。马可·波罗时代的大旅行，是地理大发现的直接动机与灵感，现代文明与全球文明的起点，应该追溯到蒙元世纪。蒙古征服开放了欧亚大陆的交通，暂时抑制了伊斯兰文明的发展，进而诱发了西方资本主义扩张，对西方乃至世界现代历史，都有着创造性影响。

马可·波罗的旅行作为一种文化象征，出现在西方扩张与世界现代文明的起点上。艾谢德 (S. Adshead) 在《世界历史中的中国》中指出：蒙古征服在世界历史中的意义主要表现在两个方面：一是世界市场的雏形出现；二是世界地理的观念开始形成。[③]在汗八里或行在，可以看到来自中亚、西亚、欧洲的商人，在威尼斯或里昂，可以买到西亚的织品、珠宝，印度的爪哇的香料，中国的生丝与瓷器。这是经济贸易方面，更重要的是知识与观念方面的意义。马可·波罗时代突然展现的丰富的东方知识，改变了欧洲人的世界观念与自我观念。他们

---

① 参见［美］斯塔夫里阿诺斯著：《全球通史：1500 年以后的世界》，吴象婴、梁赤民译，上海社会科学院出版社 1992 年版。

② ［英］亚当·斯密著：《国民财富的性质和原因的研究》下卷，郭大力、王亚南译，商务印书馆 1974 年版，第 194 页。

③ 参见 China in World History，by S.A.M. Adshead，Macmillan Press Ltd，1988，Chapter 3: "World Axis：China in the Middle Ages，1000 to 1350"，pp.109-172.

发现地中海不是地球的中心，耶路撒冷也不是"世界之脐"，更不会比其他地方都富有，家乡欧洲在世界上只是一个被冷落的角落。而在世界上所有的国家中，大汗治下的契丹蛮子最富强，那里才是世界的中心、文明的中心。

图 1-54：为马可·波罗那一代人赞叹不已、象征着大汗的财富的纸币及其木刻印刷模板。

没有对世界的基本知识与想象，就没有走向世界的冲动。马可·波罗那一代人的事迹，《马可·波罗游记》那一类旅行故事，将成为西方"走向世界"的动机。从 1245 年柏朗嘉宾出使蒙古，到 1347 年马黎诺里从中国返回欧洲，100 年间到中国的欧洲人，历史记载中有名有姓的就不下 100 人。从 1247 年柏朗嘉宾写作《蒙古行记》到 1447 年博嘉·布拉希奥里尼 (Poggio Bracciolini) 完成他的《万国通览》，200 年间西方不同类型的文本，游记、史志、书简、通商指南、小说诗歌，都在描述大汗的国土、契丹与蛮子。[①] 在这些文本中影响最大的要数《马可·波罗游记》。从某种意义上说，是马可·波罗创造了西方集体记忆中的中国形象，并

---

① 这些文本现存的主要有《柏朗嘉宾蒙古行记》(1247 年)、《鲁布鲁克东行记》(1255 年)、《马可·波罗游记》(约 1299 年)、孟德·高维奴等教士书简 (1305—1326 年)、《鄂多立克东游录》(1330 年)、《大可汗国记》(约 1330 年)、《通商指南》(约 1340 年)、《马黎诺里游记》(1354 年)、《曼德维尔游记》(约 1350 年)、《十日谈》(1348—1353 年)、《坎特伯雷故事集》(1375—1400 年)、《克拉维约东使记》(1405 年)、《万国通览》(1431—1447 年)、《奉使波斯记》(1436—1480 年)。这些文本的作者有教士、商人、文学家；文体有历史、游记、书信、语录体的记述 (后者如《万国通览》)，还有纯文学作品。文本的语言既有高雅的拉丁语，也有通俗的罗曼语或法—意混合语。至于文本的内容，既有纪实，也有虚构，而且经常是纪实与虚构混为一体。

诱发西方人进一步发现世界的欲望与想象的。

选择马可·波罗与《马可·波罗游记》作为历史叙事的起点，可能观念的意义要大于物质的意义。"蒙古和平"对西方来说是千载难逢的好机会，但贸易的通达与财富的积累，远不如知识的扩展与观念的转变来得更重要。青花瓷器摆在王公们的客厅里，契丹丝绸穿在贵妇的身上，那只是社会上层的奢侈，马可·波罗时代尽管不乏商人们冒险往返于欧洲与中国之间，但欧亚长途贸易的规模，毕竟微乎其微，尚不足以影响欧洲人的经济生活。但是，有关东方的游记故事，却在城市与乡间流传，悄悄地改变着人们的观念。钻石、珍珠、麝香、一万条大河一万条船、两万座城市两万座石桥之类的大话，即使被当作天方夜谭，也能满足人们的欲望与幻想，收藏在集体记忆中，逐渐影响中世纪晚期欧洲个人与社会的心理文化。

大旅行时代留下的游记、东方史志、商贸指南之类的文本，创造了一个繁华富贵的中国形象。最典型的就是《马可·波罗游记》。《马可·波罗游记》有关中国的内容集中在三个方面：1. 物产与商贸，2. 城市与交通，3. 政治与宗教。游记中关于这些方面的描述，多少有些夸张，它的意义不仅是向西方人介绍一个神话般的国家，更重要的是，它在介绍异域的同时，表达了那个时代人们普遍的期望与梦想，首先是关于世俗物质生活的期望与梦想。契丹蛮子，地大物博，城市繁荣，政治安定，商贸发达，交通便利。马可·波罗的中国见闻庞杂繁复，然而最让他记忆深刻的，还是中国的富庶繁华。每到一处，他都兴致勃勃地记述当地的物产、建筑、道路、行船与桥梁。中国城市，无论是契丹的汗八里，还是蛮子省的行在（京师），都是尘世可以想见的最繁华的地方。

观念的历史比现实的历史更有意义。中国繁华的世俗生活，既是他者的想象，又是自我的乌托邦。《马可·波罗游记》强调的方面，也是那个时代其他游记渲染的内容。西方旅行者在中国找到了尘世生活的一种理想状态。对于中世纪晚期欧洲萌芽的世俗精神来说，传说中的中国表达了他们的世俗关怀、商业热情、君权思想、城市观念。他们不厌其烦地介绍契丹蛮子的财富、大汗的权威，无外乎是在这种表现中置换地实现自己文化中被压抑的潜意识。表面上看他们谈论遥远的中国，实质上他们是在谈论内心深处被压制的欲望世界。

中国最大的魅力在于其物质文明的繁荣。无论在经济上还是政治上，蒙古治下的中国相对于中世纪晚期贫困混乱的欧洲来说，都像是人间天堂。大汗是世界上最强大的君主，仅就这一点来说，大汗的形象就能给欧洲那个君王的时代很多灵感。马可·波罗、鄂多立克、曼德维尔，不管实际旅行的人还是虚构游记的人，都在极力渲染大汗的威权。

中国形象是财富的象征，也是君权的象征，正是在这两点上，它表现着文艺复兴早期西方的人文主义精神。有关大汗统治权威的描述，寄寓着西方人对绝对主义君权政治的期望。14世纪的欧洲，共和国是"混乱"的代名词。文艺复兴时代是个君王的时代，社会秩序、民族情绪、商业冒险、世俗精神无不期待着强大的君权出现。它以世俗权威对抗教会权威，它可以保证世俗精神的发展，凝聚民族力量，保护商业贸易、结束封建割据，创造并保护广泛的和平。14—16世纪，在欧洲是君王的时代。法国从路易十一即位到1494年出征意大利，英国1485年亨利七世建立都铎王朝，西班牙1479年卡斯蒂利亚(Castilia)腓力(Philip)国王与阿拉贡(Aragon)女王联姻，德国1519年推出日耳曼皇帝查理五世，除意大利之外西方主要国家文艺复兴的历史都出现了强大的君权与民族国家。许多优秀的人文主义思想家，都是君主强权的辩护者。那个时代的文人、商人、军人、农民、手工业者，都认为君主的强权专制的和平，比封建大地主割据统治的混乱好得多，莎士比亚的历史剧一再表达这种观点。

令人困惑的历史。事实被遗忘埋没了，想象与传说却开始改造现实。西方人在发现中国的过程中发现了自我，发现了自身文化无意识中的欲望与恐惧、向往与忧虑。文艺复兴开始于1350年前后的意大利。这时期正是东西贸易与旅行最繁荣的时期，正是《马可·波罗游记》把中国形象刻在欧洲民间的知识与想象中的时期，正是欧洲人感到自身的缺憾并开始向往东方帝国的财富与城市、大汗的权力与威严的时候。从1250年到1450年这200多年中，资本主义城市经济出现，世俗君主制准备取代中世纪的教权，人们热衷于现世与感性生活，丰富的食品、华丽的服装、文明的城市、繁荣的市场、节日与宴会、艺术与文学……而所有这些新的生活风格，正是蒙元世纪欧洲旅行者在中国看到、在欧洲传播的中国形象中所表现的内容。

图1-55：中世纪晚期《马可·波罗游记》抄本中的汗八里地图。

欧洲现代扩张甚至全球文明的历史，都可以追溯到马可·波罗，或者说《马可·波罗游记》。因为马可·波罗和《马可·波罗游记》，已经成为那个时代的文化象征。从1245年柏朗嘉宾出使蒙古到1441年尼哥罗·康梯从印度回来，200年过去了，蒙元世纪结束，文艺复兴开始。对于欧洲文明来说，这是决定性的200年，它是一个过渡期，也是一个分界点。一种全新的政治经济观念与社会制度、一种全新的生活风格正在改变着国家民族与个人家庭。新发现的中国形象与复兴的古典精神一道，构成西方文化发展中近代精神的一种非我的或自我超越的神话。在种种游记的文本中，叙述者时时透露出一种不自觉的比较意识：中国的财富与欧洲的贫困、中国的秩序与欧洲的混乱、大汗的集权强大与欧洲教权王权的分裂与虚弱。

前往中国的旅行与传说，诱发西方文化自身的一场革命。在地理大发现与文艺复兴的文化思潮中，在西方现代起点上的走向世界与投入世俗的文化冲动中，我们都可以发现中国的影响。人类意识与历史本身的演进过程是微妙的，不易被察觉。各种信息，虚构与真实，各种思想观点，陈腐与新颖，纷呈杂致，亦西亦东，分散着人们的注意力。正是在这纷纭之中，精神的潜流已在历史的深处悄悄地转变了，并开始一点一点地改变生活。自足于中世纪基督教世界的欧洲人，为什么突然激起对遥远的古代与陌生的异域的热情？为什么对一种被否定与遗忘了近千年的古典文化艺术，突然产生了浓厚的兴趣？为什么突然放弃信仰中完满的基督教世界，渴望探寻在上帝的地图上找不到的海洋与土地？究竟是一种什么样的历史动机，引发了人文主义者的热情，诱使冒险家们出海？

是何种观念，或信仰的改变，使世俗精神挑战基督教禁欲主义，追求现世幸福？是哪一次历史机遇，发展了贸易与城市经济，纵容君权对抗教权？文艺复兴与地理大发现只是那个时代的伟大成果，至于历史的动因，可能更深远、更复杂，其中不可否认的是，有中国的影响。

文艺复兴复兴古代，地理大发现发现世界，在观念上构筑了西方文化的现代性自我。古典时代与东方中国，作为西方现代文化的时间与空间上的"他者"，使西方确认了自我。没有古代，就无法确认现代；没有东方，就没有办法确认西方。复兴的古代使欧洲人在比较中认识了"现代"作为时间以及与时间相关的观念的意义，发现的东方使西方人认识了"西方"的身份意义与价值。没有古代观念就无所谓现代，没有东方意识的形成就没有西方意识，欧洲的现代文化认同就是在这时空的对比坐标中完成的。

在西方现代文明的起点上，中国影响已变成一种发动欲望的幻想的和解放的力量，让西方文化从中体验到缺憾、渴求，自我批判的痛苦，觉醒的希望以及进取的动力。这是一个伟大的起点，充满财富与权力象征意味的中国形象，激发了西方社会被基督教文化压抑的世俗欲望，表达了新兴城市资产阶级对城市发展、自由贸易、君主集权、统一市场的向往。其中的重要意义在于，历史上不仅西方塑造了中国的现代化运动，中国也曾经影响西方的现代化，成为激发地理大发现与文艺复兴伟大时代的文化灵感。它从一开始就证明，世界现代化的进程是一个多元发展、相互作用的系统进程，现代世界是一个由不同国家不同民族不同力量在不同领域的相互创造生成的系统，离开了这个系统与这个系统内跨文化或文明之际的"公共领域"或"公共空间"，任何所谓普遍有效的假设，诸如理性、科学、进步、自由，都不足以成为历史的尺度。

因为发现中国，西方发现了世界

蒙元世纪欧洲发现旧世界的最大意义，就是发现中国；而发现中国，不仅使西方人发现了世界，也使西方人发现了自我。发现世界的意义体现在地理大发现与资本主义扩张开始；发现自我的意义，则在于激发与表现了现代资本主义世俗文化精神。我们与其说是从马可·波罗的旅行开始，不如说是从《马可·波罗游记》开始，叙述中西关系与世界现代化的历史。马可·波罗其人其事如何，决定于《马可·波罗游记》其书如何。

从马可·波罗说起，不论在他那个时代，还是后世，这个威尼斯商人其人其事，都像是传奇。在马可·波罗那个时代，从欧洲去中国，就像我们今天登月，中国是那么遥远，而且，"大得像另一个星球"。谁能相信，谁又能证明这一切都是真的？如果马可·波罗确有其人，那么，除了语多虚妄的《马可·波罗游记》之外，没有其他可以证明其生平的可信的资料；如果马可·波罗游历中国确有其事，为什么旅行的路线与方向如此混乱，为什么在中国生活 17年，游记中却没有提及最有中国特色的万里长城与茶叶？①有人怀疑是否确有马可·波罗其人，是否真有马可·波罗旅行其事，唯一能够为马可·波罗提供证明的，就是出自鲁思梯谦之手的《马可·波罗游记》。而这部游记，究竟是游记还是传奇，或者是其他什么书，也令人生疑。

《马可·波罗游记》很难说是游记。《马可·波罗游记》叙述波罗一家从威尼斯到北京的旅行，说是"游记"，但又不全像是游记。除了只占到全书二十分之一篇幅的"序言"介绍了波罗一家的旅程外，以后大部分分别描述中亚西亚、中国印度与南洋诸岛的物产城市、风土民情，几乎忘记了主人公的游历，更没有游记惯常出现的历险故事，旅行线路也混乱不堪。如果我们对比同时代前后的《鲁布鲁克东行记》或《伊本·白图泰游记》，就知道《马可·波罗游记》作为游记多少有些不伦不类。

如果不是游记，《马可·波罗游记》又是一本什么书呢？有人认为是一本"通商指南"，或者是鲁思梯谦在当时流行的一种或几种通商指南基础上编造的"传奇"。书中尽管讲到马可·波罗一家的旅行，但大量篇幅津津乐道的，还是从什么地方到什么地方，要走几天的行程，那里的主要物产是什么，市场行情如何。《马可·波罗游记》有许多版本，其中一种版本的书名就叫《百万之书》（Il Milione）。但是，《马可·波罗游记》也不是一本纯粹的"通商指南"，因

---

① 针对相关疑问，已有多种辩解，比如，旅行路线混乱是因为他们沿途贸易，随物流去向，可能辗转周折；又比如说，不是马可·波罗没见过长城，而是长城当时没有什么值得一提的，蒙元帝国的疆土远远超出长城之外，长城已没有意义，而且元代时长城破损不堪，不足为观。马可·波罗生活在蒙古人与色目人中间，他们还没有喝茶的习惯。

为它并非如一般通商指南，比如裴哥罗梯的《通商指南》那样具体实用。[①]《马可·波罗游记》更像是一部地理书？当然不是指像托勒密的《地理学》那类的严肃的地理书，倒更像中国的地理志。[②]也许《世界志》或《世界纪实》才是《马可·波罗游记》最妥帖的书名；而《马可·波罗游记》众多版本中，也有一种名为《世界纪实》。

《马可·波罗游记》不像是游记，不像是通商指南，也不像是地理志。那么，《马可·波罗游记》是本什么书，马可·波罗又是什么人？或许历史中根本就没有游记主人马可·波罗，只有游记作者鲁斯梯谦。这位比萨破落贵族在波斯史家拉希德·阿尔·丁 (Lacid Al-din) 为汗王完者都编写的《世界史》基础上，虚构了《马可·波罗游记》，这两部书写到中国的部分，实在太相像了。[③]《马可·波罗游记》是一部"奇书"，介乎于历史与传奇之间、游记与传记之间、通商指南与地理志之间。真正的问题不是马可·波罗是否有其人其事，而是在公元 13 世纪后半叶，所谓的"蒙古和平"时代，是否可能有这类人出现、这类事发生。而事实是，蒙元世纪里到中国的欧洲人，许许多多，仅我们今天知道的有名有姓的，就不下 100 位，即使没有马可·波罗这个人，马可·波罗这类人也确实有过。

马可·波罗是否有其人，并不重要。《马可·波罗游记》是一本什么书，也不重要，重要的是它是中世纪晚期欧洲少有的一本"畅销书"。我们今天可见

---

① 裴哥罗梯的《通商指南》中关于东方贸易交通情况的介绍，非常具体实用，例如"据曾经去过契丹的商人讲，从塔纳至契丹的路途，不论白天黑夜，都十分安全……契丹国内，城市众多。首都汗八里商贸市场繁荣，各国商贾云集于此，商品琳琅满目。汗八里城方圆 100 里，人口稠密，城内民居鳞次栉比……整个商路上，只是从塔纳（印度孟买北部港口城市）到萨莱（印度城市）这一段路有些危险，但若有 60 个人结队同行，那就可以像待在家里一样安全。……从热那亚或威尼斯去上述任何一个城市，或远至契丹，随行可带亚麻织品……走这段路，商人们可骑马、骑驴，或乘其他牲畜自便。……商人们带去契丹的任何银器，都要被契丹皇帝收入国库，换流通的纸钞给你。这种黄色的纸钞上印着国王的大印，通行全国，你可以用纸钞购买丝绸或其他任何商品，价值丝毫不低于银币。"见张星烺编注：《中外交通史料汇编》第一册，中华书局 1977 年版，第 310—318 页。

② 有的研究者甚至认为，《马可·波罗游记》更像是个中国人写的地理书，像马可·波罗同时代前人赵汝适写的《诸蕃志》、汪大渊写的《岛夷志略》。或许是他在中国待久了，或许他本人就是大汗的朝廷兵部里的职方郎中。参见 Marco Polo and the Discovery of the World，by John Larner，Yale University Press, 1999，Chapter 4, the Making of the Book，pp.84—85.

③ 参见 [英] 弗朗西丝·伍德著：《马可·波罗到过中国吗？》，洪允息译，新华出版社 1997 年版，"结束语"。

的幸存的各语种、各种抄本的《马可·波罗游记》，竟有 143 种之多。当时的流行盛况，不难想象。《马可·波罗游记》最初出自热那亚监狱马可·波罗与鲁思梯谦之手的那个法—意方言本 (Franco-ltalian Manuscript)，我们今天已经看不到了。现存 143 种《马可·波罗游记》的不同版本，大概可以分为三类：

第一类是流行于上流社会的法文版本，抄在昂贵的羊皮纸上，装饰精美，收藏在像奥尔良公爵查理 (DukeCharles d'Orleans) 或爱德华四世 (KingEdward Ⅳ) 表兄理查·伍德威尔 (Richard Woodville) 这类贵族家中。在他们的私人藏书中，《马可·波罗游记》与《罗兰之歌》《亚瑟王传奇》一样，同属于"传奇"。这个版本可能最接近鲁思梯谦最初的那个法—意方言本，在写作风格上，也像是当时流行的骑士传奇。

第二类是托斯卡尼 (Tuscan) 方言与威尼斯方言本，抄在比较廉价的纸本上，流行较广。比法文本传奇色彩明显减少了。不管是文本还是收藏者，似乎都不把《马可·波罗游记》当作纯粹的传奇，看起来像是地理志或经商指南。比如说书中有这样的话："如果你想获得更多的知识，请去别处寻找，而我，就说这么多了。阿门！"

第三类版本是拉丁语版本，最初由意大利多明我会修士弗朗西斯科·毕毕诺 (Francesco Pipino) 翻译。这个版本传奇色彩更少了，内容更加严肃。译者郑重地声明，他受教会委托翻译这本游记，不是为了娱乐或财富，而是为了上帝的事业，增加世界知识，激励大家到世界各地去，将福音传播给每一个人。拉丁语版本还提出了游记的真实性问题。毕毕诺修士在序言中说："鉴于这部书中充满了各种奇闻逸事，许多读者见识有限，难以相信，我想声明的是，小马可·波罗，这部书的讲述者，是一位极可尊敬的、高尚的、虔诚的人，他的美德，众所周知，而他的美德又足以让他的著述值得信赖……"[①]

《马可·波罗游记》的意义，不仅在于它写了什么，更重要的，还在于读者如何接受它。正是特定时代文化接受的期待视野，决定并实现了它的历史作用与意义。《马可·波罗游记》流传，在马可·波罗同时代人那里，可能被当作

---

① 有关《马可·波罗游记》不同版本的详尽分析，可参见 Marco Polo and the Discovery of the World，by John Larner, Yale University Press, 1999, Chapter 6, the Varieties of the Book，pp.105—115。

贸易指南。但蒙古帝国崩溃、马木鲁克王朝兴起、奥斯曼帝国扩张，热闹一个世纪的中西交通中断了。作为贸易指南的《马可·波罗游记》，自然没有意义了。在随后的两个世纪里，欧洲阅读《马可·波罗游记》，基本上有两种接受视野，一种是中世纪贵族与平民的传奇文学视野，另一种是文艺复兴的人文主义地理学视野。

在中世纪贵族与平民的传奇文学视野内，《马可·波罗游记》不过是一部传奇，是莫须有的人与事，令人激动但也不可认真。关于马可·波罗游历东方的想象，可以象征地表现新生的世俗精神与扩张欲望，但终归不能导致任何现实的行动，否则就会出现堂吉诃德式的可笑下场。《马可·波罗游记》问世的最初一个世纪里，有人把它当作贸易指

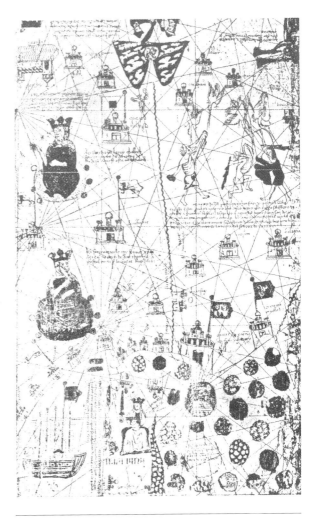

图1-56：欧洲14世纪末流行的加泰兰地图，综合表现了大旅行时代西方人的地理观念。

南，但大多数人把它当作传奇，很少有人理会毕毕诺修士的那份认真。

在文艺复兴的人文主义视野内，《马可·波罗游记》成为一部地理书。如果说传奇停留在想象中，不具有直接的现实作用；那么，一部描述世界地理风物的严肃的著作，就可能改变人们的世界观，进而改变世界。1380年问世的《加泰兰地图》，绘在六块木板上，最早画出了《马可·波罗游记》中介绍的大汗的国土，像汗八里、行在、刺桐等地名，也出现在地图上。不久，多门尼科·本

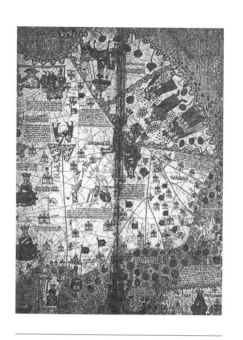 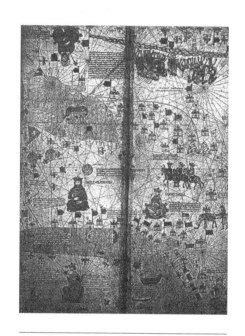

图 1-57：加泰兰地图四块东方板 1。　　　　图 1-58：加泰兰地图四块东方板 2。

迪诺 (Domenico di Bandino) 在自己所著的 35 卷本的《世界全志》，开始大量引用《马可·波罗游记》，并称赞马可·波罗为"探索东方海岸最勇敢的人"。

蒙元世纪结束的时候，文艺复兴开始，在这历史不同时代的衔接点上，我们发现《马可·波罗游记》的作为一种文化象征的现实意义。对西方而言，蒙元世纪发现中国的直接收获，是在即将到来的地理大发现与文艺复兴时代，他们发现了世界与自我。发现世界的意义很明显。即使不能说地理大发现的时代在马可·波罗时代已经开始，至少地理大发现的历史动机与文化灵感，在马可·波罗时代已经准备好了。赫德逊 (Hudson) 说："……欧洲的旅行家们在蒙古帝国时代对中国的描述仍有着深远的心理作用，改变了拉丁基督教对世界政治 (Weltpolitik) 观的平衡点。在这方面，14 世纪标志着进步，不仅超过了中世纪初期，而且超过了古典时代。……在蒙古的征服之后，亚洲得到了全面的开辟，对它的形状和状况的了解有了高度的准确性；结果是拉丁人以地中海为中心的思想态度有了决定性的突破，他们产生一种被禁锢在世界一角的新感觉，是处于人类事务的边缘而不是它的中心。旅行已经揭示了在亚洲东部有一个帝国，其人口、财富、奢侈和城市的伟大均不仅是等于而且超过了欧洲的规模。……抓住了拉丁欧洲的想象并改变了它的思想观点的，更多的是去中国的旅行，而不是去亚洲的任何其他部分。当时大多数欧洲旅行家既前往中国，也到过波斯和印度，但是他们把最高级的描绘留给了中国。……马可·波罗一家在哥伦布之前就已经为中世纪的欧洲发现了一个新大陆。使欧洲船只来到明朝中国海岸的这一海上事业的全部活动，应该看作是'鞑靼人统治下的和平'的余波。"①

　　从蒙元世纪到文艺复兴，在意大利这个连接东方与西方的交会点上，《马可·波罗游记》成为未来地理大发现的灵感。在从蒙元世纪到文艺复兴这一历史阶段，瞬间建立的蒙古帝国又瞬间分崩离析，大旅行的时代草草收场，连接东西的三条道路都断了，突厥王公、埃及苏丹垄断了地中海的航运贸易，亚历山大港的胡椒价格短时间内上涨了几倍，马木鲁克王朝的高关税几乎使传统的香料贸易无利可图，欧洲人又被锁在辽阔的亚欧大陆极西的那个偏僻半岛上。但是，欲望与想象是不能忘记的，广阔的帝国、辉煌的宫殿、繁华的城市，丰富的物产，难以想象的财富……《马可·波罗游记》广泛流传，不过是时代精神的一种隐喻。

　　欧洲的文艺复兴开始于意大利，中西贸易的起点与转口集散地是意大利，去中国的旅行家都从意大利出发，并回到意大利，几乎所有去过中国的人，都是意大利人。中世纪四大旅行家，马可·波罗、鄂多立克、尼哥罗·康梯、伊本·白图泰，除了伊本·白图泰是突尼斯人外，其他三位都是意大利人！尼哥罗·康梯从印度回来后不久，一位威尼斯贵族读完《马可·波罗游记》后写道："本人，亚科莫·巴巴黎哥 (Jacomo Barbarigo)，读完最新版的《马可·波罗游记》发现，马可·波罗所说的许多事都是真实可靠的，我从刚从印度回来的威尼斯人尼哥罗·康梯，以及许许多多摩尔商人那里得到证明。"②

　　《马可·波罗游记》的意义，不在于它是一本什么书，而在于它在一种什么样的文化视野中被接受。文艺复兴早期的人文主义精神，最初发现了《马

---

　　① ［英］赫德逊著：《欧洲与中国》，王遵仲等译，中华书局 1995 年版，第 134、135、137 页。

　　② 转引自 Marco Polo and the Discovery of the World，by John Larner，Yale Universiy Press，1999，Chapter 6，the Varieties of the Book，p.138。

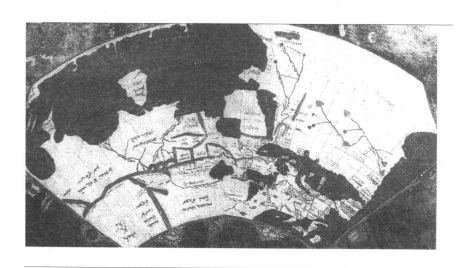

图 1-59：文艺复兴时代欧洲流行的托勒密地图的复本，图中印度洋是封闭的，中国与非洲大陆相接。

可·波罗游记》的真实与现实意义。收藏家与学者如饥似渴地阅读与传播各种知识，意大利贵族富商的私人图书馆中，经典作家柏拉图、亚里士多德、斯特拉波 (Strabo)、梅拉 (Mela)、托勒密的著作，与《马可·波罗游记》排在一起。《马可·波罗游记》或许可以补充托勒密《地理学》的不足。1486 年德国慕尼黑问世的一种《马可·波罗游记》抄本中，直接建议读者将《马可·波罗游记》与托勒密的《地理学》合起来读。

《马可·波罗游记》逐渐进入人文主义者的世界知识领域，成为地理大发现的灵感与动机。1459 年马罗神父 (Fra Mauro) 绘制的《寰宇全图》，将托勒密的古典知识与当代旅行见闻综合起来，地图上不仅标出《马可·波罗游记》中的大多数中国地名，而且还画上了长江、黄河，行在与刺桐出现在沿海，行在城方圆 100 英里，有 12000 座桥。意大利的人文主义者们将新闻与喜讯夹在古老的学问与新兴的世俗精神中，送到北欧，送到伊比利亚半岛。1428 年，威尼斯市政会将《马可·波罗游记》当作礼品送给来访的葡萄牙王子彼得罗（Prince Pedro），这位王子的兄弟亨利王子就是历史上著名的"航海家亨利"(Henry the Navigator)，此时他已开始在萨格里什 (Sarcrish) 海角组织葡萄牙水手沿西非海岸探索前往东方的新航路。当年绘制《加泰兰地图》的克莱斯克 (Cresques) 的儿子

雅夫达 (Yafuda)，也被亨利招到宫中。而最有戏剧性与历史影响的，大概还是佛罗伦萨 1439—1443 年召开的一次宗教大会。

那几年佛罗伦萨城里热闹非凡，像今天这样，街头尽是人来人往，多是陌生面孔，来自世界四面八方。罗马教廷在这里举行旷日持久的基督教大会，试图将希腊东正教与其他东方基督教分支统合到罗马教廷治下。不同教派的神职人员远道而来，有拜占庭、俄罗斯的神甫，基辅的主教，耶路撒冷或埃及的科普特 (Copt) 基督徒[①]，埃塞俄比亚的僧侣甚至波斯印度的景教修士。来自四面八方的人带来世界四面八方的消息。意大利人兴奋无比，据说一位威尼斯人懂 20 种语言，被大会聘为通译，还有一位佛罗伦萨医生或星相学家巴奥罗·托斯卡内里 (Paolo Toscanelli)，终于找到机会，在这里与远方的客人讨论世界地理与航海的问题。

托斯卡内里是位对知识与世界充满好奇心的人文主义者，他可以跟埃塞俄比亚僧侣讨论埃及科普特基督徒的教义，向基辅大主教请教俄罗斯地理，而他最有兴致的，恐怕还是与见多识广的拜占庭学者吉米斯图·普利瑟 (Gemistus Pletho) 探讨"北方航路"的问题。因为不久前他刚从一位丹麦人那里获得了一张"北方地图"，图上画着挪威、冰岛、

图 1-60：马罗神父的《寰宇全图》中的汗八里。

图 1-61：地理大发现早期葡萄牙语本《马可·波罗游记》扉页。

---

① 科普特教派为基督教东方教派的一支，信徒主要在埃及，五世纪中叶从拜占庭教廷分出，在教义上主张"基督一性论"，即基督神人一性，宗主教驻亚历山大城。

图 1-62：科普特教派宗教画《最后的晚餐》。

格陵兰岛，还有一条神秘的北方航路，传说这条航路可以抵达大汗的国土，马可·波罗所说的契丹与蛮子、汗八里与行在城！

佛罗伦萨 1439 年到 1443 年间的那次宗教大会，托斯卡内里收获很大，见到许多有学问有见识的人，得到许多世界知识，还遇到了不少故旧，包括他在帕图亚 (Pudra) 大学的同学尼古拉·库萨 (Nicholas Cusa)，如今已成为学识渊博的红衣主教。当然，收获很大的不仅是托斯卡内里，甚至还有整个欧洲。当年那位红衣主教尼古拉·库萨的随从教士中，有位葡萄牙人名叫费阿诺·马丁 (Fernao Martin)，30 年后成为葡萄牙国王阿封索五世 (Alfonso V) 的忏悔神父。不知道是他找托斯卡内里，还是托斯卡内里找的他，总之，葡萄牙国王收到了托斯卡内里寄来的一张海图与一封信。信中说：

"依据我画的海图航行，就可以抵达香料宝石之国，那里土地肥沃，人民殷富。常人以为该国在东方，而我认为应该在西方。或许这一点让您感到惊异。试想大地本是一圆球，向西直航，绕过地球的下面，就可到达东方。如果从陆地上走，当然就是向东而行了。海图中的南北直线，标明的是东西相距的里数，东西直线、是南北相距的里数。图中还标明一岛屿，船遇风暴，偶尔漂流到某个岛上，根据海图航海者就可以知道自己所在的位置。当地的土著亦可提供一些情况。据说那里的海岛上只有商人居住。他们贩运的商品种类繁多，似乎是世界的总和之数，但比起刺桐一个港口，还远远不如。每年从这些岛屿都有几百艘大船往刺桐运送胡椒，运输其他商品的船只还不计在内。那里人多富有，邦国、省区、城邑之多不计其数。这些岛国都臣属大汗。'大汗'意为拉丁语的大皇帝。大汗都城在契丹省。200年前，大汗的祖先曾想与基督徒联系，派使者觐见教皇，请教皇派一些有学识的教士前去弘扬教义。不料教皇使节半途而废。欧格奴斯（Eugenius）教皇在位间，还有大汗的使者来朝。我亲见其人，询问契丹的河流城郭状况。据说河流沿岸有200多座城市，每座城市中都有大理石砌成的石桥，桥头雕塑着石柱。大汗国家爱戴基督徒，欧洲人尽可能去。不仅金银珠宝、香料可以致富，还可向他们的哲人学子、天文学家学习，交流治国之道，战争之法……

图1-63：哥伦布，一位在性格上颇像堂吉诃德的英雄。

"由里斯本一直向西航行，就可到达繁华富庶的行在城。正如海图所示，两地之间的距离共26里格，每里格250海里。行在城方圆100里。城里有10座美丽的石桥，犹如天城。前人去过那里，介绍了各种奇闻逸事，能工巧匠，那是世界上最富有的地方。从里斯本到行在，距离占全球的三分之一。行在在蛮子省，离大汗所在的契丹不远。从安梯利亚岛（Antilia）到西潘戈（Cippangne，指日本），只有10里格的航程。西潘戈盛产黄金、珍珠、宝石，庙宇宫殿都是用金砖金瓦建成……"①

神秘的海图与信并没有引起国王的注意，可能托斯卡内里所说的，毕竟与当时人的"常识"相差太远。地球是圆的，一直向西就会到达东方？直到几年以后，哥伦布在国王的航海图书馆里，发现了这封信，可能还有那张海图，"由里斯本一直向西航行，就可到达繁华富庶的行在城……"信中的话，像咒语一样锁定了他的想象与欲望，锁定了他一时的计划与一生的事业。

哥伦布将托斯卡内里的信摘录到自己的日记里，向葡萄牙国王提出了自己的计划："走西路向南极或南方航行，将能发现大片土地、岛屿和大陆，这些地方非常繁荣，富有金银、珍珠和宝石，以及无数的人口；从那条路走，就可以

---

① 哥伦布日记中曾摘录托斯卡内里的信。信中说还有一张海图，现已不可见。下引的译文，出自The Journal of Christopher Columbus，Trans. By C.R.Markham，HAD. SOC.P. Ⅷ，又参阅《中西交通史料汇编》第一册，中华书局1977年版，第335—339页。

图 1-64：唐娜·伊萨贝尔王后，哥伦布远航最坚定的支持者。

到达印度的国土，就可以到达西潘戈这个大岛和大汗的各个王国。"①葡萄牙王室不支持哥伦布的西航计划，这份计划又送到西班牙卡斯蒂利亚王家枢密院，1486 年 4 月，在春天的科尔多瓦，西班牙国王唐·费尔南多 (Don Ferdinand)、王后唐娜·伊萨贝尔 (Donna Isabella) 接见了哥伦布，同意资助他向西航行，寻找大汗的国土。

为了发现中国，哥伦布发现了新大陆。1492 年 8 月 3 日那天早晨，哥伦布带着西班牙卡斯蒂利亚王室给契丹大汗盖着金印的国书、托斯卡内里的信与海图，可能还有《马可·波罗游记》，从帕洛斯港启航，去寻找通往大汗国土的新航路。两个月以后他登上巴哈马群岛中的圣萨尔瓦多岛，以为自己抵达了印度。在漫长的航程中，托斯卡内里的信与《马可·波罗游记》，一直是哥伦布想象的核心、意志的核心。10 月 21 日日记中，他说："臣仍决心抵达大陆，抵达行在城，把陛下之诏书面呈大可汗，再将大可汗之复诏转呈二位陛下。"4 天以后他在古巴岛上又说："应设法前往大可汗国，据其认为大可汗就在附近，也即大可汗居住之契丹城就在附近。据有人在其驶离西班牙前相告，契丹城甚大，地势低缓，景致优美，附近海水颇深。"②哥伦布最终也没有找到马可·波罗描述的地方。他认定古巴岛就是西潘戈，即日本，离契丹或蛮子省已经不远了。

哥伦布没有抵达中国，但他发起的地理大发现运动，却不仅让他的继承者从东西航路到达中国，而且，让他的继承者们"发现"了整个世界。哥伦布发现新大陆，成为人类历史上划时代的大事。一个全新的时代在公元 15 世纪的最后 10 年开始了，西班牙人与葡萄牙人的三角帆大帆船穿越大洋，将世界所有的

---

① ［西］萨尔瓦多·德·马达里亚加著：《哥伦布评传》，中国社会科学出版社 1991 年版，第 147—148 页。

② 《哥伦布航海日记》，孙家译，上海外语教育出版社 1987 年版，第 43、50—57 页。

图 1-65：哥伦布从帕洛斯港启航，平板画。

大洲连成一体，西方扩张与全球文明的现代进程开始了。

　　西方人为了发现中国，发现了世界。在这个伟大的起点中，我们明显可以发现某种"中国影响"，发现马可·波罗那一代人的力量，发现《马可·波罗游记》的历史意义。3 个世纪以后，法国重农学派哲学家魁奈回顾这段历史时说："13 世纪末，著名的威尼斯人马可·波罗首次报道中国情况。但是他叙述这个帝国的古老，法律和政治的严明，帝国的繁荣富庶，贸易兴盛，人口众多，人民好学有礼，对艺术和科学的爱好，这一切似乎都是难以置信的。马可·波罗的那些故事被人当作传奇，他那些夸张的描述，看上去更像是异想天开的虚构，而不是诚实的观察者的报道。相信三千里格之外会有这样一个强大的帝国，它胜过欧洲最文明的国家，似属荒谬。哼！在那么多野蛮国家的彼方，在世界的另一端，居然有这样一个古老博学和文明的民族，像这位威尼斯游历家所说

图 1-66：哥伦布抵达大汗的国土，1493 年哥伦布返回西班牙后出现在佛罗伦萨的木刻画。哥伦布要去寻找通往大汗国土的新航路，当时人也的确相信他到了中国。

的那样！这只是一种痴想，只有那些头脑简单易于轻信的人才会相信。"[①]

哥伦布就属于那种"头脑简单易于轻信的人"，而历史中的奇迹，经常就是那些轻信到痴迷、执着到疯狂的人创造的。世故老成，是个人的灾难，也是民族的灾难。那些不经意间令列班·扫马的游记散佚的人，一定觉得"语多虚妄"，不足论，也不足惜。

① Despotism in China , Chapter 1: Introduction , See "China : A Model For Europe", edit by Lewis A Maverick , Paul Anderson Company , 1946 , p.142 .

第二章

竞逐海上：中西力量进退消长

西方大旅行的时代结束了，1441 年，我们知道的最后一位游历东方的意大利人尼哥罗·康梯，回到欧洲。中西交流的第一个回合结束。西方人还是念念不忘广大繁华的契丹蛮子，开始探寻新航路。而曾经是大汗的国土中人，却若无其事。大汗的不肖子孙们，又回到草原上，如今汗八里当朝的，已是汉家天子。帝国已经极天际地，想不到千山万水之外，除了荒漠瀚海，还有什么。

是非成败，200 年又 200 年。公元 15 世纪前半叶，威尼斯人巴巴罗、尼哥罗·康梯穿着丝绸外套、皮坎肩、长袖宽松，头巾飘飘地在东方漫游，那些年里，郑和率领的庞大的明朝船队，正一次次出航到东南亚、南亚、东非、阿拉伯半岛。那还是中国称雄海上的时代。15 世纪后半叶，大明帝国的势力退出外洋，伊比利亚航海开始了，他们一步一步地向东方推进，终于在那个世纪末，达·伽马发现新航路到达卡利卡特。卡利卡特就是 80 年前郑和船队一再访问的古里。

公元 15 世纪是中西关系史上关键的一个世纪，古里——卡利卡特，世纪初与世纪末，见证了世界历史中东西消长、大国兴衰关键的一幕。1450 年前后，是中西关系史上的一个转折点，中华帝国的远航在辉煌中突然停止，而葡萄牙的远航，起初尽管微不足道，却最后酿成西方全球化扩张大潮。决定未来命运的，还不是即将到来的、双方不可避免的遭遇与冲突，而是，在西方扩张势力进入亚洲海域之前，中国就已经自己消灭了自己的力量。郑和下西洋，不过 20 多年，明朝海禁却 200 年，正是在这 200 年间，西方完成了地理大发现。

1450—1650 年这 200 年，是世界史上关键的 200 年。中国曾经拥有绝对的海上优势，郑和七下西洋，挥霍性的远航将这种优势推向瞬间的高峰，然后突然停止。中国势力退出外洋。欧亚大陆两端，一方是内向收敛的古老的内陆帝国，另一方是外向扩张的新兴资本主义民族国家，冲突已经开始，但胜负远未分明。

从 1433 年大明船队退出外洋到 1633 年郑氏海商集团打响料罗湾海战，中国还有一轮机会。中国海商终于摆脱大陆朝廷的追剿，完成集团化、集权化过程，以一个具有政治组织、军事武装的重商主义力量，重出外洋、竞逐海上、挑战西方扩张。遗憾的是，这次机会又被断送在内陆皇权与民间海上力量之间的冲突中。

　　称霸海洋的民族，将称霸世界；失去海洋的民族，最终将不仅失去世界，也失去家乡。这番道理，国人要再过 200 年，从一系列丧权辱国的可悲教训中，才能懂得。

第一节

谁控制海洋，谁称霸世界

15 世纪初，最后几位威尼斯商人仍滞留东方，大旅行的时代已经结束了。那些年里，郑和率领的庞大的明朝皇家船队，正一次次出航到东南亚、南亚、东非、阿拉伯半岛。

感到荣耀，或者屈辱的时候，我们都会想到 600 年前的那几次远航。郑和七下西洋，远到澳洲、东非海岸与阿拉伯半岛，世界帝国的理想、遥远的航程、庞大的阵容、不可抗拒的力量，那是何等的辉煌。但也就在这炫目的辉煌中，却透出一时的荒唐与永久的悲凉……

郑和远航突然开始又突然结束，伊比利亚人探索新航路，向西发现美洲，向东绕过好望角。郑和船队消失在世界南方海域后留下的权力真空，不出一个世纪，就被远来的葡萄牙舰队野蛮地霸占了。华夏文明与伊斯兰文明，谁都失去了机会。

那仍是中国称雄海上的时代

那仍是中国称雄海上的时代。1405 年到 1433 年的 28 年间，庞大的郑和船队，在从南中国海到印度洋、阿拉伯海、波斯湾、红海的广阔海域巡航。安抚或剿灭，赏赐或贸易，敕封或庆典，慷慨傲慢，繁复夸张，热热闹闹地来，热热闹闹地去。

世界南方海域从来没有见过如此壮丽的景象。上百艘大船人字形排开，上千面帆张起，旌旗招展，蔚蓝色的海面犹如春天开满鲜花的草原。只有一个富强的帝国，才能支持这样盛大的远航。官校、旗军、火长、舵工、班碇手、通事、书算手、医士、水手、各类匠人等，每次下洋都有两万七八千人随行。宝船、战座船、粮船、水船，船队乘船总在两百艘左右。最大的宝船

图 2-1：郑和宝船的模型。

长 150 米、宽 62 米，可载千人，相当于现代 8000 吨级轮船。[①]李约瑟博士估计，庞大的船队频繁下洋，1420 年间明朝皇家拥有的全部船舶，应不少于 3800 艘，超过当时欧洲船只的总和。

公元 15 世纪初的中国，是世界上最富强的帝国。离开大明帝国向东南，是一片汪洋和一些半开化未开化的岛屿；向西北，原来是帖木耳大帝的领土。帖木耳曾想象成吉思汗那样征服世界，却病逝于远征中国的途中。他留在身后的众多儿子，几个月之内就把他从乌浒河到地中海的庞大帝国撕得粉碎。伊朗西部到巴格达之间的广阔地区，基本上被"黑羊"族土库曼人占领，成为一个战乱不断的土库曼王国。沙合鲁平定乌浒河外地区与伊朗东部，继承帖木耳王朝，势力已远不如他那跛足驰骋世界的父亲，重新开始向大明皇帝遣使朝贡。

从帖木耳大帝的领土再向西，进入奥斯曼土耳其人征服的土地。他们从中

① 《明史》"郑和传"："永乐三年六月，命郑和及其侪王景弘等通使西洋，将士卒两万七千八百余人，多赍金币，以次遍历诸番国。造大舶修四十四丈，广十八丈者六十二。"按公尺换算，长 150 米，宽 62 米。1492 年哥伦布船只 88 人，旗舰圣玛丽亚号 250 吨。1498 年达·伽马的舰队只有四艘船，最重的 200 吨。伊本·白图泰说，航行于印度洋的中国船大者可载客千人，《古今图书集成》卷 178·考工典·舟楫部："海舶广大，容载千余人，风帆十余道。"

图 2-2：中华帝国曾经想象的国际关系，天朝上国，四夷向化……

亚征战迁移，控制了小亚细亚与巴尔干半岛，将东罗马帝国围困在博斯普鲁斯海峡那座孤城里（君士坦丁堡）。他们向西扩张不全是因为他们强大，还因为西方太虚弱。天主教、东正教与鲍格密勒派异教的宗教纷争，拜占庭帝国、塞尔维亚帝国和保加利亚帝国的政治斗争，使整个东欧四分五裂。意大利诸国战乱不断，英法百年战争对双方都是巨大的灾难。还有可怕的瘟疫，黑死病夺去了欧洲人口的近四分之三。

印度衰落已近千年，北印度有许多突厥穆斯林王国，朝兴暮覆；南印度是一些印度教国家，与其说它们是国家政权不如说是一些散落的社会团体。15世纪初，世界上没有哪个国家哪种力量可与大明帝国争雄。永乐皇帝治下的明帝国在政治野心、经济实力、军事技术等方面，都占有绝对的世界优势。

那是中华帝国最后称雄世界的时代，因为自身强盛，也因为外邦软弱。明朝开国已近半个世纪，洪武皇帝平定了传统的华夏天下，30年间努力恢复国力，农业经济繁荣，专制政权强大。一切都准备好了，"靖难之变"后，永乐皇帝登基，扩张的时代开始。向北，永乐皇帝五次御驾亲征蒙古部落，将中国北疆扩展到克鲁伦河与黑龙江；向南，帝国的20万军队征服越南的阮氏王朝。如果说洪武皇帝重建了宋帝国的疆土，永乐皇帝则重建了元帝国的疆土，有汉武唐宗气象。军事扩张的同时，是政治外交扩张。永乐元年，侯显开始出使西番（西藏、尼泊尔、印度），继而海童出使漠北（蒙古草原），1413年秋陈诚首次出使西域（中亚），沙合鲁不远万里遣使来朝。洪武年间在南京地区植下的5000万株树，如今已可以造大船，装备帝国的海军了。1405年，郑和庞大的舰队开始远航，在大明的京城里，你甚至可以看到埃及马木鲁克王朝的贡使。

　　1405 年的明朝，有当时世界上最强大的政治军事与经济技术实力。黑死病几乎摧毁了西方基督教国家，伊斯兰地区战乱频仍，印度富庶，但缺乏一个统一的政权管理。中国有当时世界最先进的农业技术，有最有效的文官政治管理着世界上最大的帝国。1405 年的世界仍是个农业世界，中华帝国享有世界上最广阔的耕地，养活着最多的人口。世界最大的城市是南京，而世界前 25 个最大的城市中，有 9 个在中国。① 北方是一片荒漠，南方的大海是另一种荒漠，中央帝国一派盛世，抚驭万邦。这是现实最接近于想象的世界秩序的时候。"我朝国势之尊，超迈前古，其驭北虏西番，无汉之和亲，无唐之结盟，无宋之纳岁薄币，亦无兄弟敌国之礼。"② 帖木耳大帝曾说，世界还没有大到可以容得下两个国王。他死了，如今永乐皇帝完全有理由以为自己是世界上唯一的皇帝。

　　中国称雄世界的时候，也称雄海上，从南中国海到整个印度洋。1405 年的世界，印度洋是世界交通与贸易的中心。中国商人、印度商人、阿拉伯商人、东南亚商人，不久前和不久后，

图 2-3: 中国古代的楼船，见宋《武备总要》。

---

　　① 1400 年前后世界人口约 3.5 五亿，中国人口大概在 1 亿左右。世界上最大的城市是南京，其次是南印度孟加拉湾的城市维杰亚纳加（Vijayanagar），再次是埃及的开罗。相关数据见 The Origins of the Modern World，by Robert B. Marks，Rowman & Littlefield Publishers，Inc.2002,pp.21-42,Chapter I : "The Material and Trading World，Circa 1400."

　　② （明）敔英著:《东谷赘言》上卷，中华书局 1985 年版。

图 2-4：走舸，古代的一种快速战船，见《武备总要》。

还有欧洲商人，都乘季风航行到这里；中国的瓷器丝绸、印度的棉织品、阿拉伯的奢侈品、东南亚的香料，都在这里交易。1405 年，郑和率领庞大的皇家远航船队，进入这一古老航海贸易区，从长乐港到中南半岛的占城，从占城到马来半岛的满剌加、爪哇再到锡兰，从锡兰到印度南部的古里，从古里到波斯湾的忽鲁谟斯，阿拉伯半岛的阿丹、天方，埃及的米息，或从阿丹到东非的木骨都束、麻林地、慢八撒，泛海九万里（往返），所历 30 余国，所有这些航路，至少已有 1000 年的历史，绝大多数国家地区，在历史上也与中国有过交往。

郑和下西洋的历史意义，不是探险、发现。汉武帝曾遣太监出海市易，用黄金杂缯换奇石异物，抵达马来半岛、印度东海岸马德拉斯附近和印度河流域。王莽派人去孟加拉找犀牛，走的也是海路。公元 414 年，法显和尚从印度自海路返回，乘锡兰山的独桅三角帆狮子舶。671 年，首批大食番商在广州登岸，以后，从亚丁湾到珠江口、泉州湾，大食季风客岁岁挂帆印度洋，常来常往。762

年，在怛逻斯战役被俘流落西亚 10 余年的杜环，又乘大食商舶回到广州。伊斯兰文明拥有当时世界上最先进的航海技术与最庞大的世界贸易网，在古老的七海航路上所有的港口城市，基本上都有阿拉伯商人。从地中海到中国南海，整个旧世界已知的海域内，都可以见到他们的大船，大唐臣民称这些远来海船为"南海舶""西域舶""南蛮舶""昆仑舶""狮子舶"或"婆罗舶"，最常见的统称为"波斯舶"。

航路是旧航路，港口也是旧港口。最初"番舶"往来于亚丁湾、南印度与珠江口、泉州湾，中国商人或僧侣搭乘出洋。两宋时代，中国人开始建造大型海舶，市舶贸易也出现繁荣。"州南有海浩无穷，每岁造舟通异域"，以泉州为中心的中国闽、浙沿海的航海、造船、贸易规模，已超过阿拉伯世界，中国客舟基本上垄断了中国—印度的航运。"海商之船大小不等，大者五千斛，可载五六百人。"[①]1343 年突尼斯人伊本·白图泰在卡利卡特（古里）候中国船来中国，发现从印度洋到南中国海，往来的大多是中国船。大船舒适豪华，可载 1000 名乘客，600 百名水手，400 名士兵。白图泰乘中国船到泉州的那些年里，中国旅行家汪大渊也从泉州附舶浮海，远达红海与东非。泉州是当时世界上最大的商港，蒙元盛世，你可以在泉州送迎欧洲人马可·波罗、鄂多立克、马黎

图 2-5: 中国古代的航海针路图。

---

① 见（宋）吴自牧著：《梦粱录》，浙江人民出版社 1980 年版，第 161 页。

诺里，非洲人白图泰，还有印度人、波斯人、阿拉伯人、南洋土人和许许多多的中国海商舟子，冬去夏来，季风航行。

印度洋中心的世界贸易体系，在欧洲人到来之前，至少已有近千年的历史。这里起初是阿拉伯人、印度人的天下，大约从公元1000年开始，中国舟子海商，成为古老的印度洋中心的世界贸易体系中的主导力量。

郑和远航前200年，中国民间航海贸易在南宋时代达到高峰。南宋王朝有船运之兴、市舶之利。中国历史上鼓励海上私商贸易，并试图以市舶抽分形式进行关贸管理的，只有宋代。北宋初市舶利占天下岁入百分之三，而到南宋，则达五分之一。古老的内陆帝国在北方游牧文明的迫压下，转向海洋发展。南宋王朝曾经装备了一支庞大的水军，拥有数千艘战船与5万名水兵。这支水军后来一部分护送幼主帝昺漂泊到广州外洋，成为"海军"；另一部分投降大汗，成为日本、爪哇远征军的一部分。蒙元帝国有更优越的条件成为一个海上强国，有海上冒险传统的阿拉伯人与陆上组织才能的汉人和英勇善战的蒙古人、突厥人，如今都成为帝国的臣民。1281年，在蒙古大将、阿拉伯舟师率领下，乘中

图2-6：1371年，郑和生于云南昆阳（今晋宁县），图为昆阳郑和墓。

国船匠制造的 4400 多艘大船的大汗远征军 17 万余人，从朝鲜半岛与舟山群岛出发远征日本。一场台风使这次规模庞大的海上征服毁于一旦。大明王朝在最初强盛的一个世纪里，继承了蒙元帝国的海军传统，在装备与组织形式上更精良有效。

郑和下西洋的历史意义，是中国航海千年探险发现的一次辉煌而短暂的终结典礼，为了这几次远航，整个东方民族至少准备了 1000 年。1405 年 6 月 15 日，永乐大帝诏令下洋，他比以往或以后的许多代华夏君主都幸运，时运与实力都为他准备好了。他将把帝国的使节派往四方，面对南方大洋，他想到郑和，他身边一个在家世上带有世界主义色彩的人。400 年前 (北宋神宗熙宁三年，1070)，郑和的十世祖、中亚布哈拉的普化力国王或教长所非尔，率 5000 多人和 5000 多匹驼马来中国朝贡，定居归诚，被宋神宗封为宁彝候。五世孙赛典赤赡思丁赶上伟大的忽必烈时代，被封为咸阳王，驻镇滇南。如今，郑和将率领帝国的舰队远航，骆驼与帆影间，这个家族 10 代人生生死死，像一部绕行半个世界的迁移史诗，经历了陆上与海上丝绸之路最后的盛衰。①

郑和在家世上带有世界主义色彩。他的种族、家族、传统与信仰，都使他更容易与外洋番邦交往。他可能信佛教，从道衍和尚受菩萨戒，在南京牛首山碧峰寺与锡兰山寺都有大量的供奉；他也可能信伊斯兰教，他是"马哈只"的儿子，似乎还有伊斯兰教教名；他也信妈祖，祭天妃宫。当然，他最信的还是天子。这是中国的传统，世间可以有多种宗教，但只能有一种政治。郑和很可能懂阿拉伯语，船队中也有许多可能有异域身世的伊斯兰教徒，第二号人物正是太监王景弘，亦是信奉伊斯兰教的回族人，几代以前移居闽南，那位 1423 年率分艘船队访问阿丹的宦官李兴，在也门史料中是用伊斯兰教名称呼的，②第四次出航前，郑和前往西安羊市大清净寺请伊斯兰教掌教哈三同行，通译回语。详细记述出使经历的《瀛涯胜览》的作者马欢，也是"善通番语"、信伊斯兰教的回族人。他生在浙江会稽（绍兴），祖上或许就是跟随伯颜大军进入行在城的色

---

① 有关郑和的家世，参见中国航海史研究会编：《郑和家世资料》，人民交通出版社 1985 年版。

② "……希吉来历八二六年三月一日，格底的吉多鲁丁·穆罕默德、本·艾比·伯克尔、本·伊斯哈格伴同支那长的使者吉多鲁丁来到塔伊兹。"引自 [日] 寺田隆信著：《郑和：联结中国与伊斯兰世界的航海家》，庄景辉译，海洋出版社 1988 年版，第 98 页。

目人。

郑和来自一个有世界主义色彩的家族，统帅着一个有世界主义色彩的船队。郑和手下可能有西域贵族、大食番商的后代，有占城的舟师，蒙古族的千户、掌旗。他们身后不同的文化背景，使大明天子诏令的远航具有了传统东方的世界主义色彩。阿拉伯是航海的故乡，辛巴达们用香料珠宝、陶瓷、丝绸、十进制记数法和一部《古兰经》，将世界的整个南方海域联系起来。他们在季风中航行，在古老的商港享有相当的贸易自主权，从亚丁湾到刺桐港，水手与商人们像从家乡到家乡，处处都是熟悉亲切的景象。然而，世界南方海域的这个阿拉伯"经济共同体"在运输系统、贸易法则、信仰习俗上虽然都已具有某种共同性，但内部组织却是脆弱的，它建立在无数个体商人的自发贸易行为上，除了共同信仰的某种组织性外（印度沿海没有彻底伊斯兰化，支那半岛与中国沿海更少），没有任何政治与军事基础。苏丹们很少想到将他们从突尼斯到苏门答腊的臣民们优秀的航海技术用于国家的政治与军事征服。

郑和七下西洋，是一个具有世界主义色彩的船队创造的奇迹，也是整个东方民族的奇迹。中华帝国一直是建立在弓箭、骏马、长矛、大刀武装起来的骑兵与步兵基础上的内陆帝国，3000 年时断时续的扩张已达到农耕文明的极限。向北是寸草不生的沙漠与只长青草的草原，向西是连绵不断人迹不至的高山，已没有农耕文明扩张的余地。南方从东晋到南宋，稻田与村落已伸展到海边。宋元时代，华夏民族的最后一轮扩张冲动，已面向大海，闽粤乡民的海外贸易与拓殖，展示了雄立东亚 3000 年的古老民族的最后的潜力与生气。然而，一个农耕文明的陆上帝国是否能够也成为一个海上殖民贸易帝国，还要看什么时候，以什么方式，海上的商业冒险能与帝国的军事冒险结合起来。

郑和下西洋，将阿拉伯世界的航海传统与贸易精神结合到帝国政治武功上来，华夏文明为它提供了帝国的政治使命、军事装备、物质基础，伊斯兰文明则为它准备了航海技术，贸易精神。为了这 28 年的航行，郑和家族准备了 10 代人，整个东方民族则准备了至少 1000 年。郑和远航是中华帝国整合整个东方民族千年航海贸易历史创造的最后的奇迹。郑和时代正值中国汉族政权的最后一个盛世，古老的陆上帝国在阿拉伯民族的航海传统、贸易精神与华夏民族的技术与组织、帝国理想之间找到了一个结合点，将海上冒险与军事冒险在强大的帝国支持下结合起来。华夏文明作为统治者，提供了政治、军事、经济基础；阿拉伯文明作为参与者，提供了航海技术、天文航海法、造船技术及贸易精神。郑和远航转瞬间在世界东方的航海与政治历史上创造了一次空前的辉煌。如果从一个国家讲，它可能是中华帝国后代们引为自豪的"国朝盛事"。然而，如果从文明角度看，郑和远航是伊斯兰文明与华夏文明共同创造的奇迹，为了这次瞬间的辉煌的远航，伊斯兰文明贡献了它的海上冒险精神，华夏文明贡献了它的组织制度与帝国理想："君监万邦，四海如一，敬天道，抚人民，共享太平之福。"

图 2-7：永乐皇帝，派遣郑和下西洋的时候，统治着世界上最强大的帝国。

　　郑和远航的历史意义，是一个强大的内陆农业文明的帝国，试图将政治力量延伸到自然自足的海上贸易体系中。印度洋世界贸易体系，连接起世界三大文明，印度文明、伊斯兰文明、中华文明；多少年来，印度洋的航海贸易，都是自发自由的，没有国家力量介入，没有关税，商船不武装，港口不设防。因此，郑和船队基本上是以和平的方式进入一个和平的地区，即使试图在这个世界主义的自由贸易区建立一种帝国政治秩序，其方式也是和平的、由封敕赏赐完成礼仪政治。

　　世界东方航海史上最辉煌的时刻到来了。1405 年底，郑和第一次下洋，自福建五虎门开驾至占城、爪哇，自旧港取西北针路过满剌加向西到苏门答腊，入印度洋，经翠兰屿、锡兰山，继向西北，到小葛兰、科枝、古里返航。船队以大宗宝船为核心，遣分宗船队访问周边地区。1407 年六七月间回国时，带来

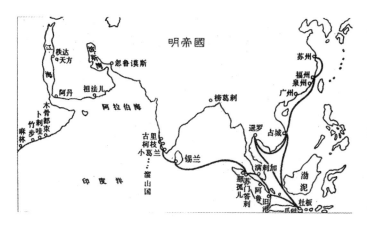

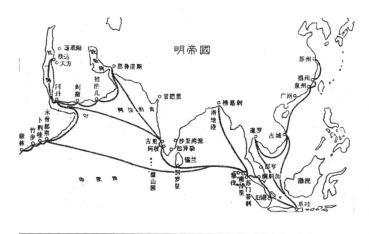

爪哇、满剌加、阿鲁、苏门答腊、小葛兰、古里等国贡使。第二次下洋于1407年底启航，航路与第一次基本相同。带去诏谕赉赐，带回珍宝异石、珍禽异兽。返程新访问了暹罗，并将渤泥国王带到中国。第三次出使甚至比第二次更加紧迫。诏书下达的时候，郑和还在海上。如果按季风时令于1409年六七月返国，这年9月郑和已再次挂帆远航。明帝国的船队更像是常驻海上的"维和部队"。第三次出航规模宏大，航路没有多少变化，沿途却访问

图 2-8：郑和第 1—3 次航海图（上）。

图 2-9：郑和第 4—7 次航海图（下）。

了更多的地区、国家，政治外交业绩也更辉煌。占城盛大的欢迎，废立锡兰国王，暹罗遣返何八观，建立满剌加王国并带新国王来华。按永乐帝的旨意，此次航行应扩展到西亚，或许因为锡兰山事件的羁绊，未能远渡阿拉伯海。第四次下洋的使命包括出访印度洋以西的国家。帝国的野心极天际地。郑和船队已有一年多的休整生息。1413年底季风一到，船队启航，大宗船队沿旧航路到古里后，渡阿拉伯海停靠波斯湾口忽鲁谟斯。分宗船队已自苏门答腊出航，扇形向西渡印度洋，访问溜山国（马尔代夫群岛）和东非海岸的木骨都束、卜剌哇、麻林；向北过阿拉伯海，抵达阿丹、剌萨、祖法儿，自阿丹再分宗进入红海，

图 2-10：山东德州苏禄王墓全景。

访问天方国，默伽、默德那。分宗船队历时两年，更多的贡使来华。第五次远航首先是要送那些贡使回家。航路不同，先历西洋诸国，辞还占城、满剌加、爪哇、旧港、苏门答腊、锡兰山、古里、科枝、溜山、忽鲁谟斯、阿丹、木骨都束、麻林等 20 多国的使节；再通东南诸番，访问渤泥、苏禄、吕宋等国。那位率 340 余人的庞大使团来华的苏禄国王叭都葛巴答剌，死在中国，葬在中国，永乐皇帝为他在德州营造了壮观的陵墓。第六次下洋在 1421 年 1 月，使命除例行辞还贡使外，似乎主要是贸易。此时大明国势盛极，数次出洋，从南海到印度洋的中国势力格局已形成，在满剌加、苏门答腊、古里等地已有帝国的常设机构，"官厂"（仓库）、宣慰司之类。从这些地方，船队分宗远航，西抵南非海岸，甚至可能绕过好望角，进入大西洋西南非洲海岸；向南船队到达新几内亚、所罗门群岛和澳大利亚沿海岛屿，"去中华绝远"，历时三四年。高潮时刻到来了，像是最隆重的闭幕典礼。第七次远航在 8 年以后。永乐皇帝去世，仁宗朱高炽登基，诏令停止下洋。1422 年至 1430 年间，郑和及其下洋将士守备南京，直到宣宗即位，想起祖父当年"万方玉帛风云会，一统山河日月明"的盛况，才又派郑和出使西洋。第七次出洋的航程基本上与第三、第四次相同，历时 3

年。行前在江苏太仓、福建长乐、湄洲岛大祭天妃宫，树碑立传。与其像是乞保来程平安，更像是对往事的纪念。

高潮很快过去。28 年间 7 次浩大的远航，在东方千年航海史上，不过是一瞬间，辉煌但短暂。1433 年，郑和在古里病逝[①]，王景弘将庞大的舰队和郑和头发、靴帽带回中国。那是一个盛夏的傍晚，远洋船队最后一次驶入太仓刘家湾，宝船将永远停泊在那里，在南方温润的港湾里腐烂。皇帝诏令："下西洋诸番国宝船悉令停止""各处修造下番海船悉令停止……"

世界南方海域很难再见到中国舶千帆如去的盛景。郑和远航最后的历史意义，是一个强大的内陆农业文明的帝国，试图以和平的方式将政治力量延伸到自然自足的海上贸易体系中，最后以失败告终。

葡萄牙人以"巨大的震惊和恐惧"向东方扩张

图 2-11：亨利王子征服修达港，16 世纪荷兰版画。

中华帝国浩大的远航突然开始，又突然结束。1433 年，宣德皇帝禁令继续下洋，这一年，葡萄牙国王若昂 (King John) 去世，亨利王子的航海家们还在准备通过博哈多尔角，担心赤道的太阳会把他们和他们的船烧成灰。18 年前，亨利王子带着"大葡萄牙海上帝国"的想象，跑到葡萄牙南部荒凉的萨格里什海角，在那里修建了一座城堡，作为海上冒险的基地。船长、水手、地理学家、制图师聚集在那里，几本《马可·波罗游记》与托勒密的《地理学》，成了他们共同的读物。从 1415 年到 1460 年间，亨利王子的舰队一次又一次从那个被人遗忘的海角出发，小心翼翼地沿着荒芜的非洲海岸航行，几十海里或几百海里地向南推进。

郑和辉煌的远航结束的时候，葡萄牙的海上探

---

① 据考郑和于宣德八年 (1433 年) 四月初逝世于南印度古里国，即达·伽马到达的卡利卡特。参见《天妃灵应碑》，《郑和研究资料汇编》上册，人民交通出版社 1985 年版；又见郑一钧文《郑和死于 1433 年（4 月初）》，《光明日报》1983 年 3 月 10 日。

险才卑微地开始。1434 年，亨利王子的船长们绕过恐怖的博哈多尔角，这是决定性的一步，揭开了葡萄牙王国海上远征的伟大序幕。迪尼斯·迪亚士 (Denis Diaz) 沿着塞内加尔河口长满棕榈树的青翠海岸继续向南，绕过佛得角，他发现海岸急促收缩折向东南。早在托勒密时代，欧洲人就模模糊糊知道非洲大陆指向南方大洋，关键是它是否与传说中的南大陆接合。如果只是一个大陆尖角，从大西洋就可以抵达印度洋，现在，他们是否已接近这个尖角，绕到非洲东岸，进入印度洋？

环航非洲进入印度洋，是一个伟大的理想，或者说，还是一个梦想。亨利王子时代，欧洲还是世界的一个冷僻的角落，而葡萄牙，是角落的角落。世界的权力、财富、人口、城市，都集中在东方，如果说存在着以伊斯兰文明、印度文明、中国文明为中心，以印度洋、地中海为交通贸易枢纽的世界体系，那么，基督教西方则在这个世界体系之外。蒙古征服曾使欧洲人有机会进入、分享这一世界体系，但好景不长，蒙古帝国覆灭、奥斯曼土耳其扩张，又将西方人阻塞压制在世界荒远的西北角。西方扩张的起点，远不像西方中心主义历史叙事表述的那样，开始建立一个西方中心的世界体系，而是西方试图进入或加入一个东方中心的古老的世界文明体系。

图 2-12：葡萄牙人探险，深入未知凶险的海洋。15 世纪葡萄牙画作。

葡萄牙人的航海，是向未知的海域探险。如果它将彻底改变人类历史与国家的命运，那也是多年以后西方变得强大时，为叙述自身扩张找到的一个故事的开头。1460 年，亨利王子在萨格里什逝世的时候，他奋斗一生的事业，还看不到任何光明的前景。他所构想的"大葡萄牙海上帝国",在他生前,除了本土一条狭长贫瘠的土地、西非一段荒无人烟的海岸,就只有大西洋的海水与风暴了。继承亨利王子事业的,是一批野心勃勃、富于冒险精神的商人与国王阿方索五世(King Alfonso V),商人与国王签订协约,商人从国王处获得佛得角以远直到塞拉利昂 800 公里西非海岸的贸易垄断权,同时每年给国王 20 万雷伊斯(葡萄牙货币)的租金,并负责每年南下探索非洲海岸至少 10 里格(约 500 百海里)。商人冒险家装备的船队,发现了几内亚湾、圣多美和普林西比岛、安诺本岛和喀麦隆、加蓬海岸。①

　　西方人最初探寻新航路的动机与意义,不是发现一个新世界,而是进入一个旧世界,一个成熟繁荣、富裕强大的旧世界。葡萄牙人航海探险,一点一点地接近那个以印度洋为航海贸易中心的东方化的世界体系。1481 年即位的若昂二世(King John Ⅱ),有更为宏大的理想:开发几内亚贸易、环航非洲大陆、探寻通往印度的航路、找到长老约翰的国土、建立一个海上葡萄牙帝国。1484 年,若昂二世命皇家仓库保管员巴托罗缪·狄亚斯(Bartholomeu Dias)率领一支装备精良的舰队继续向南航行,一场天赐的风暴把他们吹到真正的南方大洋,他们已能感到南极刺骨的寒风。绝望的狄亚斯下令返航,不久北方蔚蓝的洋面上浮现出一道山峦起伏的白色海岸。令人惊奇的是,海岸是东西走向的,他们很可能是到了非洲大陆的最南端。他们在"牧

图 2-13:好望角,非洲大陆的最南端。1487 年,一场天赐的风暴把狄亚斯的舰队吹到这里……

---

　　① 有关葡萄牙航海大发现的详尽历史,可参见 [葡] 雅依梅·科尔特桑著:《葡萄牙的发现》第 1—6 卷,邓兰珍、王华峰、王庆祝、丁文林译,澳门纪念葡萄牙发现事业澳门地区委员会与北京中国对外翻译出版公司 1997 年版。

人海湾"（今莫塞尔港）登陆，用葡萄牙长弓射杀了他们见到的第一位南非土著黑人，在突入大海的一个经常迷失在风暴中的海岬，立了一块纪念石柱，称那里为"风暴角"。回到里斯本，若昂二世下令把风暴角改为"好望角"。10 年以后，狄亚斯带回的"好望"由达·伽马变成现实。

对于葡萄牙人来说，探索未知海域的冒险，目的是抵达已知世界中财富与权力、人口与城市的中心——印度。在中世纪晚期文艺复兴早期的欧洲人的世界观念中，印度指西亚以远的整个东方，包括印度与中国，那里可能有无尽的财富，还有众多的基督徒。贫瘠动乱的基督教世界，面对强大的伊斯兰文明，最强烈的渴望与幻想就是广阔的伊斯兰地界的那一边，突然发现让基督徒感到安慰与鼓舞的黄金与基督教国家。有关黄金海岸与长老约翰的传说出现，都跟这种心态相关。

葡萄牙人将现世的渴望，投注到通往东方的航路上。若昂二世是一位对黄金与基督教同样热心的人。他有个雅号，叫作"十全十美"的国王。一个既热爱黄金又热爱上帝并为二者献身的人，是他们那个时代的英雄。1487 年，在派遣狄亚斯远航的同时，他还派出了另一支陆上探险队，他们的使命是从陆路去埃塞俄比亚，寻找伟大的长老约翰，这支探险队仅有的两个人一个下落不明，另一个被埃塞俄比亚国王留在宫里做官，并选了一个埃塞俄比亚妇女为他生了些混血种的孩子。这位埃塞俄比亚宫中的"马可·波罗"，曾给他可敬的葡萄牙国王写过一封信，告诉他印度洋的快帆船往来于大陆与大陆之间，从几内亚

图 2-14：航海家达·伽马。

黄金海岸到印度的香料港口，世界上的海洋都是相通的。

世界上所有的海洋都是相通的。郑和在古里逝世整整 65 年后，1498 年春末夏初的一天，达·伽马率领一支葡萄牙舰队，首次停靠在万邦际会的古里码头，他们称为卡利卡特。

我们从至今保存完好的航海日志上，知道这支舰队航行的全过程。他们于 1497 年 7 月 8 日从伊比利亚半岛西岸的特茹河口起航，准备了 4 艘船、20 门炮、足够的铅弹、火药与 3 年的粮食。舰队指挥瓦斯科·达·伽马是个狂傲而又坚强的年轻贵族，他从曼努埃尔国王 (King Manuel) 那里接受了一面骑士旗，出发前的整个夜晚，他都在贝伦圣母院祷告，为了国王与上帝。国王需要香料、宝石和更多的基督徒，他们每个人都需要冒险与发财致富。如果上帝保佑他们不在凶险的大洋里做了鱼食，他们将绕过好望角，开辟一条新航路到达印度。航海是英雄的事业，生命微不足道。那年圣诞节前，他们顺利绕过好望角，1498 年新年到来的时候，舰队已沿着莫桑比克海峡向北航行，到达麻林地（今马林迪）。那位曾经给永乐大帝送过长颈鹿的国王的后代，如今对葡萄牙舰队的礼炮敬佩得五体投地，他为达·伽马找了一位出色的领航员，顺着这位引航员手指的方向，一个多月以后，达·伽马终于看到伸入印度洋的那个高耸的海角："这就是您所向往的国家。"

达·伽马发现了从欧洲通往印度的新航路，终于将西方人重新带入印度洋中心的繁荣的世界体系。这是西方历史上关键的一步，尽管它在世界历史上的深远意义，一时还显示不出来；对当时的东方世界的政治经济生活的影响，似乎也微不足道。达·伽马的船队从印度返回，葡萄牙沸腾了。国王曼努埃尔为达·伽马举行了隆重的欢迎仪式，并下令全国各地组织圣像游行，庆祝这次非凡的远航。他们发现了印度，可能有基督徒，但肯定有大量的胡椒、香料。仅达·伽马运回的一船香料，价值就相当于整个远征费用的 60 倍。这是一件大事，6 年前那个不可一世的哥伦布为卡斯提利亚王朝发现了"印度"（实际上是美洲），葡萄牙已经失去了一次机会。哥伦布并没有带回多少黄金，但达·伽马确实带回了许多香料，在那个时代的欧洲，胡椒与黄金同样昂贵。东方的印度，是马可·波罗时代以来整个基督教世界梦寐以求的地方。上帝终于帮助了这个边远的、一直默默无闻的欧洲小国。

那是个令人狂奋的世纪末，新时代已经透出耀眼的曙光。曼努埃尔国王奖赏达·伽马大量的财富与土地，并在盛大的宫廷宴会上授予他一长串荣耀的头衔："埃塞俄比亚、阿拉伯、波斯和印度诸地征服、航行、贸易的勋爵"，这其中的每一个词都意味深长：埃塞俄比亚是传说中长老约翰的国土，阿拉伯是基督徒死敌穆斯林的家乡，印度则是整个富有的东方，因为在中世纪西方人的印象中，印度不仅指南亚的那个次大陆，而是指整个东方，从好望角一直到西邦戈（马可·波罗游记中所说的日本）。亨利王子理想中的"大葡萄牙海上帝国"，到此才算有了雏形。

葡萄牙远航的历史意义，对西方来说，是几个世纪持续不断的扩

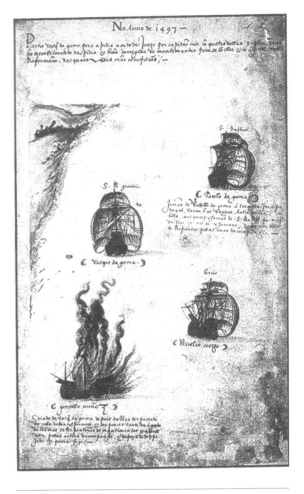

图2-15：达·伽马首航印度的船队。

张并最终完成全球西化的现代文明进程的起点；对东方来说，是在自由自发的印度洋航海贸易体系中，引入军事强权，构成一种军事—政治—贸易—传教一体的现代资本主义扩张秩序。在这种炮舰推行的新秩序中，西方人先控制海洋，再深入内陆，五个世纪间，东方帝国先后分崩离析。

葡萄牙人进入印度洋中心的东方航海贸易体系，就像进入一个充满诱惑与机遇的权力真空，这是他们最初无论如何也想象不到的。新世纪到来了，最初的三个月里，曼努埃尔国王一直忙着准备一次更大规模的远航。1500年3月9

图 2-16：16 世纪初横行印度洋的葡萄牙舰队，1521 年葡萄牙画作。

日，年轻贵族卡布拉尔 (Cabral) 率领的葡萄牙舰队在隆隆的礼炮中驶离里斯本港。舰队有 13 艘船，1200 多人，从装备上看，它既像一支贸易船队，又像一支武装舰队；它的使命也是双重的，既可以贸易也可以劫掠。13 是一个不祥的数字，卡布拉尔出航不久就遇上了风暴，被吹到巴西海岸，损失了一条船。好望角对他来说是真正的风暴角，又有四艘船被摧毁。他们发现了马达加斯加岛，从这里到达卡利卡特的时候，他的舰队只剩下六艘船了。卡布拉尔下令抢劫、杀人、烧船，炮击卡利卡特！若不是他听说卡利卡特王将临时集结 80 艘阿拉伯快帆船反攻，他也不会乘着月色逃跑。

葡萄牙人首先为自发自由的印度洋贸易体系，带来了摧毁性的或所向披靡的"武装贸易"的新形式。大明天子的礼仪政治秩序落空了，葡萄牙国王的炮舰强权却建立起来了。卡布拉尔远航印度的商业利益与政治耻辱，都让葡萄牙人无法善罢甘休。10 个月以后，又一支更大规模的葡萄牙舰队准备停当，国王曼努埃尔任命强悍的达·伽马勋爵为舰队司令，率领 20 艘战舰启航，远征印度。达·伽马在阿拉伯海遇到第一艘从吉达港开往卡利卡特的阿拉伯商船，便毫不迟疑地下令：抢劫这艘船，然后烧毁它！达·伽马的一名船员详细记载了事情发生的过程："我们夺取了一艘麦加船，上有380名男子和许多妇孺；我们从船上足足拿到了12000枚金币，还有至少价值10000金币的货物。然后我们用火药把船烧毁，船上的人也同归于尽，这天是十月的第一天。"①

图2-17：用"巨大的震惊和恐惧"向印度洋推进的葡萄牙战舰，著名尼德兰画家勃鲁盖尔画作(1560年)。

这是近几个世纪东方海难的一个戏剧化开端。达·伽马的舰队再次驶近自由的卡利卡特港。这一回他带给尊贵的古里王的礼品是几筐人头和被砍断的手足，一封恐吓信：卡利卡特国王必须向葡萄牙帝国的舰队投降，并驱逐城里所有的穆斯林，否则葡萄牙人将不断送卡利卡特臣民的脑袋与四肢，供没有头脑的藩王做咖喱饭！达·伽马的舰队开始炮击不设防的卡利卡特城，全城恐慌。

葡萄牙舰队一边在与南印度的港口做生意，一边在印度洋游弋，抢劫阿拉伯商船。越来越多的香料、金块运回葡萄牙本土，越来越多的舰队载着越来越多的大炮与越来越狂热的士兵、商人驶向东方。1504年，葡萄牙远征军终于攻陷卡利卡特，几千名阿拉伯人被杀。1507年，葡萄牙第一任驻印度总督弗朗西斯科·德·阿尔梅达(F.De.Almeida)率领19艘船，1800多人，在第乌(Diu)海战中彻底摧毁了2000多艘船、20000多人武装的穆斯林舰队。印度洋的自由时代结束了，葡萄牙总督向印度教徒与穆斯林船主征收货值6%的税款，葡萄牙炮舰横冲直撞，随时准备摧毁那些无组织无武装的商船与商港。1510年，第二任驻印度总督阿丰索·德·阿尔布克尔克(Alfonso de Abuquerque)占领果阿，将

① ［美］丹尼尔 J. 布尔斯廷著：《发现者》，严撷云等译，上海译文出版社1995年版，第264页。

Alfonso de Albuquerque
Alfonso de Albuquerque

图 2-18：1511 年，葡萄牙驻果阿总督阿尔布克尔克。

那里作为葡萄牙帝国东方殖民地的首都。1513 年他在信中告诉葡萄牙国王："由于我们的船要来的传言，当地的船都消失得无影无踪，连鸟儿都不敢从海面上飞过。"[1]

郑和船队消失在世界南方海域后留下的权力真空，不出一个世纪就被远来的葡萄牙舰队野蛮地霸占了。葡萄牙帝国是国家从事贸易与海盗的殖民帝国，它的商船也是炮舰，贪婪的商人同时也是国王的士兵、凶残的海盗。果阿的葡萄牙总督得意扬扬地向他们的国王汇报他手下有一位非常出色的船长，"……带领 20 只船控制了整个海湾，在海岸到处烧杀。他很出色地显示了自己的勤奋和豪爽风度，因为他给沿岸地区造成了前所未有的和想象不到的破坏，甚至要毁灭从达曼到布罗奇的每一个地方，永远把它们从记忆中抹去。他屠杀所有被他抓走的人，对有生命的东西不表示任何怜悯。他烧毁了 20 艘大船和 150 只小船，……城镇的广场上堆满了尸首，在整个古吉拉特造成了巨大的震惊和恐惧"。[2]

印度洋的炮舰时代到来了，葡萄牙人已经拥有"无可争议的霸权"。两支舰队一支封锁红海，一支游弋印度西海岸，总督府设在果阿，下属七个要塞三大贸易港：卡利卡特、霍尔木兹、马六甲。所有在印度洋上航行的商船，必须向果阿的葡萄牙政府交纳通行费并领取通行证 (Cartaz)。葡萄牙舰队一旦发现任何商

①　[美] 伊曼纽尔·沃勒斯坦著：《现代世界体系》第二卷，吕丹等译，高等教育出版社 1998 年版，第 446 页。

②　[美] 斯塔夫里阿诺斯著：《全球分裂》上册，迟越等译，商务印书馆 1993 年版，第 141 页。

图 2-19：马六甲的葡萄牙古炮台遗址。

船无通行证在印度洋航行，将毫不犹豫地没收所有的货物甚至纵火烧船。他们是大海洋的主宰，他们有充满种族与文化偏见的残暴的海盗逻辑："航海是一种公共权利确实是存在的，在欧洲，我们承认这种权利，而别人正是依据这一权利来对付我们。但这种权利不超出欧洲范围，因此，葡萄牙人作为大海洋的主宰，没收所有那些未经许可擅自在这里航行人的货物是完全正当的。"①

印度洋已变成葡萄牙人的海，华夏文明与伊斯兰文明，谁都失去了机会。天子们大多满足于传统的天下，他们实行海禁，出不去也别进来。苏丹们过于轻率，港口大开，有利可图则随便来去。葡萄牙人用"巨大的震惊和恐惧"，继续向东方推进。1511 年，阿尔布克尔克总督攻陷马六甲，洗劫九天，一年以后，在废墟上用拆除王宫、陵墓与寺庙的砖石修起一座欧式城堡、五座竖着尖塔的基督教堂、两座医院。满剌加国王苏端妈末派使者（可能是国王的叔父穆德里

---

① ［美］斯塔夫里阿诺斯著：《全球分裂》上册，迟越等译，商务印书馆 1993 年版，第 143 页。

尔）向大明帝国求援。遗憾的是，天朝里似乎没有人把海外杀人放火的恐怖故事当真。迟迟 10 年以后，明世宗才想起让兵部议一议这件事。结果是皇帝下了一纸诏书：责令佛朗机退还满刺加，并谕暹罗等国前去援救。诏书下得荒唐可笑，生长在内宫太监女眷身边的年轻皇帝，还真以为四夷慕化弃服，帝国抚驭天下，佛郎机① 不过是满刺加旁边苍茫大海中的一个蕞尔小番邦！

亨利王子关于"大葡萄牙海上帝国"的理想终于实现了。印度的香料与宝石、西非的奴隶与象牙、巴西的糖与烟草，以及世界各地可以收罗到的黄金，纷纷流入里斯本。新建起的壮丽的宫殿与教堂、码头上的仓库与港口停泊的船队，使这个城市真成了世界之都。而"大葡萄牙海上帝国"的边疆，仍在向遥远的东方海岸延伸。占领马六甲，葡萄牙势力已从印度洋进入南中国海。马六甲是通向中国的门户，中国人住在城里，中国船春秋往返，码头处处可见中国货。葡萄牙东方扩张的最后一个阶段开始了。1513 年，葡萄牙水手若·阿尔瓦莱斯 (N.Alvarez) 驾驶着一艘中国式帆船，在广东外洋的上川岛登陆。像所有的航海探险家那样，他在他"发现"的这片荒凉的海滩上，竖起了一根石柱，石柱上刻着五个盾，表示这是葡萄牙的领土。20 年后他在一次海难中受伤，弥留之际，他请求同伴把他送回上川岛，让他躺在那颗石柱旁，他说他要死在"自己的国土上"。

大明帝国的船队退出外洋不出一个世纪，葡萄牙人已经来到中国海岸。

---

① 《明史·佛郎机传》道："佛郎机近满刺加。""佛郎机"是明人对葡萄牙人与西班牙人的称呼，源于阿拉伯人。

第二节

下洋何以停止，远航为什么继续？

郑和为什么远航？大明帝国又为什么停止下洋？葡萄牙人为什么远航，西方又为什么能够将远航进行到底？多少年以后，当西方人以商人加海盗式的航海改变了世界，创造出现代文明时，衰落的中国与强盛的西方几乎同时想起那段已渐渐被遗忘的辉煌。如果没有世界现代化的历史大叙事，不论是郑和远航还是葡萄牙扩张，意义都是微不足道的。西方500年间扩张成一种强势的全球文明，追溯其源头，便找到地理大发现这个起点。中国从天朝上国一路堕落，在失败与屈辱中开始现代化历程，文化反思自省，总是在对比西方为什么成功中国为什么失败这个前提下进行的。于是，在西方地理大发现这个光辉的起点照耀下，郑和七下西洋，就有了非同一般的双重意义，它可以同时让中国人感到骄傲与悔恨。骄傲曾经有过的辉煌，悔恨这种辉煌昙花一现，而且永不再来。

西方在凯旋的自信中思考他人历史的教训，警戒有一天同样的厄运可能会降临在自己的头上；中国在屈辱的懊悔中回忆自己往昔的经历，希望从中唤起民族自尊与复兴的精神力量。所有的历史都是当代思想史，提出西方远航为什么一发不可收拾，中华帝国的远航为什么一时难以为继，真正的问题是，世界现代史上为什么华夏文明衰落西方文明强盛？为什么中国没有将天下德化为华夏一家而让西方将世界殖民化中国西化？

写历史像是在写戏。而历史真正让人感到神秘的，不是它是怎样的，而是它竟然是这样的。

图 2-20：1433 年，郑和在印度古里病逝．王景弘将郑和一撮头发、靴帽带回南京．葬在城外牛首山，图为南京牛首山郑和衣冠冢。

悉令停止，下洋在经济上挥霍财富，在政治上挥霍理想

在世界现代化历史大叙事中讨论郑和七下西洋，有两种意义。一是郑和远航如何发生，二是郑和远航为什么结束。第一重意义上感受的骄傲是短暂的，更深刻的还在第二重意义，中华帝国的远航为什么辉煌一时却难以为继？《明史》中对郑和的记载令人感到悲凉。"和经事三朝，先后七奉使，所历……凡三十余国。所取无名宝物，不可胜计，而中国耗资亦不赀。自宣德以还，远方时有至者，要不如永乐时，而和亦老且死。自和后凡将命海表者，莫不盛称和以夸外番，政俗传三保太监下西洋为明初盛事云。"①

帝国辉煌的远航，为什么突然开始，又永远结束？这才是历史中真正值得思考的问题。皇帝诏令，下洋悉令停止，曾经行巨浪泛沧溟、牵星过洋的巨大的宝船，如今冷落地躺在渐渐淤积的港湾，日夜被风雨侵蚀。船是探险与贸易的关键。为了鼓励民间造船，亨利规定凡建造 100 吨以上的船，都可以免费从皇家森林砍伐木材，不必付任何费用。此时设计出的多桅三角帆帆船，船体不大，比郑和的宝船寒碜多了，可它轻快灵巧，适应逆风航行，可在不同地形的

① 《明史》卷 304，《郑和传》。

海岸靠岸。哥伦布、达·伽马的舰队用的都是这种船。那些年葡萄牙的船队不断沿非洲海岸向南推进，每年都有探险新发现的消息传来，航海指挥中心已从那个荒凉的海角移到首都里斯本。而郑和的宝船正在湿润的南方港湾里腐烂。

图 2-21：当年郑和宝船上使用过的 11 米长的大舵杆，1957 年南京龙江船厂出土。

20 年间帝国皇家的龙江造船厂已经衰落到难以想象的程度，连当年宝船的尺度都忘记了。[①] 再过 20 年，成化皇帝当朝的时候（1465—1488 年），另一位显赫的太监又动起出洋的念头，人们发现皇家档案库中郑和航海的档案，已不翼而飞。慷慨激昂的车驾郎中刘大夏，愤然将它们全部烧毁。他有许多正义的理由：远航劳民伤财，几十万钱粮几万人的生命，换回来的是帝王的奢侈品，奇珍异宝于国家何益？[②] 忘掉历史，也就是一两代人的事。郑和下西洋很快就变成民间传奇。[③] 葡萄牙若昂二世不断派遣船队远航，详细研究亨利时代的航海日志，

---

　　① 嘉靖三十年（1551 年）李昭洋主持龙江船厂，《龙江船厂志·舟楫志·海船》"下"记："尺度无考。"

　　② 万历年间顾起元："旧传册在兵部职方。成化中，中旨咨访下西洋故事。刘忠宣公大夏为郎中，取而焚之。意所载必多恢诡谲怪、辽绝耳目之表者……"严从简《殊域周咨录》卷八"琐里、古里"条："（永乐二十二年）仁宗即位，从前户部尚书夏原吉之请，诏停止西洋取宝船，不复下番。宣德中复开，至正统初复禁。成化间有中贵迎合上意者，举永乐故事以告，诏索郑和出使水程。兵部尚书项忠命吏入库检旧案不得，盖先为车驾郎中刘大夏所匿。忠诘吏，复令检三日，终莫能得。大夏秘不言，会台谏论止其事，忠诘史，谓库中案卷宁能失去。大夏在旁对曰：'三保下西洋费钱粮数十万，军民死且万计，纵得奇宝而回，于国家何益？此物一敝政，大臣所当切谏者也。旧案虽存，亦当毁之以拔其根，尚何追究其有无哉。'"

　　③ （明）钱曾《读书敏求记》卷二记巩珍"西洋番国志"条亦言："盖三保下西洋，委港流传甚广，内府之剧戏，看场之平话，子虚乌是，皆俗语流为丹青耳。……下西洋似非郑和一人，郑和往返亦似非一次，惜乎国初事迹，记载阙如，茫无援据，徒令人兴放失旧闻之叹而已。"

图2—22：葡萄牙国王曼努埃尔，他在位期间（1495—1521年）是葡萄牙历史上的"黄金时代"，葡萄牙从一个边远贫瘠的欧洲小国扩张成地跨欧、亚、美、非的海上帝国。

并将民间的各种离奇的传说与萨拉曼卡大学的地理航海资料都当作自己的信念与事业的基础。他专门组织了一个委员会，由博学的犹太天文学家和数学家负责，当刘大夏烧毁大明帝国的航海档案时，若昂二世的大臣、科学家与船长们，正在疯狂地四处收集各种航海资料。葡萄牙探险已临近高潮。成化皇帝弥留之际，若昂二世的船队已来到好望角，在大鱼河河口竖起一个石柱，宣布那是信仰基督教的葡萄牙人的国土。

辉煌的航行永远结束了。探索郑和远航的意义，与其说是因为它在那个时代开始，不如说它在那个时代结束。从帝国的京城出发，郑和使团航行的距离，几乎跨越地球的三分之一，另一段距离留给半个多世纪后的葡萄牙人，东西方世界都在努力地靠近对方，中国航海的大时代结束了，西方地理大发现才刚刚开始。郑和船队消失后在世界南方海域留下的权力真空，使远道而来的葡萄牙扩张势力有恃无恐。

公元15世纪，既是一个起点，也是一个终点。欧亚大陆两端，一个庞大的陆上帝国正在收缩，一个边远的小王国正扩张成海上帝国。世纪前半叶，郑和远航到达古里，世纪后半叶，达·伽马远航到达卡利卡特。古里与卡利卡特是印度南部的同一个港口。古里—卡利卡特，世纪初与世纪末，见证了世界历史中东西消长、大国兴衰关键的一幕。中国与葡萄牙处于亚欧大陆的两端，都具有海上扩张的组织与技术条件，并且在一个世纪内先后抵达世界上同一个交会点。然而，中华帝国的远航在辉煌中突然停止，而葡萄牙的远航，起初尽管微不足道，却最后酿成西方全球化扩张大潮。

如今已经荒废的古里——卡利卡特港见证了世界历史中东西消长、大国兴衰关键的一幕。

历史留下许多疑问。郑和远航开始，整个东方航海事业瞬间达到高峰，东方两大文明在历史中结合并创造出瞬间的辉煌，如此壮丽的航海事业，为什么突然开始，又突然结束？这种结合为什么那么脆弱，易于破碎？大明帝国舰队的帆影在那个沉醉的夏季最后消失在海面上，世界南方海域与南方世界一切如故，好像什么都没有发生。难道这种结合与创造竟没有什么可以影响历史的成就？一度的辉煌很容易变成虚荣，壮丽也显得空洞。华夏文明带有浪漫主义色彩的帝国理想，是否借助这一系列盛大的远航创造出世界新秩序？它没有开创一个时代，而是在高潮中结束了一个时代。难道有过无数次壮举的华夏文明，注定只能把所有的光荣与梦想都锁定在陆地、遗留在历史上？

历史的神秘不在于它是怎样的，而是它竟然是这样的。浩大的远航突然开始，又突然结束。郑和下西洋的意义不在于航海探险，而在于试图将东方航海传统用于帝国政治。传统的内陆帝国认为，世界像一盘棋，其秩序是由土地划分的：山脉、河流、道路、城郭、田园与牧场，只有步兵与骑兵的装备与勇敢才能确定或重新确定帝国分明的疆界。如今有了另一种可能，从海上，从苍茫无涯、动荡不安、神秘莫测的海上，用舰船、桅船、橹桨、装在船尾的快速引擎、船舱里的礼品或甲板上黑洞洞的火炮，为坚固的陆地确定一种新秩序。

葡萄牙开始的西方海外扩张一发而不可收拾，葡萄牙、西班牙、荷兰，然后是英、法、德，整个西方从世界一个冷落贫瘠的角落扩张到全世界，首先是西班牙日不落帝国，然后又是大不列颠日不落帝国，最后是美利坚帝国，写历史像是在写戏，人们总是预先知道了结局，再来叙述过程、解释原因。郑和远航，并不是一个时代的开始，而是一个时代的结束。郑和远航真正值得后人思考的，也不是它如何开始，而是为什么结束。航海贸易传统为帝国的政治武功所利用，两种力量的结合表面上看来是创造性的，但实质上却缺乏社会历史的内在合理性与动力。

郑和远航难以为继，首先因为它缺乏社会结构的合理性，在经济政治上，都是一种"挥霍"。海上军事征

图 2-24：宣德皇帝有祖父的雄才，却无永乐皇帝的时势，第六次下洋之后，不得不诏令停止……图为宣德皇帝像。

服、政治扩张与经济发展并没有有机地结合起来。朝廷花大量的财力物力人力支撑一次又一次宏大的远航，"三保下西洋费钱粮数十万，军民死且万计，纵得奇宝而回，于国家何益？"从经济角度看，时人的指责并非没有道理。如今我们无法知道郑和远航的耗资规模，但从如此庞大的船队装备、如此慷慨的赏赐中，不难猜出那是何等的挥霍以及这种挥霍背后"鱼肉斯民""吏民更不堪命"的现实。第七次下西洋前，宣宗诏令"南京修理海船"，并"于湖广、江西二都司及直隶镇江诸区，取军两万四千人供役，如例给粮，事毕放还"。[①]

远航在经济上挥霍帝国财税。筹备远航已成为时下一大苛政，官军匠户纷纷畏避逃亡。顾炎武《天下郡国利病书》记郑和七下西洋 28 年间，南京区手工业的匠户锐减四分之三以上。有人强调郑和下西洋的贸易实质，可是，当我们了解了朝贡贸易厚往薄来的原则和贸易品的性质，就不难猜测其荒唐的经济实质。每次出使，朝廷都要备大量的赏赐品，贡使来朝，又有大量赏赐，这些物品多为陶器、缎匹、纱绢、丝棉、铁货之类的用品。如果是贸易，就要有出有入，郑和船队长驶远驾，充舶而归的又是什么呢？"贸采琛异"，"由是明月之珠，鸦鹘之石，沉南、龙速之香，麟狮、孔翠之奇，樟脑、薇露之珍，珊瑚、瑶琨之美，皆充舶而归。"[②]郑和市易之物，大多是香料珍宝之类供

图 2-25：中国人想象的麒麟是一种祥兽，只是多少年来谁也没有亲眼见过。

---

① 参见韩振华《记郑和下西洋的性质》，《厦门大学学报》1958 年第 1 期。

② （明）黄省曾著：《西洋朝贡典录·序》。郑和船队采购的多为奢侈品，番使献贡的也是奢侈品："其忽鲁谟斯国进狮子、金钱豹、大西马。阿丹国进麒麟，番名祖剌法，并长角马哈兽。木骨都束国进花福鹿、并狮子。卜剌哇国进千里骆驼，并驼鸡。爪哇、古里国进縻里羔兽。"

图 2-26：1415 年底，郑和第四次远航带回了麻林国（肯尼亚）所献的"麒麟"，震动朝野。永乐皇帝率文武百官盛服列队，亲往奉天门迎接。《瑞应麒麟图》颂道："仁哉兹兽，旷古一遇，照其神灵，登于天府……"

皇宫与上流社会玩好的奢侈品，远来番使的贡献之物，也多为香料珍宝、奇兽怪鸟，与国计民生无关。郑和七下西洋，在经济上是不合理的挥霍，它带着宏大浪漫的政治理想，从一个港口驶向另一个港口，宣谕、敕封、市易、送迎贡使，去的时候，像节日里隆重的游行，带着大量的装备与礼品；回来的时候，像个庞大的杂技团，装满了各种奇禽异兽。它用华丽的词句渲染空洞的成就，用奇珍异宝满足帝王的虚荣与野心。

远航在政治上挥霍天朝理想。郑和远航的不合理因素不仅是经济上的，还有政治上的。富于生机的民间航海与自由贸易，被海禁政策窒息，"殊方殊域"之邦、"鸟言侏㒇"之民闻风向化、浮海来朝、宗主华夏的政治理想，也落入一个荒唐的游戏。航海那些年里，确有许多异邦远国贡使来朝，但他们是"慕义"而来还是"慕利"而来，动机与效果都值得怀疑。即使在海道清宁、四方来朝的太平盛世，洪武皇帝心里也不踏实："凡诸番使臣来者，皆以礼待之；我视诸国不薄，未知诸国心若何。"以后的事态越来越明显，夷邦僻岛的贡使，鸟言兽语，举止奇怪可笑，说是朝贡，实际"不过利于互市赐予，岂真慕义而来？"修贡是虚，市利为实。帝国慷慨给赐，宴乐劳之，只有盛世的经济实力，才可以支撑政治盛世的表象。万邦来朝的帝国式浪漫毕竟代价太大了，一旦帝国感到力不从心，当年那些贡服归

图 2-27：原来神兽麒麟不过是非洲东海岸黄赤色原野上随处可见的长颈鹿，在索马里语中长颈鹿（giri）发音听起来像"麒麟"。

化的誓言，也就当风而去，荒邦远岛依旧信外道、贩海上、唯利是图、薄情害义。郑和远航的宝船泡在帝国龙江船厂外的港湾里，一点一点地腐烂，诸番远夷们游戏般的盟誓，也随着赏赐品的消耗而被忘记，远航停止之后，外番贡使"竟不至""亦不至""不复至""多不至"，史籍中这类记载不断重复，令人沮丧。

　　在经济上挥霍财富是灾难，在政治上挥霍理想也是灾难。而最大的灾难还在于下洋发生的历史条件，远航是在海禁背景下进行的。郑和七下西洋期间，"片板不得入海"的海禁仍在厉行；造船、出海、市番货、用番货，一律绳之重法。明朝政府一方面对私商执行海禁，压制了民间自由贸易；另一方面又试图以帝国的权力垄断海上贸易，将唐代以后兴起的市舶司管理的海上贸易变成奢侈性的官方垄断贸易，破坏了整个世界南方海域的自由贸易传统。中国的政治军事力量没有与民间航海贸易力量有机互惠地结合起来。政治军事力量对民间航海贸易的利用，在任何时候都是强制的、具有破坏性。强征民船水手，中断海商贸易，明朝郑和远航时代，正是海禁最严的时代。明朝一边厉行海禁，彻底破坏 500 年来发展起来的中国民间航海贸易传统；一边组织耗资巨大、有政治虚荣无经济实惠的官方下洋。当陆地农耕经济的赋税无法支撑这种挥霍式航海时，官方航海与奢侈贸易停止了，民间航海与简朴贸易也受到致命伤害。

　　郑和辉煌的远航是在残暴的海禁背景下进行的，省略这个背景就无法理解郑和远航发生的历史困境。明政府一边推行垄断性的赏赐朝贡贸易，一边实施海禁，其政策的破坏性至少表现在四个方面：1. 中断了中国民间海上自由贸易传统，使中国海商丧失入海贸易的竞争力。2. 使中国航海与造船技术的发展从此停滞甚至衰落。3. 破坏了中国沿海经济和整个南方海域贸易秩序，因为海禁造成潜通外洋，私贩番货海盗贸易与海商武装集团。从某种程度上说，没有海禁就没有海盗。4. 海禁出海盗，最终危及帝国的政治秩序，有明一代，常为海盗患。在海禁背景下进行，郑和远航辉煌，也悲凉。

　　郑和远航不仅在政治经济上不合理，在历史进程中也有些不合时宜。中华帝国有扩张传统，但在汉武帝时代已基本完成。秦皇汉武，中华帝国的疆域基础就在这 100 年间奠定了，以后的 2000 年，不论制度与规模，都没有什么大的突破。大汉是汉人的民族国家，扩张主要体现在驱逐匈奴，开发西域。大唐是胡汉混成的世界帝国，李氏君主对内称皇帝，对外称"天可汗"。中华帝国的政治重心与扩张方向在北方，经济文化中心南移。宋代守业艰难，元朝灭顶之灾，是中华帝国的大失败。蒙古征服对西方与中国，是两种完全不同的经验。它为西方打开了世界，为中国关闭了世界。明朝重新收拾中华帝国的基业，永乐大帝时代是一次回光返照。不久中华帝国再次被异族征服。满清异族政权像元，满汉混成的社会则像唐。

　　帝国政治失去了扩张的势头，民间扩张的生机又被抑制。汉唐之后，中华帝国的生机不断减弱，唯一一点潜力与希望焕发在华夏文明边缘的汉族闽粤乡民自发的海外扩张上。他们造船出海，贸易拓殖，称雄东西洋。当中华帝国政治军事在北方全线防御溃退的时候，中国民间航海与贸易力量却向南方海洋扩张，中国政治军事与民间航海贸易的矛盾体现在不同甚至相互冲突的发展方向上。此时中华帝国的政治军事力量不但没有支持民间海外发展势力，反而扼杀它。汉后中国政治军事的中心在北方，发展与防御的方向也在北方。中华帝国是内陆帝国，扩张意味着向草原与山地推展农耕文明，防御意味着抵抗来自草原的游牧文明的不断侵袭。向北扩张的目的主要是政治的，扩张的方式是军事征服与官方强制性的屯田式移民。汉唐之后，只有收复与防御，没有扩张。向南航海贸易、拓殖南洋，从宋元时代开始，意味着华夏帝国的新发展，农耕文明向商业文明发展，内陆文明向海洋文明发展，其扩张的方式是民间自发的。政府不理解不支持，甚至禁止、破坏南方面向海洋的经

图 2-28：《宣德皇帝出行图》，明初的海外扩张停止之后，皇权彻底内陆化。宣德皇帝如今只有在宫廷狩猎骑射中，施展他的雄才大略了。

济文化扩张。于是，一方面是民间抵制官方组织的北方发展政策，西北政策性移民自发回流；另一方面，政府禁止沿海边民贩海出番，民间又冒死犯禁。

中华帝国政治军事与民间社会经济的两种发展在方向与方式上的分裂矛盾，相互抵消内耗掉了中华文明发展的生机。郑和远航不仅在政治经济上不合理，在历史进程中也不合时宜，郑和远航真正值得思考的，不是它如何开始，而是为什么突然结束，或者说不得不结束；不是它结束得不合理，而是它开始得就有些不合理。

明朝驱逐外夷，重建汉族政权，封闭保守是必然的，也有充分的历史缘由。中国是当时世界上最先进的国家，政治经济充分自足，整个外部世界，从印度到欧洲，不论经济技术还是制度思想，都不能给中国提供借鉴。而蒙元历史的经验告诉中国，开放意味着民族奴役、政治压迫、经济掠夺。蒙古浩劫之后，明朝收复华夏旧地，作为自治统一的汉族政权，它所面临的问题是固守祖先的江山，驱逐外夷，恢复帝国的传统政治经济实力。开放没有必要，明朝中国不论政治还是经济，本身就是一个世界。帝国广袤的土地与丰富的物产造成一种完全自足的农业经济，刚刚完成所谓的"稻米革命"，目前的问题不是扩大

121

图 2-29：明朝已经变成一个轻盈内向的国家，小康农家、太平天下，这是《明宪宗皇帝元宵行乐图》。

土地，而是扩大人力提高农艺。海外贸易与殖民、土地扩张，都没有实际需要。对内实行海禁、对外"永不征伐"，是洪武皇帝立下的祖训。

中国是一个有千年传统的内陆帝国，持续的地理扩张在四方已达到极限，千年之间北方草原游牧民族不断进袭，如今固守住内陆，坚实的泥土与岩石才是帝国的基础。郑和下西洋，正值中华帝国历史进入全面收敛期，在大的保守趋势上看，是某种例外，或一种例外的疯狂。而停止下西洋，却在情理之中。

从此开始，西方五个世纪的扩张持续不断

1450—1650 年，恰好是西方完成地理大发现的 200 年，正好也是明朝实行海禁的 200 年。如果说西方的海外扩张的机会是将政治军事宗教扩张力量与民间航海贸易经营有机互惠地结合起来，那么中国的灾难就在于政治军事扩张与民间航海贸易的矛盾。在历史上，郑和远航是一个时代的结束，中国民间 500 年蓬勃发展的航海贸易传统被扼杀了，官方组织的畸形的海外扩张空洞而荒诞。

葡萄牙的状况却不同。当时的一位法国人说："大家都知道葡萄牙国王开展远洋航行已历时一个世纪"，他们"使欧洲充满了东方宝物"。[①]

在葡萄牙，航海对大家，官方与民间，都是一项确实有利可图的事业。商人、水手、国王、教士，都能从中获得实在的利益。商人需要利润，水手需要暴富，贵族需要冒险，新兴的民族君主国家的国王需要更大的土地，更广阔的海域和更多的财富，教士们为了上帝需要更多的信徒。而远航东方确实能够满足上述的一切。

成就伊比利亚人航海事业的，有四种文化因素：黄金、上帝、荣耀、火炮，这四个词在英语中正好都是以字母 G 开头的：GOLD、GOD、GLORY、GUN。

首先是 GOLD，黄金。航海贸易可以带来巨大的财富：黄金、香料、象牙与奴隶。亨利王子是个不可思议的天才，他把自己的一生都耗在圣维森特角附近荒凉的萨格里什海岬发动一次又一次的远航。尽管最初西撒哈拉海岸还让人看不出这些狂热的海上冒险有什么实际利益。但当里斯本富商为取得佛得角以南到塞拉利昂的非洲海岸的贸易专利权每年付给国王 20 万雷伊斯时，海上冒险的意义就清楚了。国王组织远征舰队，除了王室的资助外，商人的钱袋也是一大来源。不管是达·伽马，还是卡布拉尔的舰队，首要任务都是贸易。舰队的旗帜与名义是王国的，但船上装载的货物大部门都是私商的，他们不仅包括那些巨商硕贾，还包括显赫的贵族甚至国王。航海不论对个人还是王国，都是顷刻间暴富的机会。哥伦布说动卡斯提利亚国王的原因是大汗的国土上遍地都是黄金。达·伽马告诉大家印度的香料、丝绸、宝

图 2-30：16 世纪繁华的里斯本，充满了东方宝物。

① 　La Republique，by Jean Bodin ，Rodin House，1576，p.650.

图 2-31：为了香料与黄金，征服凶险的海洋。16 世纪荷兰木刻画。

石的价格至少要比欧洲低 5 倍。阿尔布克尔克估计，前往印度的船队的利润都在 8 倍以上。在拜金精神的驱动下，葡萄牙或欧洲近代的远航是市场动员的，其自给特点决定了它的既有资源潜力又有发展的活力。每一年春季都有许多舰船从特茹河口启航，第二年夏天归来的时候，船上装满了印度的香料与非洲的象牙、黄金，不久还将有中国的瓷器与丝绸。这是不可抗拒的刺激。巨额利润将获得更大规模的投资，个人投资者时刻在盘算着风险与利润的比例，与大海和野蛮人赌运气。市场在组织远航的人力与物力，有利润就有人投资、有人冒险，航海的资源就源源不断。商业资本组织了欧洲近代的远航。最初那几年里，即使是国王组织的舰队，也大多是商船。

其次是 GOD，上帝！马可·波罗当年身兼商人与教皇的使者的双重使命去中国，哥伦布寻找新航路前往大汗的国土，是为了黄金，也为了充足的黄金可以组织十字军东征。达·伽马在卡利卡特上岸，告诉当地国王他是来寻找基督徒与香料的，并把印度教的寺庙错认为圣托马斯的信徒修建的基督教堂。那些年从帕洛斯港或特茹河口驶入大洋的每一艘船上，都架着大炮，挂着十字军旗。航海冒险的意义在于将异教世界的财富运回基督教家乡，再将基督教送到异教世界；基督徒获得牛排上的胡椒与钱袋里的金币，异教徒则获得头脑中的光明。基督教具有强烈的普世主义思想与狂热的扩张精神。"到世界各地去，将福音传播给每一个人。"（《马可福音》）在许多葡萄牙人心中，从尊贵的国王到囚犯水手，航海是以上帝名义发动的神圣的十字军东征，地理大发现不过是十

字军东征的继续。伊曼纽
尔·沃勒斯坦指出，"旧
的葡萄牙殖民帝国，基本
是控制海洋、从事海上活
动的商业帝国，不论它主
要是与东方的香料、西非
的奴隶，还是巴西的糖、
烟草和黄金有关。然而，
这一海上帝国具有军事的
和基督教的特色"。[①]

图 2-32：远航也为了上帝。葡萄牙著名的查罗尼莫修道院就是为纪念达·伽马发现印度航路修建的。

　　再次是 GLORY，荣耀！荣耀观念是中世纪骑士传统。伊比利亚航海家，既像是英勇的熙德又像危险的堂吉诃德，他们的崇高与残暴、勇敢与无知，都来自他们精神中的骑士道，忠君、行侠、护教，崇尚英雄主义，将冒险当作唯一能够使生命获得不朽的途径。为国王为财富不惜生命的战争与劫掠是一种冒险；为上帝冒一切危险，凌辱与殉难，拯救异教徒的灵魂或消灭摩尔人，也是一种冒险。而航海探险，既为国王的领土与个人的财富，又为上帝的信徒，是那个时代最有吸引力、最刺激的冒险。未知的海洋、岛屿与大陆，未知的财富与基督徒，隐藏着无限的凶险也蕴藏着无限的机会，系挂在帆影与波涛间的荣耀将像大海上的朝阳与晚霞一样灿烂。冒险是所有骑士的荣耀。一次远航，一次发现，往往就能为他们赢得不朽的荣耀。哥伦布向卡斯提利亚国王要求的不仅有发现财富的百分之十，还有佩戴金马刺的荣耀。达·伽马从印度归来，不仅获得了大量的财富，还有国王赐予的封号。正是追求荣耀的骑士精神将他们的宗教狂热与世俗精神结合起来，创造出人类历史上的奇迹。早年的伊比利亚航海家，同时是英勇的熙德与危险的堂吉诃德。在他们的气质中，有高贵的骄傲也有自由的谦卑。高贵的骄傲使他们勇敢而自信，自由的谦卑使他们忠于自己的信仰并随时准备为理想献身，正是这种性格的二重性成就了英雄。只有高傲没

图 2-33：冒险更是一种荣耀，就这样在波涛风暴中航行，九死一生……

有谦卑，他们就不会为一种事业献身；只有谦卑没有骄傲，他们就只会服从而失去创造性。一个人可以为荣耀生死，但荣耀必须同时属于上帝、国王与个人，同时属于永恒的天堂与可爱的尘世。骑士道在伟大的航海事业中，已将个人的浪漫融入历史的浪漫中，为探险家与整个民族，都赢得了不朽的荣耀。

最后是 GUN，火炮。1430 年后葡萄牙出现的三桅三角帆远洋快船，不久这种采用艉舵的快帆船的甲板上又装上了火炮，于是海上商船成为一座活动炮台，它可以在 200 码之外击毁各个方向的敌船。这是一种新型的海战观念，当穆斯林战船还准备撞击并靠拢敌舰，将围系白头巾、手持月牙大刀的勇士送上敌舰展开肉搏时，葡萄牙舰队的大炮在 100 码之外就把他们击沉了。1509 年第乌海战，上百艘船的穆斯林舰队就这样被葡萄牙舰队的远程炮击沉。人类文明的角逐从来取决于军器的优胜，欧洲中世纪长期的战乱导致狂热的军备竞争。欧洲的火炮至少在 1326 年已经出现，1453 年穆罕默德二世用巨大的白炮摧毁拜占庭 10 个世纪坚厚的城墙时，法军也动用了重炮将英军赶出诺曼底，结束了英法百

年战争。1470 年前后勃艮第人设
计的移动铁炮在八个小时内就将那
不勒斯王国的城墙炸成一片废墟。
1512 年威尼斯大使从英国回来后
向执政官 (Doge) 汇报："亨利八世
的大炮多得足以征服地狱。"伊比
利亚人的功绩是将大炮装到快帆船
的甲板上，在侧舷吃水线上开炮
窗。世界扩张与霸权的基础是军事
实力而不是政治浪漫主义的礼仪。
进步首先是大炮的进步。葡萄牙舰
队使用大炮的高超本领和他们的海
盗精神，为他们赢得了"大海洋的

图 2-34：最终决定成败的，还是在侧舷上装满火炮的
葡萄牙多桅快帆船。

主宰权"。边远的里斯本成为世界贸易与航运的中心。曼努埃尔国王在自己的头
衔上加上一长串新的封号："埃塞俄比亚、阿拉伯、波斯和印度的征服者，航海
家和贸易开创者。"

　　在"四 G"要素完整协调的观念与制度中开始的西方扩张，一发而不可收
拾，从西北欧到全球。西方扩张的浪潮持续不断，除了制度的因素外，还有观
念。市场动员的航海贸易将国家政治军事、民族宗教信仰与个人冒险、民间经
济利益有机地结合起来。

　　16 世纪是伊比利亚扩张的世纪，葡萄牙西班牙殖民者在世界各大洲的边缘
建立起自己的贸易点、城堡、教堂。世界的中心在里斯本与塞维利亚，一向贫
瘠动乱、饱受穆斯林入侵之苦的葡萄牙与西班牙，突然建立起庞大的海上世界
帝国。伊比利亚扩张在 16 世纪的最后 25 年开始衰落，他们挥霍掉自己民族的
资源、想象力与勇气，然后在腐化中衰竭，标志性事件是 1582 年腓力二世将政
府从海洋城市里斯本迁到内陆城市马德里、1588 年"无敌舰队"覆灭于英吉利
海峡。代之而起的是西北欧扩张，将世界的中心移到阿姆斯特丹与伦敦。

　　17 世纪是荷兰人的黄金世纪，世界的中心移到阿姆斯特丹。伊比利亚人奠

图 2-35：西班牙远征英国的"无敌舰队"，最后被伊丽莎白女王的海盗打败，西班牙从此衰落。

定了东方贸易网，荷兰人继承下来并最大限度地发挥了该体制的作用。荷兰东印度公司是个巨大的联合企业，它综合了私商和国家利益，统一了商业与军事行动。他们在好望角航道上赶走了葡萄牙人，基本上控制了东印度群岛与亚欧洲际贸易，荷兰船将茶叶、瓷器运回欧洲，他们可以维持从大西洋到印度洋海上霸权，却难以对付南中国海的海盗。荷兰东印度公司无望地衰落

的时候，英国人还没有准备好。1637 年威德尔船长首次率四艘英国船到广州，与中国海盗冲突，以后 1664 年英国商船再次来华，在台湾广州建立商馆，始终没有如期展开贸易并如期获利。

荷兰人得意于世界的时候，英国人、法国人在准备。17 世纪后半叶荷英、荷法之间的一系列战争，伤了荷兰的元气。荷属西印度公司在美洲开发的殖民地基本上无法被控制，荷属东印度公司的股息也开始下调。英国、法国的私掠船守在英吉利海峡，荷兰人不远万里、历久经年从东方开回的商船，瞬间成为他们的战利品。英国人越来越强大，他们在新世界挑战法国人，在旧世界挑战荷兰人，在不列颠整顿自己的国家发展经济。18 世纪世界的中心又从阿姆斯特丹移到伦敦。多元发展相互竞争的欧洲似乎有不竭的扩张力，总是前赴后继，总是一浪强过一浪。英国是一个被海洋包围的岛国，更懂得海洋的力量。英国在北大西洋的渔业、印度洋的商站、美洲的殖民地、非洲与西印度群岛的奴隶贸易中战胜了荷兰人后，开始在北美与印度挑战法国。英国人首先清除了海洋上的法国人，断绝北美与印度法属殖民地与法国本土的联系，然后利用自己强大的海军源源不断地运输兵力与给养。1759 年到 1761 年，英国分别在北美与印度战胜法国，它对世界历史的重大意义是：1. 印度成为大英帝国的一部分的时

候也就成为英国向整个东方扩张的基地，1840 年的鸦片战争充分证明了印度殖民地的重要性，没有印度殖民地就没有日不落帝国；2. 北美基本上成为讲英语的国家。

19 世纪是英国人的黄金世纪。大英帝国成为继西班牙哈布斯堡王朝之后的又一个日不落帝国，而且比前者更强大更有效。1838 年英国远征军抵达印度河，骄傲地宣称，亚历山大以后就没有任何文明国家的旗帜飘扬在这里，大英帝国是马其顿帝国的真正继承者。鸦片战争最终完成了从西方向东方扩张的全过程，最后一个最强大的东方帝国，在西方看来也被征服了。西方扩张的浪潮一浪高过一浪，持续五个世纪，虽有间歇，但从未休止。19 世纪的欧洲已完成了科学革命、思想革命（启蒙运动）、工业革命与政治革命，赢得全球范围内政治、经济、文化方面的绝对优势。世界所有的海洋和五分之四的土地在欧美的直接或间接统治之下（包括殖民地与半殖民地），欧美工业总产值占世界工业总产值的五分之四，西方科学的世界观、进步的历史观与民主自由的政治观也开始影响世界其他地区与民族。19 世纪是以英国为首的西方帝国主义时代。1895 年英国殖民地事务大臣约瑟·张伯伦公开宣称"英国人是世界上有史以来最优秀的统治民族"，但世界的福祉不会一直停留在任何一方。大英帝国衰落了，20 世纪西方扩张的势头跨越大西洋从英国到美国。"到 1899 年，美国已成为世界上一大强国，这意味着它不仅是一个最大的工业国家，而且乐于仿照欧洲各国的方式在军事上运用其新生的实力，美国领导人欲与这些国家一比高低，它要在远近各地区占有殖民地，让太阳在东太平洋和在加勒比海一样，也照耀着在东亚招展的美国国旗。"①20世纪是美国人的黄金世纪，世界的中心转到美国，而美国在语言、文化、人种上，都像是另一个英国。

---

① ［美］孔华润著：《美国对中国的反应——中美关系的历史剖析》，张静尔译，复旦大学出版社 1989 年版，第 39—40 页。

第三节

失去海洋的民族，最终也失去家乡

现实是由历史塑造的。似乎一切都决定于 1450—1650 年这 200 年间。1450 年前后，中国船队退出外洋，东方文明的扩张已达到极限，衰落几乎在所有的帝国同时开始。如果说此前的世界是一个东方化的世界，此后的世界则是一个西方化的世界。郑和远航也不过 20 多年，海禁却 200 年，扼杀了中国民间航海贸易与面向东南海洋的移民拓疆的生机。这是中国的灾难，西方的机会。1567 年开海，重出外洋的中国海商与移民，一开始就陷入一种两难困境中：没有政治组织军事武装，就无法挑战海外西方扩张势力；有政治组织军事武装，又无法见容于中国内陆政权。中国内部陆地与海洋、朝廷与民间势力的矛盾，依旧没有解决。明朝政府禁海、剿海、开海，民间海商变成海盗，海盗归位海商，海商又成为海盗，最后海商海盗一体化。直到皇权衰落，郑芝龙受招抚，中国内陆政治军事力量被迫与民间海商海盗势力结合，中国海商才摆脱大陆朝廷的追剿，完成集团化、集权化过程，以一个具有政治组织、军事武装的重商主义力量，重出外洋，挑战西方的扩张。

从郑和船队退出外洋到郑芝龙"雄踞海上"，1433 年到 1633 年，是世界历史中关键的 200 年。郑芝龙"雄踞海上"，在郑和之后 200 年，重建了远东水域的"中国霸权"，此时中国还有机会参与西方扩张大潮中世界海洋的竞逐。一旦这种势力被葬送在皇权中心主义的内战中，中国在世界现代化历史的出发点上，就再也没有机会了。

三次浪潮，西方扩张进逼中国海岸

1450 年前后中国退出外洋，到 1650 年前后，西方向东方的扩张已经占有绝对的海洋优势，这 200 年是世界现代历史上最关键的一段。中国力量退出外洋，西方扩张到整个世界大洋，并在东方帝国的边缘，建立了最初的贸易点或殖民基地。尽管他们在东方的扩张远不如在美洲顺利。他们转瞬间奇迹般地征服了美洲，旋即开始了大规模的移民。而在东方，直到 18 世纪初，也不过是在几大帝国边缘建立起一些贸易点，盛衰存亡，还多少决定于那些东方帝国默许与恩惠、腐败与动乱。中国还有机会，重出外洋，挑战西方扩张势力。

葡萄牙扩张在亚洲建立的短暂的势力，不是传统的国家政治意义上的。他们的优势仅限于对海上航运与贸易的垄断，他们在印度洋与南太平洋以一种商人代表的国家势力击败了自发的穆斯林海商，凯歌般行进直到南中国海，然而，在中国海岸，他们的炮舰却一再受挫。

1517 年，拖默·皮雷斯 (Tome Pires) 率领的葡萄牙使团抵达广州。使团的

图 2-36：皮雷斯率领的葡萄牙使团抵达广州。

图 2-37：《入跸图》，图中这位乘龙舟巡幸的嘉靖皇帝，常年不上朝，沉迷于修仙炼丹。

经历让人感到荒诞与沮丧。为了表达他们对中华帝国的敬意，三艘葡萄牙船在广州怀远驿前升旗，鸣放礼炮，结果是天朝士兵与百姓不仅不解这种蛮夷的礼仪，反而感到恼怒与恐怖，如何用杀人攻城的火炮来表示友好与尊重？以后还有更多不幸。使团被困在怀远驿，不少人死于热病与痢疾，苦等了两年多后（1520 年 1 月），才获准进京觐见。马可·波罗那一代人之后，还没有欧洲人有机会像他们那样，在帝国广袤的土地与河川间旅行。使团先在南京朝觐了驻跸陪都的武宗，后又随驾到北京，驻在外国贡使专用的会同馆。正当使团在京城春风得意的时候，葡萄牙商人在南海与中国当局发生冲突。于是，会同馆内的番邦贡使，成了阶下囚。朝廷里有人奏请处斩，皇帝还算开恩，令将他们押回广州发落。皮雷斯死在广州狱中，另一种说法是与他的随员一道被流放到中国北部。

从印度洋进入南中国海，葡萄牙炮舰面对庞大的中华帝国，突然感到束手无策甚至惊慌失措。葡萄牙使节在北京候见皇帝，他们的同胞商人却在中国海岸抢劫绑架、杀人放火，重演他们在西非海岸与印度洋的暴行。只是大明帝国不像印度或东南亚土邦那样散乱软弱，仅 1548 年（嘉靖 26 年）朱纨剿海，就有近 80 艘葡船被焚，800 名葡籍基督徒毙命，葡萄牙人经营了 20 余年的殖民小镇双屿港，也被夷为平地，黄金、香料等财物损失更不计其数。平拖 (Ferdinand M.Pinto) 的《东方旅行记》不无夸张地记载：

"中国政府 Chaem(按：疑指朱纨，Chu-wan)，令 Haitau(按：海道，疑指卢镗) 出军，发帆船三百艘，小艇（用橹者）八十艘，舟中共六万人，皆在十七日内集合者。海道与我国（即葡萄牙）之舰队相若。上述大队船舰乃专来袭击此不幸之葡萄牙殖民地者。事变之经过非葡人意料所及，而余亦不能不认余之证述必有遗漏，此实出于学力之不足，纵有敏锐之头脑，亦不克充分想象当时之情景。兹就余目睹者略述于下。此次上帝所予可怖之惩戒，几达五小时之久，凶猛之敌人使 Liampo(指双屿港) 境内，一无遗存。凡为彼等所见者，一律破坏焚毁。此外，复有基督徒一万二千人（按：恐为一千二百人之误）被害，内有葡萄牙籍八百，俱在三十五艘小艇及四十二艘巨舰中焚毙者。余锭、胡椒、檀香、丁香、肉豆蔻，及其他货物，损失二百万金。"[1]

　　葡萄牙人到中国海岸，最后明白过来，必须有软硬两手准备，硬炮舰不奏效的时候，就开始软贿赂。他们绕过好望角进入东方，亦商亦盗，驶过上万海里的洋面海岸，横行无阻。然而，到了中国就到了极限。中国海岸是诱惑海岸也是恐怖海岸。朱纨剿海之后，远大西洋的海盗商人们突然学得文明了。他们重返广州外洋，发现在广海、望峒、浪白、蠔镜、十字门、虎头门、屯门、鸡棲等海澳，均有安南、暹罗的商船与中国贸易，那里的守澳官就能决定一切。葡萄牙人迅速入泊浪白澳、上川岛，不出5 年，留居浪白澳的葡人已有四百多。然而，上川岛、浪白澳并不是理想的贸易点，上川岛太远，浪白澳太险。他们必须寻找机会进入蠔镜，也就是澳门，那里港湾优良，气候适宜，更近中国大陆。1557 年，他们已在澳门搭盖起砖石结构

图 2-38：欧洲最早的澳门全景图（1598 年）。

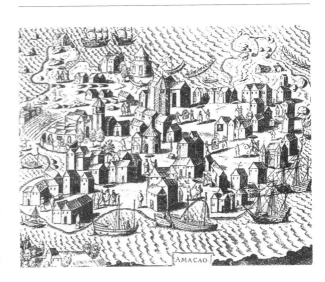

---

① Fernao Mendez Pinto's Peregrinacao & Cartas, Vol.I, Lisboa : Fernando Ribeiro de Mello/Edicoes Afrodite, 1989, Livro LXX, pp.240-241。平拖这本《远游记》于 1614 年问世，出版之后不久即译成多种文字，流行甚广。译文见方豪《中西交通史》下册，台北中国文化大学出版部 1983 年版，第 672—673 页。

图 2-39：麦哲伦像。

的房屋，打算永久居住下去，同时向中国海盗行贿。从那时起，大明帝国的海岸上出现了一个不明不白的"番鬼城"。澳门的由来有不同说法，不少西方文献记载澳门是葡萄牙人帮助中国政府平寇有功，中国皇帝赠送给他们的，有皇帝送给他们的金笺 (Golden Chop) 为证。这听起来更像骑士传奇，而历史事实可能远没有那么浪漫。①

西方向中国海岸扩张的浪潮，一浪压过一浪。16 世纪是伊比利亚人的世纪，首先是葡萄牙，然后是西班牙。葡萄牙绕过好望角，从东方航线到达印度、中国。西班牙人则沿着哥伦布发现的航路与麦哲伦环航地球的线路，绕过美洲到达菲律宾群岛，抵达中国海岸时几乎晚了半个世纪。

1565 年春，米古尔·罗柏兹·德·列格兹比 (Miguel Lopez de Legazpi) 率领西班牙舰队远征菲律宾，1570 年攻陷马尼拉。"北面便是称为中国的大陆。这是一个很大的国家——大到我们已能确证，是和鞑靼毗连的；到此间贸易的商人说，这两个国家正在彼此交战中。中国人有很高的文化。他们有工具可以铸铁。我看见过镶着金银的铁器，和世界任何地方所精制的同样有技巧。他们对木材和其他的材料都同样精工。"②

这是 1573 年阿铁达中尉 (Diego de Artiedae) 写给西班牙国王菲利浦二世的报

① 嘉靖年间海禁放宽，巡抚林富上言，议复许葡萄牙通市，获准，"自是佛郎机得入香山澳为市，而其徒又越境商于福建，往来不绝"。广东地方官勾结葡人，嘉靖十四年，指挥黄庆受葡人贿赂，将管理海外贸易的市舶司（正德前设于广州，正德年间移至高州电白县）移至澳门，嘉靖三十二年，葡人借口船上货物湿水，需要"借地晾晒"，重金贿赂地方海盗汪柏，得以入据澳门。起初他们只是搭盖草棚，不久就有砖石建筑"高栋飞甍，栉比相望"，以至于"筑室建城，雄踞海畔，若一国然"。嘉靖三十六年，海盗围攻广州，广州官吏乞求葡萄牙人援助，准其长期居住澳门，以酬其劳。参见《明史》卷三二五《佛郎机传》，郭棐《广东通志》、张汝霖、印光任《澳门纪略》、〔西班牙〕克路士《中国志》第二十三章，《十六世纪中国南部行记》，〔英〕博克舍编注，何高济译，中华书局，1990 年版，李长傅《中国殖民史》（商务印书馆，1937 年版）等书。

② 转引自陈台民著：《中非关系与菲律宾华侨》，香港朝阳出版社 1985 年版，第 84 页。

告中的内容。此时，马尼拉的西班牙人已经跟中国有许多联系，每年都有大批的中国商船来港贸易，马尼拉的日用品，几乎全靠中国商船供应。马尼拉也有中国人居住。不久，1576 年，圣奥古斯丁会修士马丁·德·拉达 (Martin De Rada) 受总督桑迪博士 (Dr.Sondi) 派遣出使福建，带回许多关于中国的信息，毕竟菲律宾与中国，只有一水之隔。

接触与了解导致冲突，而不是友谊和平。桑迪总督说与中国人打交道，每天都可以给他们提供"一千种可以进行正义战争的理由"。"他们是一群卑贱、无耻而且可恶的族人""鸡奸者""暴君"，中国的国王与官吏"虐待穷人、贪污、欺诈、抢劫"，"以闻所未闻的暴政"对待他们的人民，而人

图 2-40：腓力二世。

民"也没有一个人会对他们的国王效忠"。"他们每个人都说他们的邻居的坏话；他们几乎全是海贼"，做尽各种坏事。他上书西班牙国王腓力二世 (Philip Ⅱ)，表示愿意捐出自己所有的资产，资助远征中国，并提出自己的方案，他说"只需 4000 人至 6000 人，配备长矛和火枪、船舰、炮以及所需的弹药"，"有 2000 人或 3000 人，便足以占领所欲占领的省份，……征服一省之后，便足以征服全国"。[①]

这是西班牙式狂热，冒险主义者都是堂吉诃德，世界上最危险的动物。他们曾用 300 多人征服墨西哥帝国，100 多人征服印加。他们相信他们将像征服墨西哥、印加帝国那样征服中国，中国是一个地域广阔的古老帝国，富庶但决不强大。1584 年，菲律宾殖民地全体西班牙人代表大会联名向国王请愿远征中国，并附有一份详细的计划。

腓力国王是理智的，他身边还有一些清醒的人。他了解他王国的实力与目前的困境。这么多年来他的国家就像支庞大的军队，先是与摩尔人作战，然后对付犹太人，如今与法国陆地边境上的战役仍在继续，与英国的海上冲突马上

① 转引自陈台民著：《中菲关系与菲律宾华侨》，香港朝阳出版社 1985 年版，第 87 页。

图 2-41：伊比利亚扩张时代的西班牙首都塞维利亚。

就要开始（无敌舰队）。尽管殖民地的财富像江河一样流入伊比利亚，但它同时也像江河一样流出。西班牙尚没有建立起自己的产业基础，连年的征战与扩张使国王经常感到力不从心。尽管远隔两个大洋，他也知道中国的实力与他那些臣仆的虚妄的评论不一样。中国毕竟不同于墨西哥、印加帝国，从 1519 年科铁斯 (Cortez) 征服墨西哥到 1535 年彼萨罗 (Pissaro) 推翻印加帝国，西班牙在中南美洲建立殖民帝国不过是转瞬之间的事。但在中国，绝不可能那么容易。中国具有深厚的文明传统，本土社会的人口、文化、经济与政治力量都不可低估。庞大的国家机构与军队像它广大的领土那样难以把握。更何况中国太遥远了，西班牙通过墨西哥的殖民地控制菲律宾，菲律宾是殖民地的殖民地。

狂热的西班牙骑士可能认为菲律宾殖民地对征服中国重要，经营菲律宾的意义在于以此为基地征服中国；可腓力二世清醒，他明白维持与中国的友谊对经营菲律宾更重要。菲律宾离不开中国商品的供应，尽管为此他们付出高昂的代价：墨西哥开采的黄金白银从美洲运到菲律宾，又从菲律宾运到中国，可是没有中国的日用商品，菲律宾的殖民地就无法生存。他不得不给他那些忠诚而又疯狂的骑士们头顶上泼些冷水："关于你认为应当征服中国的事，我们在这里觉得应予放弃；相反，应当寻求与中国人的友谊。你不要采取行动或者跟所说的中国人的海寇敌人合作，更不要给他们任何借口以找到反对我们民族的正当怨言。"①

① 国王菲利浦二世致菲律宾总督桑迪博士的信，1577 年 4 月 29 日。[英] 博克舍编注：《十六世纪中国南部行记》，何高济译，中华书局 1990 年版，第 26 页。

征服中国最终只是狂想，没有任何现实性。此时欧洲人不过是在亚洲边缘建立了一些贸易居留点，在庞大的中华帝国面前，他们还只是一些利欲熏心的商人、想入非非的宗教狂或逞凶斗狠的海盗。更何况当时的问题还不是中国如何强大，而是他们自身已开始衰竭。

葡萄牙的"海上帝国"实际上是一个庞大的海上贸易网，从东非海岸到马拉巴尔海岸、从马六甲到澳门、长崎，有 50 多个要塞、贸易点，16,000 名左右葡萄牙人（几乎全是男性）。这个贸易帝国有两种功能：1. 欧亚贸易，将亚洲的香料运回欧洲，同时设法制止香料流入地中海地区，保证葡萄牙在欧洲香料市场的垄断权，16 世纪欧洲市场的香料至少有 70% 是从葡萄牙船上卸下来的；2. 亚洲区域贸易，葡萄牙人进入印度洋取代了穆斯林经营了几个世纪的贸易网，在贸易的同时也劫掠走私，绑架贩奴，领航并向过往船只征税。

葡萄牙扩张时代在亚洲建立的短暂势力，不是传统的国家政治意义上的。他们的优势仅限于海上航运与贸易的垄断，他们在海上以一种商人代表的国家势力击败了印度洋与太平洋自发的穆斯林海商，取代穆斯林垄断南方海域的传统贸易。然而，世界太大，而葡萄牙又太小。冒险家们开创的海上帝国，他们自己也控制不了。三桅帆船从特茹河口起航时，船上载的都是葡萄牙男儿，一年以后从印度回来，冒险家的尸体都被抛到海里，船上装满了香料。据当时一位法国人皮拉尔德·德·拉瓦尔估计，从葡萄牙出发能活着到达果阿的，1000人里不足 200 人。欧洲市场的胡椒与香料的价格暴跌，但东方贸易的成本却居高不下。东方漫长的海岸线上，16 世纪葡萄牙人最多的时候也不过 20,000 人。东方太大，葡萄牙人太少。

葡萄牙人自己开创的海上帝国，自己已经控制不了，衰落很快到来。他们在进入亚洲的最初半个世纪里，试图用炮舰挑战亚洲大陆的统治，他们在印度洋边缘与东南亚占领了一些口岸，使它们成为葡萄牙海上扩张的商业据点与军事要塞，就像 500 年前十字军在地中海东岸建立的那些基督教据点一样，有冒险性无稳定性。很快，半个世纪间，他们充当了一段世界海盗后，变成了世界脚夫。他们把欧洲的日用品搬到印度，把非洲的象牙、黄金搬到欧洲、亚洲，当他们发现将印度、东南亚的香料运到中国和运回欧洲一样赚大钱的时候，他

图 2-42: 葡萄牙最伟大的史诗诗人路易斯·德·卡蒙斯。

们就不回葡萄牙了；如果果阿、柯钦的葡萄牙当局对他们管束太多，他们就宁愿待在澳门。1572 年，葡萄牙诗人路易斯·德·卡蒙斯 (Luis de Camoes) 在澳门写作长篇史诗《葡国魂》①，哀叹他的祖国"不知被何种厄运的阴影笼罩，使他缺乏轻松而骄傲的活力"，"她已沉沦于一味的贪欲之中，一筹莫展野蛮愚昧死气沉沉"。

葡萄牙建立了从西非海岸到印度洋的贸易、殖民体系，将海上帝国的边际伸展到中国海岸。西班牙征服了中南美洲与菲律宾，其地跨欧、美、亚三大洲的殖民帝国的势力同样影响到中国。从伊比利亚出发，不论走大西洋、太平洋的新世界海道，还是走大西洋、印度洋的好望角海道，对西方来说，中国都是这个世界上最远的地方。但是，亚欧贸易如果不开中国门户，就是一盘死棋。西班牙人占领菲律宾群岛后才开始与中国贸易。西班牙是 16 世纪欧洲最有野心与魄力的国家，他们闪电般地征服了几乎整个南美洲，又闪电般地建立了跨越大西洋到太平洋的庞大的世界贸易网。1570 年占领吕宋岛，已经将其世界性的白银帝国的边际推展到南中国海。打通与中国的贸易甚至入侵中国，把中国纳入以塞维利亚为中心的世界经济体系，将是最后也是最重要的一步。菲律宾并不重要，在当时许多西班牙殖民主义者的头脑里，它不

---

① 葡萄牙最伟大的史诗诗人路易斯·德·卡蒙斯，1572 年流浪到澳门，住在主教山一个巨大的石洞里。见《RC 文化杂志》中文版第 20 期，潘日明文《亚婆井》。其《葡国魂》有葡萄牙民族史诗之称，又译名为《卢济塔尼亚人之歌》。

图 2-43：16 世纪横跨太平洋的西班牙战舰。

过是远征中国的基地。

　　西班牙帝国的衰落也如期到来。跨越半个多地球的西班牙扩张势力，到菲律宾已是强弩之末。从西班牙到墨西哥，从墨西哥到菲律宾，再到中国，实在太遥远了。塞维利亚的首脑通过墨西哥的殖民地控制菲律宾，菲律宾是殖民地的殖民地。狂热好战分子认为经营菲律宾的意义在于以此为基地征服中国；可清醒的现实主义者明白，靠菲律宾群岛上的几百名堂吉诃德征服中国，根本就是做梦。马尼拉的西班牙殖民者在做入侵计划时，西班牙扩张的高峰已过。1588 年无敌舰队在英吉利海峡惨败，西班牙国势急转而下，收缩与衰落开始。西班牙人经营菲律宾，从威胁中国到害怕来自中国的威胁。中国海商的大帆船往来于福建与马尼拉之间，基本垄断了中菲贸易，中国移民越来越多地涌入马尼拉等地，1600 年前后，菲律宾只有 1000 来个西班牙人，却至少有 30000 中国移民。

　　西方向东方扩张，到 17 世纪中叶，也出现了三次浪潮，葡萄牙人、西班牙人，然后是荷兰人。荷兰人早就对葡萄牙帆船上卸下的胡椒的价格不满。起初他们只设法从亚历山大港的穆斯林那里弄到一些香料，1596 年，荷兰远方贸易

公司 (Compagnie van Verre) 派出四艘船前往爪哇西部的万丹港收购香料，从 1596 年荷兰船队开赴东印度群岛到 1658 年荷兰攻陷葡萄牙的锡兰殖民地，60 年间荷兰在整个东方海域取代了葡萄牙势力。荷兰的扩张看上去与葡萄牙扩张一样不可思议，一半国土季节性地浸泡在水里，多少代人靠捕北海的鲱鱼过日子，怎么转眼之间就成为世界殖民者？然而，幸运者都是有道理的，因为历

图 2-44：荷兰人范·林索登在果阿为葡萄牙大主教当了 7 年仆人，回国后出版《旅行日记》(1595 年)，图为《旅行日记》的扉页。《旅行日记》成为荷兰首航东方的指南，1596 年，荷兰远方贸易公司 (Compagnie van Verre) 派出四艘船，循《旅行日记》描述的好望角航道，前往爪哇西部的万丹港收购香料。

史跟在他们的奇迹后面，为他们寻找根据。

荷兰向东方扩张是个奇迹。尽管看上去是个奇迹，却不难深入发现其历史合理性。首先，荷兰有当时世界上最好的水手，他们不仅勇敢残暴而且训练有素。每艘伊比利亚船上，需要 26—30 名水手，荷兰船只需要 18 位。其次，荷兰有最好的商船，他们的船吨位大、速度快，炮火也更加凶猛。他们有先进的造船业，几乎每天生产一条船，生产成本还不到伊比利亚的 50%。他们拥有世界上最大的船队，1600 年，荷兰至少有 10000 艘船，1670 年荷兰船的总吨位比葡萄牙、西班牙、英国、法国、德意志的吨位总和还多。再次，荷兰人拥有了最好的贸易扩张的组织制度，1602 年成立的荷兰东印度公司，对外形成从好望角到麦哲伦海峡的贸易垄断，对内遏制不同船队之间的毁灭性竞争。它为个体小投资者提供了可靠的机会，也集中了整体力量进入世界市场。荷兰国会授予荷属东印度公司的特许状，赋予该公司宣战、媾和、截取外国船只、建立殖民地、修筑军事要塞甚至铸币的权力。如果说伊比利亚扩张得益于国家政治军事力量与私商航海贸易活动的结合，荷兰则直接将二者一体化，荷属东印度公司既是一个公司又是一个殖民政体，他们的总裁叫总督，而不是总经理。尽管

它一开始避免领土扩张，但建立军事要塞维持的贸易网和众多的殖民点、保护国，并最后，荷兰拥有了当时世界上最杰出的扩张人才。1618年，简·皮特佐恩·科恩(Jan

图 2-45：荷兰人在巴达维亚建起殖民地……

Pieterszoon Coen) 出任荷属东印度公司总督，他不仅将葡萄牙人赶出东印度群岛，在马六甲截击葡萄牙商船，而且还将荷兰殖民地建立到台湾岛，取代葡萄牙部分地控制了中国、日本、东南亚之间的贸易。科恩奠定了荷兰东方扩张的基础。在他之后，荷兰人进一步占领了马六甲和印度南部的几个港口，并在南非开辟了殖民地，到1658年占领锡兰，荷兰基本上控制了西起麦哲伦海峡、东到好望角的广阔海域的贸易。

　　17世纪荷兰人扩张到中国海岸。荷兰人夺取、继承了葡萄牙人的贸易体系，却改变了葡萄牙香料贸易的单一性结构，在限制香料运输稳定欧洲市场的香料价格的同时，使亚欧贸易的物资结构多元化。荷属东印度公司既像是一个公司又是一个国家，有效综合了私商与国家的利益，彻底统一了商业与军事力量。他们在巴达维亚盖起总督府、市政厅、新教教堂和荷兰式的风车磨坊，从这里公司组织与印度海岸、孟加拉湾、中国与日本的贸易，将东南亚的胡椒、丁香、硝石、靛青，中国的瓷器、茶叶、蜜饯、丝绸，日本的铜、漆器装船运往荷兰。荷兰人是更为精明的生意人，他们在更有组织、更有效地经营洲际贸易的同时，也比葡萄牙人更深入、系统地介入亚洲贸易。尽管他们没能取代东南亚的中国帆船，但从波斯湾到日本海，都有荷兰船往来，他们用波斯的宝石、印度东南亚的胡椒、香料、珍贵木材交换中国的丝织品、瓷器，日本的铜与白银，并把咖啡种植引入东南亚。荷兰人也是更为残暴的强盗，他们劫掠海上他们可以劫掠的商船，不管是穆斯林的还是基督徒的，他们绑架、贩卖人口，对待他们抓来的奴隶像对待无知的牲畜。科恩认为奴隶就是牲畜，主人的财产，"一个欧洲人不是能够随心所欲地对待他的家畜吗？……谁最强大谁就是国王。"①

葡萄牙人、西班牙人、荷兰人，荷兰人推进了西方向中国海岸扩张的第三波。他们的船更大，炮火更猛，人也更精明残暴。他们知道，东方贸易不能不到中国，不管是从事欧亚贸易还是从事亚洲贸易，都必须在中国本土或附近的岛屿建立一个据点，他们首先想从衰落的葡萄牙人手里夺取澳门，然后又试图贿赂中国官员，在澎湖列岛修筑要塞与居住点，最后恼羞成怒，荷兰东印度公司总督科恩在信中说："根据我所了解到的中国法律与国情，与中国的贸易根本无法用和平的方式取得。因此我命令部下，中国人如果不给我们方便，又不愿与我们通商，我们就毫不犹豫地使用武力，在各地攻击他们。"②

1622年，11艘荷舰载着600名士兵在莱尔逊(C.Reijerson)指挥下开赴中国。科恩给他的命令是："一、占领澳门，切断菲律宾与澳门的航线。二、占领澎湖，建立商馆，开拓与福建的贸易。三、如与中国开战，尽可能掠夺中国男、女、儿童，充实巴城、安汉和万丹的居民。"③气势汹汹的莱尔逊把整个远征演成一出残暴的闹剧。6月24日，荷兰舰队开始进攻澳门。他们把西班牙人与葡萄牙人统统称为"西班克"(SPECK)，意思是"咸肉"。这场战役对荷兰人是灾难，随着莱尔逊司令一同登陆的600名士兵，有130人丧命，莱尔逊本人也受伤。科恩总督的第一项任务无法完成。舰队转航澎湖列岛。夏季的风暴与失败使他们恼怒到歇斯底里，疯子般地在闽浙沿海抢劫商船村舍，烧杀绑架，几乎看不出有什么策略或明确的目的。或许他们认为，行凶到令人难以置信的程度，中国政府就会允许他们通商了。

荷兰扩张冲击中国海岸，还是没有打开中国的大门。他们重新在澎湖列岛修筑工事，与福建地方政府谈判。掠船劫舍仍在继续，他们绑架中国人到澎湖

① ［美］斯塔夫里亚诺斯著：《全球分裂——第三世界的历史进程》，商务印书馆1993年版，第152页。

② ［荷］包乐史著：《中荷交往史》，路口店出版社1989年版，第43页。

③ ［荷］包乐史、庄国士著：《〈荷使初访中国记〉研究》，厦门大学出版社1989年版，第30页。

列岛修要塞或者押送至巴达维亚作奴隶出售，用抢来的猪肉与鸡蛋配从荷兰运来的葡萄酒，在中国海岸上狂欢。直到有一天早晨，他们发现自己又被中国水师包围了，10000多名将士和150艘兵船。20多年前华威克的命运再次降临到继莱尔逊任荷兰舰队司令松克 (M.SONCK) 头上，1624年8月25日，松克被迫命令拆除两年

图2-46：荷兰人在台湾鲲身岛修筑的热兰遮城。

来建在澎湖的荷兰要塞，率舰队前往台湾。不同的是，这次出面与松克交涉的，不再是某个大义凛然的军官，而是一个名叫李旦的中国海商。荷兰人放弃澎湖退走台湾，开始在鲲身岛修筑热兰遮城堡，科恩总督的第二项任务又没有完成。荷兰人不过是一小股逞凶斗狠的海盗。靠杀人放火、掠船劫舍吓不住那个庞大的帝国。松克的舰队在福建水师的将官引领下退走台湾，他为自己的鲁莽与凶残后悔。科恩已被公司董事会召回荷兰述职，他主张以武力迫使中国就范。公司董事们评价他的政策"虽然高瞻远瞩，但不切实际"。松克博士写信给继任科恩的巴达维亚总督说：

"我们在中国沿海一带的行为，使中国人更加反对我们，把我们看作无异于谋杀犯、暴君和海盗。我们对待中国人确实是凶狠和残酷的，而且依我看来，凭这些行为是绝不可能达到同中国通商的目的的。

"我们还不如没有来到中国海岸为好。我希望阁下等在莱耶尔策司令尚未离开巴达维亚之前，能确切地获悉中国人的力量和风俗习惯以及这个国家的各种情况。这样，全中华帝国和皇帝本人才不会对我们采取敌对和复仇的态度。如

图 2-47：1567 年诏令开海的隆庆皇帝。据说这位皇帝上朝时经常一言不发，听任群臣争辩，民间误传为哑巴。

果可能的话，在本公司能达到同中国进行非常有利的通商夙愿以前，现在应该首先用恰当的方式消除这些敌意以及各种障碍和不幸的事。"[1]

禁海严，开海难，中国海商重出外洋

荷兰人在中国海岸逞凶斗狠的时候，郑和远航已过了 200 年。很多中国人或者不记得不知道那段事，或者记得知道了，也不相信。明朝末年，郑和下西洋已成为看场闲说中子虚乌有之事，[2]朱家天下也不久了，北旱南涝，大疫流行，饥民加入义军叛乱，北方满族骑兵全线逼近，南方则"倭寇"骚扰，海盗猖獗。

明朝厉行海禁，从 1368 年朱元璋诏令"片板不许下海"到隆庆皇帝 1567 年开海"准贩东西洋"，整整 200 年，而郑和远航也不过 20 多年。海禁曾使民间海商变成海盗。朝廷禁海，沿海百姓以海为生，犯禁出海，海商也就成为海盗。诏令禁海的皇帝也承认："尔本国家良民，或困于衣食，或苦于吏虐，不得已逃聚海

---

[1] 转引［荷］威·伊·邦特库著：《东印度航海记》，姚楠译，中华书局 1982 年版，第 20 页。

[2] 熹宗皇帝（年号天启，1621—1628 年）在内府创演水傀儡戏三宝太监下西洋，太监刘若愚《酌中志余》记："上（指熹宗皇帝朱由校——引者注）创演水傀儡，所演有方朔偷桃，三宝太监下西洋诸事。"皇帝与百姓，若无其事地谈论，在皇宫内府，街头巷尾，在平话中、在剧戏里。四夷慕化、万邦宾服的太平世界即使曾经有过，也是不可追忆。"盖三保下西洋，委巷流传甚广，内府之剧戏，看场之平话，子虚亡是，皆俗语流为丹青耳。……下西洋似郑和一人，郑和往返亦似非一次，惜乎国初事迹，记载缺如，茫无援据，徒令人兴放失旧闻之叹而已。"[《读书敏求记》（明）钱曾著]1597 年，"专尚荒唐"的罗懋登把郑和事演成充满神魔鬼怪的《三宝太监西洋记通俗演义》，说三宝太监是个蛤蟆精，碧峰长老呼风唤雨、翻江倒海、普天之下有四大洲，东胜神洲、西牛贺洲、南膳部洲、北俱芦洲。硬水洋稳载舟船，软水洋鹅毛也会沉到底。过了软水洋，才到西牛贺洲，那里有"说不尽的古怪刁钻，数不清的蹊跷怠懒"。荒唐中隐含着悲凉。

岛，劫掠苟活。"^①海禁愈严，盗氛愈炽。海船被毁，海商被充军，世代讨海为生者不愿意在家饿死就只好出海为盗。他们走私、劫掠，与凶悍的日本海盗"倭寇"结盟甚至扮演"倭寇"骚扰沿海，极盛时每天在中国海岸活动的海盗船达1000多艘。^②盗氛愈炽，则海禁愈严。朝廷三令五申，处罚越发残酷。厉行海禁时私通外洋者就地斩首。海禁政策暴露出内陆政权对海洋的无知与恐惧，粗暴的海禁开启的冲突不断加剧，厉禁而盗兴，盗兴而寇入。无可奈何时，只得重新开海。

海禁摧毁了中国民间海外贸易拓殖的生机，也逼出许多海盗，更为西方扩张势力清空了外洋的中国力量。中国海禁200年，恰好是西方地理大发现的200年。西方将国家政治军事力量与民间航海贸易力量结合起来，在世界范围内进行经济政治文化扩张的时候；明朝的内陆国家政权正不遗余力地消灭中国民间的海上扩张实力。海禁开始的时候，中国还拥有世界上最强大的航海力量，200年后开海的时候，这种优势已经不在了。中国海商熟悉的航道上，到处是西方大船。葡萄牙人自西的航线一直延伸到澳门，西班牙人自东的航线到菲律宾。荷兰人不久到来，势力更加凶猛。过去中国人面对的世界大洋，是一个无组织性的自由贸易区，中国海上势力在技术与规模上，都享有绝对的优势。海禁200年后复开，天下大变，西方殖民者已经拥有了从印度洋到南中国海的贸易霸权，过去的自由自发的东方贸易体系，被一种新的炮舰秩序取代。中国海商重出外洋，可能大势已去了。

禁海严厉，开海艰难。中国内陆政权封杀民间海商势力，西方扩张势力乘虚而入。海禁复开，中国民间海商重出外洋的时候，面对的已经不是和平相望的印度商船或阿拉伯商船，而是欧洲扩张主义者的商用炮舰与港口炮台，在这片辽阔富饶的海域上，西方人引入了一种优势强势的军事技术、贸易组织、文化传播力量，他们既是从事贸易航运的企业，又是从事征服与殖民的军队与政府。重出外洋的中国海商，在外面对的是西方强势扩张力量，在内还摆脱不了大陆朝廷的多方管制。朝廷与开海政策一同出台的，是一系列限制性法令，关

---

① 明成祖招抚华侨的诏令，见谭希思《明大政篡要》卷13。

② （明）陈子龙等辑：《皇明经世文编》第206卷，上海古籍出版社1995年版，第10页。

于发舶的数量、下洋人数、航线、造船的规模、携带军械等，都有严格规定。中国海商如果没有政治组织与军事武装，就无法挑战西方的竞争；如果试图改造传统自发的民间贸易形式，尝试组织与武装的形式，又无法获得朝廷的认可。一个建立在恐怖镇压基础上的专制政权，害怕自己的人民甚于害怕外族。他们只担心武装海商会给不合理的政权带来威胁，不考虑没有武装的中国商船会成为西方扩张主义者的私掠船与马来海盗的牺牲品。

重出海洋的中国海商，一开始就陷入一种两难困境中：没有政治组织军事武装，就无法挑战海外西方扩张势力；有政治组织军事武装，又无法见容于中国内陆政权。中国海外贸易与移民是一种纯粹的经济力量。中国海商没有政治军事理念与组织，西方式的武装扩张与海外自治在中华帝国的背景下也根本不可能。如果以大陆合法形式发展海外贸易与拓殖，就没有国际竞争力。资本主义扩张时代的海上是纯粹的"莽林世界"，暴力就是秩序。没有政治军事力量组织与支持的海上贸易与移民，最终难以生存。面前是横行海上的列强海盗与财富土地，身后是贫瘠的故乡与严酷的官府，中国海商腹背受敌。如果遵循海洋原则以贸易与殖民求生存，那就必须武装起来，完成组织化与集权化，变成内陆原则下的海盗；如果遵循内陆原则，依法出海，势必就成为海洋原则下的牺牲品。

中国海商面临着艰难的选择：面对西方扩张的海上，是作为挑战者还是牺牲者；面对中国保守的内陆，是作为海商还是海盗。隆庆开海，出现一次历史性的转机，朝廷又试图强制管理海外贸易。开海已使海盗归位为海商。船东从月港地方当局领票，每年夏后发舶东西洋，中国日用商品与移民流向东西洋，东西洋的白银与热带产品流回中国，华商网络几乎覆盖整个东南亚。海商势力迅速复兴，政府的税饷也迅速增加。遗憾的是政府与海商的默契只是暂时的。朝廷开海有限制，征税的贪婪与腐败却难以限制。当局每年定量发150张左右"船引"给船东，严禁打造远洋双桅大船，严禁在商船上装置火炮，这就从根本上限制了中国海商面对西方军事贸易扩张的竞争力。海上风险大，再加上贪官把持当局，陆上苛税重，如果合法贸易在劫难逃，非法海盗至少九死一生，于是海盗又兴。管海又可能使海商重归海盗。

中国民间海外贸易与拓殖力量畸形发展，海商海盗一体。面对中国民间海外贸易与拓殖，中国内陆政权既不能厉行禁止，又不能合理管理。面对海上西方扩张势力与中国内陆政权，中国海商移民如不能合法生存，就只能非法发展。海禁复开，海盗归位为海商。明朝快要灭亡了，内陆朝廷的虚弱正是海商力量发展的机会，迫于西方扩张的竞争和中国当局的限制、压迫，再次陷入困境的中国海商又重归海盗，完全是迫不得已。暴虐的政府害怕百姓船上的炮口指向自己，却不担心这些毫无抵御能力的商船会被异族的炮火摧毁。开海后与禁海前的世界大洋已完全不一样，西方在基督教普世主义意识形态下结合国家政治军事与民间航海贸易力量的高度组织的扩张势力，已经取代了穆斯林个体海商，具有强大的竞争力。荷兰在挑战陆地的中国政权的同时，也在挑战海上的中国私商。1622年，科恩总督下令"毫不犹豫地使用武力，在各地攻击他们"，荷兰舰队炮击澳门，筑城澎湖列岛，在福建沿海击毁80艘中国海商的商船。

外洋已经变得残酷，冲突不可避免。纯粹经济性的中国民间海商，如果不在竞争中被消灭，就只有走武装化集团化组织的道路。这条道路在中国内陆政权的海洋观念与政策下，又是入海为寇的道路。制度再次扭曲了未来的方向。帝制政权本来可以合理组织民间力量挑战西方的扩张，将航海贸易、移民拓疆的形式将华夏文明推向海洋。无奈机会再次错过。中国海商力量在中西、内陆与海洋的双重压力下畸形发展。海禁复开半个世纪，个体海商在艰难残酷的环境下整合为武装海盗集团，只有以西方的形式才能抗争西方的扩张。西方扩张势力具有技术与组织的优势，中国海商也必须完成一种武装化、集权化的组织形式，将海商与海盗结合起来。中国海商—海盗集团是中国政府逼出来的，是西方扩张主义者教出来的。

中国海商、海盗合为一体，是中国内陆政权的荒唐政策与西方扩张主义野蛮竞争迫压下的产物。16—17世纪间，南中国海一时出现了许多海盗海商团伙，从林道乾、林凤到李旦、颜思齐、刘香、郑芝龙。他们已与"倭寇"时代的海盗不一样，并不劫掠中国海岸，而是将发展势头指向海外，进行武装贩运甚至武装移民（如林凤）。涂泽民的《行广东抚镇》中说林道乾"未尝惊动闽中一草一木"。开海以后，中国海商—海盗集团是一种民间成长起来的向外扩张的力量，它以西方的形式迎击西方扩张浪潮，竞逐海上，势力不断扩大。

西方扩张与中国海禁为世界南方海域导入了一种炮舰强权秩序。冲突不仅在东西方展开，也在西方内部展开。葡萄牙、西班牙、荷兰的舰船抢劫中国商船，也在海上相互截获、攻击；中国海商复出，亦商亦盗，截掠中国商船也截掠洋船番舶。大海是自由的，包括自由贸易与自由劫掠。佛郎机红毛夷如果不是最好的师傅，中国百姓至少是最好的徒弟。中国海商海盗已经学会了夷人的商盗技巧。他们组织自己的船队，在甲板上装上从葡萄牙人买来或荷兰船上抢来的大炮，出没在西方人的航线与港口，东南亚各岛各港的华族移民与土著，都是他们天然的统一阵线。他们挑战西方殖民者，不同的华人海商海盗集团也相互攻击。

远东水域群雄竞逐，华人的势力日益强大，尤其在日本德川幕府限制沿海大名私自从事海外贸易后，中国海商海盗集团接管了日本的海上势力，并将日

图 2-48：17 世纪初往来于福建—长崎的中国商船。

本平户、长崎变成中国海商海盗集团的基地。到 1615 年左右，大海商—海盗头目李旦，已经以平户为基地，基本上垄断了福建、台湾、日本、菲律宾间的海上贸易。荷兰人占据澎湖列岛，1624 年，朝廷命官福建巡抚南居益竟请海盗头目李旦出面与荷兰人谈判，劝荷兰人退出澎湖列岛去台湾。世事沧桑，大明皇朝两个半世纪禁海剿海，到如今已沦落到谋求海寇的合作。

中国海商重出外洋，开始在新的强权秩序中组织化武装化，帝国衰落，官方开始与民间海商海盗势力接触合作，内陆皇权与民间海商的力量再次有可能合为一体，这一次不同于郑和远航，不是内陆皇权整合民间海商，而是民间海商力量整合内陆皇权。1625 年，李旦、颜思齐先后死去，郑芝龙继承了李旦集团，将基地建在台湾嘉义，势已燎原。郑芝龙势力，不管对内陆的中国政权，还是海外的荷兰东印度公司，都是巨大的威胁。官军屡征屡败，崇祯元年，福建巡抚熊文灿代表皇帝招安郑芝龙，封其为"海防游击"，武装海盗集团获得了政治上的合法性。同年，1628 年，荷兰驻台湾总督彼得·纳茨 (Peter·Nuijts) 写信向巴达维亚求援："（我们）没有船舶能出现于中国大陆沿海区域，一官（郑芝龙）完全控制了这些地区……"[①]

郑氏武装海商集团像中国的东印度公司，也有贸易、征收舶税、调兵宣战的权利，装备着快帆船、火炮。尽管技术装备不如荷舰精良，但优势表现在数量、给养、战术与士气上。郑氏海商—海盗集团雄出海上。1633 年 6 月，荷兰驻台湾长官蒲陀曼 (H.Putmans) 率舰队荷兰人进攻南澳，他们的目的不仅是挑战口岸守军强行要求开放贸易，还有打击日益强大的郑氏海商集团；他们面对的已不是过去相互对立的明朝水军与民间海商海盗，而是朝廷水军与民间海商海盗的联合力量。荷兰舰队偷袭厦门港，发疯般烧毁了当时停泊在厦门港内的 30 艘中国船。郑芝龙号令闽粤水师 150 艘兵船追剿凶手，10 月 22 日，郑芝龙指挥各路舟师在金门岛南部的料罗湾包围了荷属东印度公司的舰队。进攻开始，郑芝龙的战船、火船乘东北风向九艘荷舰冲击，炮火硝烟将宁静的港湾烧成沸腾的地狱，据一位荷兰目击者描述：

---

① ［意］白蒂著：《远东国际舞台上的风云人物郑成功》，庄国士等译，广西人民出版社 1997 年版，第 28 页。

"有三艘战船包围了 Brouckerhaven 号，其中有一条船的战士不顾一切把自己的船点火焚烧向荷舰撞击。他们的行为正如狂悍而决死之人那样……完全不理会我们的枪炮和火焰。荷舰尾部起火，火药库爆炸，立即下沉。又一艘荷舰 Sioterdijck 号正在近岸处，被四艘兵船迫近，虽然在接舷战中两度打退了敌人，但终被俘获。其余荷舰狼狈逃入大海，借大炮和东北风之助，逃到台湾。普特曼斯在战斗和台风中丧失了四艘大兵船，还有其他三艘兵舰不知去向。"①

从郑和到郑成功：挑战西方的最后机会与遗憾

1633 年，郑芝龙海商集团与闽粤水师取得料罗湾海战大捷，正好是郑和远航中止的 200 周年纪念日。从 1433 年到 1633 年，从郑和到郑芝龙，整整 200年。中国是否还有一次机会，在西方扩张的大潮中，竞逐海上？郑芝龙是大时代的英雄。其历史意义不在于他成为最大的海商—海盗集团的头目，而在于他设法取得朝廷的招抚，使海商—海盗集团合法化，统合内陆政权与海上民间势力遏制西方扩张，重建远东水域的"中国霸权"。只有在中国海三方势力冲突的格局中，才能理解郑芝龙的业绩。

17 世纪远东水域，是国际竞逐、东西方冲突的焦点，冲突有三种力量，西方扩张主义者、代表中国内陆朝廷的水师与中国民间海商海盗。这三种力量相互攻击也时而联合，朝廷可纵联合西方势力"以夷破贼"，民间海盗也可以联合西方势力骚扰中国海岸打击官军，但在官民冲突中内耗的总是中国力量，西方扩张主义者不管联合哪一方，都是得利者。而最终的牺牲者却是中国本身，因为它的内耗使它在列强的竞争中失败。17 世纪中叶，中国内陆皇权衰落，中国海商的机会来了。郑芝龙受抚，使郑氏海商集团合法化，海上扩张获得了内陆支持。下一步将是通过集权化过程统一中国海商力量，垄断整个远东水域的贸易，与西方扩张势力竞争。郑芝龙逐一消灭了李魁奇、杨六、杨七、刘香老海盗集团，创造了有明一朝从未出现过的海靖奇迹。对明朝政府，这是平靖海疆，对郑氏海商集团，重要的意义是"雄踞海上"。

郑芝龙"雄踞海上"。17 世纪中叶，南中国海已基本实现了"郑氏和平"，

---

① 参见《郑成功研究论丛》，福建教育出版社 1984 年版，第 158 页。

"海舶不得郑氏令旗，不能往来，每舶税三千金，岁入千万计"。华商网络已完成集团化、集权化过程，成为一个具有政治组织、军事武装的重商主义势力，如今又摆脱中国大陆朝廷的追剿，后顾无忧地发展自己，那么他们的对手就只有外洋的荷兰人。他们之间的冲突不再是政治的或国家主权的，而是贸易的，是东西两种重商主义势力的竞争与斗争。荷兰人到东方，在从事欧亚或东西间的海上长途贩运的同时，也进行亚洲内部的区域贸易。他们没有西班牙的墨西哥那样的殖民地给他们源源不断地提供白银购买东方货物，他们必须开辟并垄断亚洲贸易与航运市场，以亚洲贸易的利润支付运往欧洲的货物。从巴达维亚到福建，从福建到台湾，从台湾到日本再回到巴达维亚。在这些港口之间的海域上，17世纪中叶他们唯一的竞争对手就是中国海商。

郑芝龙创造性地整合了一直处于对立内耗状态中的中国内陆政权与民间海商，使中国海上纯经济性的贸易移植活动获得了政治组织与军事武装，以统合强大的中国力量与西方海上扩张势力抗衡，并重新赢得远东水域的"中国霸权"。如果说郑和远航是以内陆皇权强制利用民间航海贸易力量，不仅扼杀了民间海上扩张的生机，而且消耗性的官方航海也不得不终止，朝贡贸易难以为继，最终使中国势力淡出海洋，那么郑芝龙则以民间武装海商集团的力量统合内陆政治军事权威，将中国传统上分裂内损的两种力量统一起来，一致挑战外洋的西方扩张。于中国历史，他在经济上发展了海外贸易与移植，在政治上平靖了海疆；于世界历史，他创造了一次改写西方扩张历史与中西关系史的机会。此时中国还有可能遏制西方在中国海的扩张，重建中国海上权威，使内陆帝国面向海洋发展贸易、移民拓疆。

1633年料罗湾海战大捷，自郑和之后200年，重建了远东水域的"中国霸权"，开启了中西海上竞逐的新阶段。中国内陆政权终于，也是唯一一次与已然建立起集权化组织的海商—海盗集团联合起来，整合统一了中国海上扩张力量，不仅开始与西方扩张主义者对抗，而且获得远东水域的贸易与军事优势。荷属东印度公司的商船向郑芝龙纳税，中国海开始在中国的权威下恢复秩序。所有在澳门、马尼拉、厦门、台湾、日本各港口间行驶的商船，都必须接受郑氏集团的管理，绝大多数悬挂着郑氏令旗。荷兰人屈服了，他们放弃了垄断中国海上贸易网的企图，转而承认郑芝龙的海上霸权秩序。1640 年，荷属东印度公司与这位中国海上国王达成航海与贸易的若干协定，并开始向郑芝龙朝贡。《鞑靼征服中国史》记述："这个海盗（指郑芝龙）烧毁了八艘他们（指荷兰人）最好的海船，一次三艘，另一次五艘。他们最后被迫向郑芝龙纳税，每年三万埃库斯（相当于十万至十二万法郎）。因此，彼此相安无事，荷兰人得到了从台湾进入中国的完全自由，并成为郑芝龙的朋友。荷兰人向郑芝龙，而不是向北京派遣使节，给他种种荣誉，向他贡献各种礼物。有一次甚至贡献了王杖一枝，金冠一顶，企图引起他自立为王的欲望。"[①]

郑芝龙时代，中国民间海商海盗力量重建了远东海域的"中国和平"。民间海商的强大，是另一种强大。郑氏海商集团已完全不同于郑和率领的船队，郑氏海商集团以海外贸易移植力量统合政治组织、军事武装，是纯粹市场动员下的海外扩张，其海上贸易与海上武装的形式，与西方扩张者完全相同。他们已经学到当时世界上最先进的航海、贸易与私掠的技术，并可能通过贸易与截获的形式获得欧洲海上最先进的装备、帆船与大炮。尽管海战的装备与战术仍略逊于荷兰人，但郑氏集团更近于祖国的陆地补给，在整个东南亚的商港都有华族移民作为他们的民族同盟，具有西方扩张主义者没有的优势。中国海商具备了西方扩张的一些条件，唯一不同的是没有明确的、与海外扩张相应的政治理念与宗教信仰。[②]

1633 年料罗湾海战大捷，确立了郑氏集团的海上霸权，南中国海几乎成为郑氏家族的内湖。海氛平靖，商舶出入，在西方人眼里，明朝崩溃、满清入主的背景下，富可敌国的郑芝龙"已瞩目到帝位了"。[③]在"郑氏和平"中，中国已经开始 5 个世纪之久的东南海外贸易与移植，出现了历史上最光明的一刻。而

---

① 《郑成功研究论丛》，福建教育出版社 1984 年版，第 159 页。

② 郑成功反清复明的政治理念在本质上是与海外扩张相矛盾的。海商的妈祖信仰是守护神信仰，不像基督教的普世主义那样可以为资本主义扩张提供意识形态基础。

③ "他（指郑芝龙）除了靠那一项强暴的营业税收外（指每舶列入三千金），又靠本身的投机生意，而终于赚到了一笔莫大的资产，他的船只计有三千，他令其船主们巡航到暹罗、马尼拉、马六甲等地，就豪华以及财富来说，他几乎凌驾他效忠的唐王，而的确地他已瞩目到帝位了。"德国人 AllrechtWilth《国姓爷》中语，转引自《郑成功研究论文选·续集》，福建人民出版社 1984 年版，第 199 页，林仁川：《试论著名海商郑区的兴衰》。

此时，中国内陆正陷入饥荒、瘟疫和改朝换代的战乱中。当战乱进逼到海岸时，郑芝龙面临着另一次选择：或者再次入海为寇，或者再次被招安。1646年，清兵临近安平城，郑芝龙派人给搏洛贝勒送去降表，前往福州受招，被挟持北上。郑芝龙密书郑成功："众不可散，城不可攻，南有许龙，北有名振，汝必图之。"①

郑芝龙受招降清，希望维持内陆皇权与民间海外力量之间的联合，保住自己的海上贸易王国；郑成功反清复明，试图以民间海上贸易武装力量对抗内陆皇权，使中国民间海商势力再次处于中国内陆皇权与海外西方扩张势力的夹

图 2-49：郑成功塑像。

击中，并最终消亡。这不是个人选择正误或是非成败问题，而是某种历史的必然。建立在农业文明基础上的内陆皇权，在本质上不容民间航海与贸易势力发展。民间航海、贸易、拓殖，无补帝国农桑为本的经济，却有害于皇朝一统天下的安全。帝国的边疆在未知的海面上延伸，法外的臣民在波涛间出没，都是不安定因素。孟德斯鸠说过，专制君主总是想让帝国的边疆变成荒无人烟的大漠或海洋，只有没有人的边境，才让他们感到安全。明朝与郑芝龙合作，是因为民间海商—海盗集团势力坐大，不可剿灭只能招抚，清朝正在兴盛，华夏江山已在囊中，自然容不得海寇纵横。

中国内陆皇权将再次消灭中国民间海外力量。郑芝龙在北京的朝廷里，"终日战兢危惧"，康熙皇帝登基那年，全家11口被杀。郑成功"大开海道，兴贩各港，选将练兵，号召天下"，但最终还是无法"振一旅而敌天下兵"。②郑芝龙从逆贼到叛将，成了反面人物；郑成功从海盗之子到"国姓爷"，成为反清复明的大英雄，皇权中心主义的道德体系可以判定忠奸贤愚，却无法判定历史真伪。这一段故事在世界现代化历史中的真正意义是，郑氏集团的一时成功，是历史

---

① （清）邵廷采撰：《东南纪事》卷10，台湾大通书局1987年版。
② （清）江日升撰：《台湾外纪》卷2，台湾世界书局1959年版。

的例外，内陆皇权因为处于改朝换代的关口，无力压制消灭民间海外力量；郑氏集团的最终失败，是历史的必然，内陆皇权本质上不容民间海外力量发展，一旦有机会有能力，将会不遗余力地驱除民间海外力量的"威胁"。中国自身先剪除了自身发展的海外扩张力量，西方炮舰才能长驱直入。人必自侮，然后人侮；家必自毁，然后人毁；国必自伐，然后人伐。鸦片战争之后，中国战则丧师，和则辱国，西方炮舰从外洋开入内河，军队从海岸打入京城，200 年后一系列可悲可耻的遭遇，在 200 年前就注定了。

17 世纪中叶，中国内陆生灵涂炭，沿海的百姓却享有一个海上黄金季节。从厦门港到台湾、日本、马尼拉、巴达维亚、马来半岛，悬挂着郑氏旗帜的中国帆船安全而受人尊敬地航行。中国海商在很短的一段时间内，重新成为中国海的主人。这是傍晚暴雨后的一道彩虹，身后的太阳很快就要落山了。这段短暂的、传奇般的日子，该是多么令人兴奋，又令人衰痛。郑氏海上王国的兴衰，应该作为一个整体事件来理解。郑氏四世的两种选择，抵抗与投降，都无法避免最终的灭亡。这是中国历史的悲剧所在。

"夫沿海地方，我所固有也；东西洋饷，我所自生自殖者也；进战退守，绰绰余裕。"[①]郑成功重整郑氏集团的海商势力，以海外贸易之利充军饷，反清复明，将自己的一生与郑氏家族全部的海上力量，投注到拯救一个覆灭的皇朝的理想事业中。在中国历史的皇权中心主义视野内，他或者是英雄，或者是逆贼，而在世界历史与中西关系格局内，他却是抵御西方扩张的"中国海的统治者"。他最后整合民间海商—海盗集团，在反清复明理念下完成其政治军事一体化，以国家力量的形式垄断海外贸易。日本锁国，扼杀了日本海商的竞争力；伊比利亚先驱衰落，西班牙人死守菲律宾，害怕连这个远东基地也失去；葡萄牙曾经支持明朝，现在担心满清问罪，等在澳门诚恐诚惶；荷兰人凶猛，无奈势单力薄，祖国又太遥远，不可一世的海上英雄正堕落成无赖，截获郑氏商船，经常又不得不为自己愚蠢野蛮的行为赔款。"国姓爷"难以对抗，最可怕的还是郑氏禁航令，为此他们不得不每年向"国姓爷"敬贡白银、箭矢、硫黄，传教士金提尼神父说郑成功已经"成为整个中国的海上统治者和主人……完全有权力

---

① （清）杨英撰：《从征实录》，台湾大通书局 1987 年版，第 35 页。

在沿海地区及海上称王……在中国从来没有过如此众多和庞大的舰队。根据李科罗神父亲眼所见的记载，仅在厦门水域配备的水师就由多达13000只帆船组成，成千上万分布在整个沿海线上的其他船只听命于这个帝国，并为他的水师提供补给"。①

郑成功反清复明的政治理念下，以贸易组织、军事武装联合中国海商与海外移民，建立了一个海上王国。郑成功的船队基本控制了南中国海直到东印度群岛的贸易与航运，拥有不可挑战的海上霸权。1647年到1662年，15年间每年平均有40艘郑氏商船航东洋日本、菲律宾，20艘航西洋马来半岛、爪哇、苏门答腊各港；东洋年平均贸易额约216万两白银，西洋年平均贸易额约176万到240万两白银。东西两洋贸易的年利润总额约在234万到269万两白银之间。②郑成功与中国内陆皇朝的冲突是政治冲突，与西方扩张主义者，则主要是经济冲突。郑成功控制了中国海的所有航道并将自己的势力渗透到各港口的华人社群。海外华人移民第一次得到民族政治军事实体的支持。郑成功的势力正在双向扩张，面向中国大陆，反清复明；面向东南亚，建立垄断远东水域的贸易王国。只有在资本主义扩张的世界格局内，我们才能理解郑成功出现在17世纪远东水域的国际意义。

在世界现代化历史或中西关系史上，"国姓爷"是远东方海上之王，西方殖民者不可战胜的对手。郑成功是强大的，也是孤立的。他腹背受敌，一方是外洋的西方扩张者，另一方是满清内陆皇权。中国海三方势力对峙冲突恢复到从前，格局与明朝时没有什么改变。西方人依旧借朝廷之势消灭海上竞争者，中国内陆政权依旧借"夷人"之力剿灭民间"贼寇"，而中国海商海盗，既是中原朝廷的敌人，又是海外洋人的敌人。郑成功是强大的，但也是孤立的，他的国际环境中，除了那些中国沿海百姓与散落在东南亚各港口的华族移民可以作为同盟外，只有敌人。白蒂博士在她那部精彩著作的结论中说："郑成功是一位自负而又富有超凡领袖魅力的统帅者、战略家、政治家和外交家。其海上贸易毋

---

① 《在华多明各会传教士实录》第一卷，转引自［意］白蒂著：《远东国际舞台上的风云人物郑成功》，庄国土等译，广西人民出版社1997年版，第70页。

② 参见杨彦杰《一六五〇至一六六二年郑成功海外贸易的贸易额和利润额估算》，《郑成功研究论文选》续集，福建人民出版社1984年版，第221—235页。

图 2-50：1661 年 4 月 1 日，台湾鹿耳门海潮大涨，郑成功的 400 艘战船顺利驶入鹿耳门，击毁荷兰舰队，在禾寮港登陆，收复台湾。画作《鹿耳门大捷》。

庸置疑的权威、庞大的军力，以及运用娴熟的指挥艺术，确定了他在这个便于统筹一致的经济、军事、政治的实体中的领导地位。换言之，他成了当时在远东进行复杂商业往来而形成的‘国家’之主。这一‘国家’的活动可以不受边界的限制，而这种独特的形势又使得它危机四伏和捉摸不定。它将自己置身于欧洲列强之中，同时，又令这一区域的其他国家惊恐不安。在这种形势下，郑成功不可能指望有任何其他国家与之联盟。”[①]

郑成功集结中国东南一隅的海上力量，已足以挑战外洋，却不足以抗天下之兵。南京之役，郑军大败，溃走长江。反清复明的大业，此刻已注定成为悲剧。郑成功的战略方向转移了，从内陆彻底转向海外。1661 年 3 月 22 日，又在金门料罗湾，郑成功祭海，25000 名将士 400 艘战船，将从 28 年前父辈与荷兰人决战的地方启航，征讨台湾。台湾收复，荷属东印度公司总督范·丹（P.van.Dam)痛心地总结，失去台湾“使公司既失去了如此富庶的地区，又蒙受了极大的羞耻和侮辱”，至少 1100 名荷兰人被杀被俘，价值 1200，000 荷兰盾的财富被“国姓爷”夺走。荷兰传教士“猫难实叮”(F.Valentijnd)感慨：“荷兰人 37 年来历经艰险，在台湾辛勤创业，现在所有的一切都烟消云散了。”[②]

---

① ［意］白蒂著：《远东国际舞台上的风云人物郑成功》，庄国士等译，广西人民出版社 1997年版，第 124—125 页。

② ［荷］包乐史著：《中荷交往史》，庄国士译，路口店出版社 1989 年版，第 70、71 页。

郑成功陆上的对手是强大的满清帝国，海上的对手是西方扩张主义者，主要是荷兰东印度公司，其次还有菲律宾的西班牙人，他们迫切地感到郑成功的威胁。台湾有"田园万顷，沃野千里，饷税数十万"。郑成功鼓励军民垦荒，改进农业技术，大力招徕闽粤沿海百姓移民垦殖台湾。使台湾成为大明移民海上扩张、贸易拓殖的基地。在中国近千年的东南海外移民历史上，拓殖台湾是中华帝国唯一一次在政治组织、军事武装实体支持下的民间海外扩张活动，其直接成果是，台湾与东南亚其他华人移民区不同，它彻底并入华夏文明的政治文化体系内，成为中国领有主权的地区。

郑成功将发展的方向转向海外，他将立足台湾指挥海上中国的扩张，面向东南亚，航海贸易，移民拓疆。在生命的最后日子里，郑成功的设想是以台湾为基地，以领海统治领土，建立一个覆盖整个东南亚各华人移民区的中华海上王国。收复台湾只是第一步，下一个征讨目标是菲律宾的西班牙殖民地。在郑成功看来，台湾系中国殖民之土地，[①]菲律宾也一样，被西班牙人占据，"尔小国与荷夷无别"，"荷夷可为前车之鉴"。"国姓爷"征讨西班牙殖民者的檄文，于1662年4月21日签发，仅在收复台湾两个月后。西班牙人的罪名与荷兰人相同，虐杀我百姓，劫夺我商船，开海上争乱之基。1662年5月18日，李科罗神甫将"国姓爷"的讨伐檄文带给西班牙驻菲总督，如果不是郑成功英年早逝，荷兰人在台湾的命运可能降临在菲律宾的西班牙人身上。

郑成功以反清复明的政治理念，整合中国武装海商集团，使民间武装海商集团成为具有明确的中国传统皇权中心主义意识形态的政治军事实体。面对西方扩张势力，没有军事武装、政治组织与理念的中国海商是没有竞争力的，但是，在反清复明大业中获得的军事武装、政治组织与理念，又会彻底葬送这种外向的国际竞争力，因为本来可以进行海外扩张的中国海上力量，将内耗在与内陆皇权不断的战事中。郑经继承了郑氏基业，也继承了中国海三方对立的格局。郑经一边努力发展台湾的垦殖，一边重建因战事衰落的海上贸易。台湾与

---

① 郑成功致揆一劝降书道："然台湾者，中国之土地也。久为贵国所踞，今余既来索，则地当归我，珍瑶不急之物，悉听而归。"见连横著：《台湾通史·开辟记》卷1，台湾大通书局1984年版；又《台湾外纪》卷5记载："遣通事李仲入城说揆一王曰'此地非尔所有，乃前太师练兵之所。今藩主前来，是复其故土。'"

日本、马尼拉、万丹、巴达维亚、暹罗、交趾的贸易日益兴隆，1670 年，英国东印度公司的使者奎斯伯 (Crisp) 出现在台湾并在台建立英国商馆。大陆移民流向台湾，荒野被开垦，制糖、晒盐、烧瓦、建房，台湾田畴市肆不让内地。1674 年，郑经乘大陆"三藩之乱"再举西征，暂时的和平被彻底打破了。郑经是郑氏海上王国忠实的继承者，他的西征大陆与郑成功西征南京是一样的悲剧。起初的胜利后是覆没性的溃败结局。收复的失地重新又失去，惠州、潮州、汀州、漳州、泉州、兴化，最后思明州（厦门）相继陷落，1680 年，西征 6 年之后，郑经率残部退回台湾。郑氏海上王国 10 年生聚的力量，从台湾陆地到东南亚海上，从垦殖之粮到贸易之利，几乎都消耗在这场灾难性的西征中。其母董太妃抱怨："若辈不才，莫如勿往；今观此举，徒累桑梓、苦生灵，何益？"

郑氏四世，郑芝龙受招，使中国海商武装合法化，足以挑战西方的扩张；郑成功、郑经反清复明，激化了内陆朝廷与民间海商的矛盾，郑氏海上王国终于成了那片大陆上恒久的帝国之梦的牺牲品。庞大的海上贸易已不再是目的，它成为为反清复明大业筹集军饷的方式。以通商之利养兵，势必造成商业资金匮乏，郑成功有雄兵 20 万，军饷 70% 来自海商贸易的利润。连年北伐，一再征集商船运兵粮征战，《巴城日记》中说，1659 年，"国姓爷"远征南京，那年竟无一条船到巴达维亚。南京之役败北，郑成功收复台湾，是郑氏海上王国势力最弱的时候。郑经继位，最初 10 年着力经营台湾与东西洋贸易，一度衰落的郑氏海上势力迅速恢复，1674 年，郑经乘"三藩之乱"渡海收复厦门，6 年以后再次失守退走台湾。郑经时代，台湾"水陆官兵计四十一万二千五百名，大小战舰，约计五千余号"。维持如此庞大的军队，继续反清复明大业，和平时以兵为商，可以垄断海上贸易，战争开始，船兵军饷，又消耗海上贸易。郑经时代郑氏海上贸易规模已不如"国姓爷"时代。每年通东西洋的郑家商船减到 20 艘，利润不过 10 万圆。满清政府的禁海迁海，影响了郑氏集团的远东贸易，郑经利用"三藩之乱"出兵福建，占领厦门又再次失去，都使郑氏海上势力受损巨大。中国一度拥有的海上优势正一点一点地消耗到反清复明的事业中。海上无天子，舟中无国公，土地的吸引力太大了，以致那些称霸海上的统治者时刻都有一种放逐感。1680 年，郑经再度西征失败，郑氏海上王国已经到了灭亡的边缘，三年以后，施琅克台，清廷收复台湾，郑克爽出降，郑氏四世海上王朝结束了。

郑氏四世海上王朝覆灭的意义，在中国历史上，是内陆皇权再次消灭了民间海商力量；在西方扩张的世界格局内，是中国再次，也是最终，失去了竞争海上的机会。当年郑和下西洋停止后中国失去的海上优势，曾经郑芝龙开创的"海上武装贸易王国"挽回，此时中国还有机会参与西方扩张大潮中世界海洋的竞逐。郑清冲突却彻底葬送了中国民间海外贸易拓疆力量。1663 年，荷兰舰队与郑氏水师再次遭遇金门料罗湾，格局已大不同于 30 年前。30 年前是郑氏与朝廷联合对付荷兰人，30 年后是荷兰人与中国朝廷联合对付郑氏集团。荷兰人一再表示要与清军联合。郑成功逝世，消息传来，荷属东印度公司急忙致书坐镇福建的靖南王耿继茂，请求充当清兵进攻台湾的先锋。耿继茂、李率泰调齐舟师进攻厦门、金门，约请荷兰舰队参战，并答应取胜后荷兰人可按照澳门先例在金门筑城贸易。1663 年 9 月，清兵分三路围攻厦门、金门，荷兰加入 14 艘战舰、1316 名海军、1284 名陆军助战。厦门、金门陷落，荷军尽管并没有发挥多

图 2-51：荷兰使团觐见顺治皇帝（1656 年），使团随员尼霍夫的铜版画。1655 年 7 月，第一支荷兰使团自巴达维亚出发，1656 年 7 月到北京，10 月在太和殿晋谒顺治皇帝。他们发现磕头时最难的是保证不让帽子掉下来！

大作用，清政府仍激赏荷兰人"协力去贼，亦属可嘉"，并准予两年入贡一次。

清廷对外联络荷兰人夹击郑氏海上力量，对内更残酷地厉行海禁。1647年，广东海禁已先行一步，1655年，经闽粤总督屯泰奏请，"沿海省份，应立严禁，无许片帆入海，违者立置重典"，①海禁推行全国。郑清争夺沿海地区，海禁实际上无法全面执行，直到南京之役郑军败走，沿海地区大部分落入清军之手。1660年，朝廷进一步颁布迁界令，不仅商民严禁出海，沿海居民亦内迁30里。1661年郑成功征讨台湾，迁界令开始实行，村社田宅被毁无数，沿界筑墙戍卒，百姓颠沛流离，惨不忍睹。禁海、迁界、悉空各岛，沿边居民同迁内地，并沿内迁30里界处开沟两丈余深，两丈余宽，临沟筑墙四尺余厚、八尺余高，五里一炮台、二烟墩，三十里屯兵……禁海使桅杆林立的港湾空空荡荡，迁界使千里海岸无复人烟。中国海上力量最终不是消灭在西方扩张主义者手中，而是毁在中国内陆皇权手中。施琅收复台湾，满清皇朝正迎来中国帝制时代最后一个农业文明的盛世。迁界复还了，海禁复开了，民间商舶又开始在严格的限令下出海，官方规定，船大在双桅500石以下，火炮不得超过两位，民人私自出海贩洋，仍属非法。康熙皇帝授意台湾守臣，严缉海舶商贩，海洋为丛利之薮，以免争利致生事端。②中国海商又成为"没有帝国的商人"与"背叛帝国的移民"。

1450年到1650年，是世界历史中关键的200年。中国船队退出外洋，东方文明的扩张已达到极限，衰落几乎同时开始。崛起的西方正像矫健凶猛的哺乳动物一样在全球范围内争强。在他们极富活力又极端贪婪凶狠的竞逐下，古老的东方帝国像衰老笨重的恐龙。一切都决定于那200年，谁称雄海洋。因为称霸海洋的民族将称霸世界，失去海洋的民族，最终将不仅失去世界，也失去家乡。

从郑和到郑成功，中国再次也最后失去了挑战外洋西方扩张的机会。当时或事后，谁也没有想过或假设，郑氏海上王国几十万将士几万艘战船商船，如果在收复台湾后利用时机与中国大陆政权议和合作，将征伐大旗指向面前的东南亚，而不是身后的大陆，世界近代历史或西方扩张历史将会是另一种写法，

① （清）陈梦雷等原辑，（清）蒋廷锡等重辑：《古今图书集成·祥刑典：律令部汇考》卷37，中华书局、巴蜀书社1986年版。
② 厦门大学台湾研究所、中国第一历史档案馆编辑部编：《康熙朝汉文起居注选录》，《康熙统一台湾档案史料选辑》，福建人民出版社1983年版，第332页。

大国兴衰，东西消长，世界近代历史与今日世界格局，都可能是另外一个样。实际上，还有一种假设，并不更荒唐：如果郑氏海上王国放弃反清复明的大业，放弃因皇权中心主义理念造成的与大陆朝廷的对立，选择和平合作，集结起中国海商与移民的力量，向海洋扩张……

　　坚船利炮才能称霸海上，称霸海上才能称霸世界，这番道理，中国皇帝要到 200 年后，从一系列丧权辱国的可悲教训中，才能懂得。如果 500 年前中国皇帝不开始禁海限船，中国仍能打造世界上最大的海舶称雄远东水域，也不至于500 年后花巨额银两买西洋"夷狄"的铁甲舰又被东洋"倭寇"击沉，把台湾再次割让掉。如果 200 年前中国不在皇权中心主义的冲突中消灭自己的海上力量，或者郑清合作，或者大清水师收复台湾后在郑氏武装海上集团的基础上发展帝国海军力量，开拓海外贸易与殖民，中国就不可能以陆地简陋笨拙的炮台面对英国海军舰艇的攻击，输掉可耻的鸦片战争。如果中国历史上整合朝廷与民间的力量向外洋扩张，拥有竞逐富强的优势，今天的台湾问题也不至于陷入一种国际化的困境中，将中国内部的冲突置于中国与西方（美国）的国际冲突中。可悲的是，历史不能重新开始，更可悲的是，如果历史重新开始，很可能是将所有的教训与灾难重演一遍。

第三章

水深火热：改写帝国命运的茶与鸦片

风月不知世道改，宿鸟今又归来。200年内，世界格局内东西方的命运发生了根本的变化。1450年之前，世界是一个东方化的世界；1650年之后，世界则是一个西方化的世界。中国东南沿海陷入郑清内战那些年里，英国开始尝试与中国进行直接贸易。1637年威德尔船长率领的英国舰队冲破虎门炮台，强行收购生丝大黄；1670年，英国东印度公司与郑经缔约，在厦门、台湾通商。中西关系的英国时代开始了。

早在马可·波罗时代，西方就传闻中国的财富，但到伊比利亚扩张时代，西方也还不知道所谓的中国财富，对西方扩张意味着什么，又如何将中国的财富运回西方。葡萄牙、西班牙、荷兰与中国的贸易量都不大，他们发现自己需要生丝、瓷器、黄铜、大黄、茶叶……但不知道中国人需要什么。于是，他们就只能在中华帝国的恩许下，在指定的港口用美洲出产的白银换取中国奢侈品，贸易不平衡，心理也不平衡，中国市场成为可怕的白银无底洞。

西方向东方扩张500年的历史，大体上可以分为前后两个阶段和两个间歇期。1500年到1650年是第一阶段，这一阶段的最大问题是东西方贸易的不平衡与政治军事力量的相对平衡。贸易的不平衡对西方来说是"白银外流"，政治军事力量的相对平衡是西方国家的实力有限，对傲慢贪婪的中华帝国无可奈何。经过1650—1750年这个间歇期，东方帝国先后衰落，西方胜出。首先是英国，光荣革命避免了内部消耗，工业革命增强了国力，英荷、英法战争清除了欧洲的对手，到1750年前后，英国已经在北美制造了讲英语的"第二个英国"，在印度建立了有效的殖民统治。更奇妙的是，英国人终于发现了中国需要什么，那就是鸦片。

英国需要茶，中国需要鸦片，英国人用鸦片扭转了西方三个世纪对中国的贸易逆差。1750年前后开始的西方扩张的第二阶段，英国成为主打，一切都顺心如意，英国人让印度生产鸦片，将鸦片运到中国，贩毒的暴利既可以收购茶叶运回英国，又可以维持在印度进行殖民统治的财政，而当中国拒绝鸦片的时候，英国发动鸦片战争，用印度的补给与雇佣军摧毁中华帝国。这是多么奇妙的殖民主义世界结构，几乎天衣无缝！一次鸦片战争没有解决的问题，可以再发动一次鸦片战争来解决，于是，鸦片贸易合法了，中华帝国全境向基督教传教开放。

1650 年到 1850 年间，茶与鸦片贸易戏剧性地改写了欧亚大陆东西两端两个帝国的命运。就西方而言，从地理大发现开始的西方扩张史诗，终于有了一个凯旋的结局；就中国而言，千年帝制即将结束了，现代化运动在血腥与屈辱中开始。而最初谁也没有想到，茶与鸦片，这类轻飘飘、如水似烟，无足轻重的商品，甚至毒品，在短短的两个世纪间，竟奇迹般地改变了世界。历史在沉重与轻盈之间，帝国兴衰存亡，起因却那么无足轻重，一杯"能使人欢快而不使人迷醉"的水和一缕能使人沉醉而不使人激奋的烟。

水深火热的世界。

第一节
茶进入英国：药品、奢侈品、大众消费品

一种又苦又涩的树叶，来自一个若真若幻的帝国，遥远到地球的那一边，

图 3-1：欧洲茶商在中国收购茶叶，英国 18 世纪水彩画。

怎么可能变成不列颠岛风行的时尚饮料？一个多世纪间，茶从贵重而包治百病的药品，一变成为上流社会的奢侈品，再变成为廉价的大众饮品。

茶叶进入英国，有三个阶段，有三种用途，最终变成英国的民族饮料，至少在民族营养、社会伦理、经济政治方面，对英国现代文明的进程有过有益的影响。不可思议，从茶说起，在几片轻薄单纯的树叶上，凝结着一个国家庄重复杂的历史……

茶可治病、可消遣、可充饥，上至宫廷下到百姓

1650 年前后，茶进入英国。1650 年牛津城里出现了第一家咖啡馆，是一

位名叫雅各的犹太人创办的。[①]咖啡馆出售咖啡、巧克力、土耳其饮料（可可）和中国茶。不出 10 年，这类咖啡馆在伦敦就开出 10 多家，咖啡 2 便士，巧克力与茶，半便士，还有一便士一袋的香烟，报纸免费阅读。到 1700 年，这类咖啡馆在伦敦已有近 500 家，而几乎每家都卖茶。

茶进入英国，最初是作为一种包治百病的药品。1658 年，嘉乐维（S.Garaway）先生开始在自己经营的咖啡馆里出售茶，他在茶叶广告中列举了茶叶的 14 种药用价值：

图 3-2：查理二世的王后，为英国王室带来喝茶时尚的葡萄牙公主卡瑟琳。

治头痛、结石、尿砂、水肿、脱水、坏血病、嗜睡或睡眠多梦、记忆力减退、腹泻或便秘、中风；一般情况下，茶还可以舒肾清尿、消除积食、增进食欲、补充营养，至于茶的饮用方式，加开水、牛奶、糖，还可以加蜂蜜！

茶是一种神奇的、包治百病的，具有浓厚异国情调的昂贵的饮料。对于绝大多数英国人来说，此时茶更像是某种传说中的仙草。1664 年，东印度公司的普罗德船长（Captain Prowde）从万丹回来，送给国王查理二世的不是什么珍禽异兽，而是一小包"贵重的茶叶"和一点肉桂油。国王的妻子、葡萄牙公主卡瑟琳（Catherine）王后带给英国的嫁妆，不仅有一块殖民地——孟买，还有她高贵的喝茶的习惯。王后在不列颠庆祝她第一个作为王后的生日时，诗人艾德蒙·沃勒尔（Edmund Waller）献给她一首应景的诗，既歌颂了王后，又歌颂了茶：

　　爱神的美德，日神的荣耀

　　比不上她与她带来的仙草，

　　人中王后草中茶

　　均来自那个勇敢的国家，

　　他们发现太阳升起的美丽地方，

---

① To Think of Tea!, by Agnes Repplier, Boston and New York : Houghton Mifflin Company, 1932, pp.17-19.

那里物产丰富，四方敬仰，

那里的香茶可以激发艺术想象

可以使你神清气爽

可以使心灵的殿堂宁静安详

......①

沃勒尔是位赶潮的诗人，圣保罗大教堂落成，他写诗赞颂；克伦威尔接受护国公的尊号，他献诗捧场；查理二世回国，他又去赞美新国王。如今，他模仿斯宾塞 (Spencer)《仙后》的风格去赞美王后和她带来的仙草——茶。

有一点他弄错了。为英国人带来仙草的不是发现新航路的葡萄牙人，而是在东方取代葡萄牙人势力的荷兰人。荷兰东印度公司将第一批中国茶贩回欧洲是 1610 年，到 1637 年，荷兰东印度公司的斯文汀侯爵 (Lord Seventeen) 已经写信给巴达维亚总督，让他不仅采购茶，而且要采购喝茶的瓷杯、瓷壶。荷兰莱顿大学教授邦特库博士 (Dr. Cornelius Bontekoe) 著文宣传，饮茶不仅有益个人健康，而且有利社会风化。他说喝白水是有害的，喝酒又太容易滋生是非。只有茶才是最理想的饮料，它可以暖胃、提神，加强记忆力，提高智慧与修养，使人气朗神清，轻松愉快，尤其是使学生不至于一学习就打瞌睡。他建议，初学喝茶者，一天可以喝 12 杯，喝习惯了，每天的定量应该是 200 杯左右。

每天喝 200 杯茶！有人怀疑这位莱顿大学的教授是被东印度公司收买了，以学术的形式促销。英国东印度公司从 1660 年前后开始贩茶，1664 年 9 月 10 日，也就是普罗德船长送给查理二世茶叶 8 周以后，东印度公司伦敦总部指令他们在万丹的代理采办 "100 镑上好的茶叶"，并开始在公司的董事会上提供茶饮与糖。1687 年，光荣革命前一年，英东印度公司规定，每艘从孟买到厦门的商船，都应该运载 "150 茶"。因为莎士比亚的乡亲们已经开始对茶着迷，而且，价格昂贵，1 镑茶的售价可以高达 10 英镑，而 1 担 (Picul) 等于镑！

不可思议。一种又苦又涩的树叶，来自一个若真若幻的帝国，遥远到地球的那一边，怎么突然就变成了不列颠岛时髦的饮料？轻飘飘的树叶，经过漫长

---

① To Think of Tea!, by Agnes Repplier, Boston and New York: Houghton Mifflin Company, 1932, p.30.

的旅程，在时间与空间上都很漫长，突然就变得如此贵重如此昂贵。果真值得动用那么大的人力物力，花那么高昂的代价，去贩茶喝茶吗？茶的药用价值难以确信，保健作用也信不信由你。一日三餐食物饮料，似乎并不需要茶，喝茶是一种奢侈。反茶的人说话很尖刻，如果你喂猪吃一个星期的麦芽，它会长出可口的猪肉，让这头猪喝一个星期的茶，它准会饿死！查理二世的国务秘书佩彼斯 (Mr Pepys)1660 年第一次喝茶，将自己的经验写到日记里。7 年以后，佩彼斯夫人患感冒，医生劝她喝茶治感冒，她就喝了大量昂贵的茶。尽管很多茶迷愿意现身说法，证明茶的可包治百病，但茶的药用价值始

图 3-3：喜欢追逐欧陆时髦的查理二世。

终没有办法落实。越来越多的人喝茶只是为了追逐时髦，一种昂贵的、奢侈性的时髦。1 镑茶的售价是 10 英镑，而 18 世纪英国 10 英镑几乎是一个普通工匠半年的生活费用。喝茶往往不是因口渴或头痛，而是因为王后或某个伯爵喝茶，喝茶体现出一种高贵的异国情调。在那个扩张的时代，异国情调是令人羡慕的。消费是一种文化。

半个世纪间，喝茶已成为了英国上流社会一种时髦的奢侈。贵妇人开始用茶待客，诗人们也开始写诗歌颂清茶美人（一反醇酒美人的传统）：

朱唇呷茗如和风拂吹

冷了白毫热了爱情；

玉手纤指端起茶杯

不胜整个世界的倾慕追随。[①]

有东印度公司不辞艰辛地贩运，有上流社会乐此不疲地引导，喝茶逐渐成为一种时尚。光荣革命从荷兰迎来的威廉 (William) 国王与玛丽 (Mary) 王后，一

---

　　① 　All about Tea，Vol.Ⅱ，by William H. Ukers ，New York：Published by The Tea and Coffee Trade Journal Company，1935，p.108.

图 3-4：安妮女王。喝茶是一种贵族时尚，信新教的安妮女王，同样喜欢喝茶。

边启征高达货价 20% 的茶叶税，一边在王宫举行茶会。接下的安妮 (Anne) 女王执政，用诗人蒲伯 (Pope) 的诗描绘："伟大的安妮女王，统治着三个国家，／有时开会议政，有时只喝喝茶。"当她听说摩洛哥国王拒绝释放 69 名英国战俘时，她说这位想不开的国王"最好喝两壶茶消消怒气"。

茶叶以药品的形式进入英国，逐渐变成上流社会的奢侈品。除了时尚之外，茶迷们似乎提不出更多的理由解释他们为什么喝茶。邦特库博士说，喝茶加糖是一种不可思议的荒唐。而英国人不仅加糖还加奶、加蜂蜜，甚至加胡椒、肉桂、豆蔻米、威士忌、黄油、鸡蛋……艾迪逊 (Addison) 的《闲话报》上报道过一则消息，有一位贵妇收到一位朋友送给她的一包茶，就加上胡椒、盐一锅煮了，用来招待一些性格怪癖或心情忧郁的客人。①诗人沃勒尔还听一位从中国回来的传教士说，在一品脱茶里打上两个鸡蛋，是"劳累一天后最好的营养，喝下去马上就有饱餐一顿的感觉"。此时，茶似乎不仅可以治病，可以消遣，还可以充饥。

茶进入英国生活，已经有了三种功能：治病、消遣、充饥。日常生活的实用意义越来越大。咖啡、茶、巧克力，这三种异域饮料几乎在 16 世纪后半叶同时进入英国。这三种饮料都有一种苦味，到英国后都无一例外地进行了加奶加糖处理。朵德 (J. Dodd) 先生说："中国人知道我们往茶里加牛奶加糖，一定会把我们当作野蛮人看。那些赤道国家喝咖啡的人也一样，当他们知道我们往他们芳香可口的饮料中加这些佐料，也一定会认为我们是野蛮人。"②

茶一旦可以充饥，加上糖、牛奶、鸡蛋，就可能成为英国人的饮食结构中的必需品。牛奶是英国人的传统饮料，英国人从新石器时代就开始喝牛奶。加

① To Think of Tea !，by Agnes Repplier，Boston and New York:Houghton Mifflin Company，1932，p.7.

② To Think of Tea !，by Agnes Repplier，Boston and New York: Houghton Mifflin Company.，1932，p.7.

奶加糖是英国人将外来产品在消费中本土化
的过程。这三种饮料在原产地（中东与阿拉
伯、美洲、中国）消费都尚苦，英国人却把它
们都变甜了。糖也是地理大发现后英国人从
美洲大量输入的食品，在茶饮加入牛奶与糖，
在消费文化上具有双重意义，一是茶的本土
化，二是茶的实用化。谁能够剥夺人们在吞
食干面包与咸肉时以茶为佐餐饮料的权利？
那已是人们生活的必需品。

图3-5：茶逐渐普及，成为中产阶级的
饮料。图为三位中产阶级女性在喝茶（1700
年）。

　　治疗、消遣、充饥，茶叶的三种使用价
值的转变，同时伴随着消费阶层与消费方式
的转变。作为药品的茶饮可能不加入任何东
西，因为药剂理应是苦的，作为消遣的茶饮
可能加入任何东西，从胡椒到威士忌，因为
消遣形式越新奇越好，而作为可以充当佐餐
的日常生活饮料，饮用方式便确定下来：加
奶与糖，因为这已变成一种习惯化、仪式化
的日常生活内容了。茶叶进入日常饮食生活
的同时，消费阶层也从上流社会进入中产阶级甚至下层百姓中。1750年前后，
英国中产阶级黄油烤面包的惯常早餐中，已经少不了茶佐。有人注意到，当时
"大部分人喝茶时都会加入一些奶油或加糖的牛奶。伦敦城里的仆人们，早餐已
经基本上是黄油加面包，配奶茶，至于乡下，大概就只有根据不同条件，不同
人家享用不同的早餐了"。[①]

　　茶逐渐有可能变成英国的民族饮料。一种遥远的、昂贵的、略带苦涩味道
的树叶，竟让整个国家上上下下癫狂，似乎有些不可思议。茶叶作为奢侈品引
入，英国政府课以重税，最高时竟达货值的20%。尽管如此，东印度公司仍从
茶叶贸易中发了大财。英国的茶叶消费市场越来越大，东印度公司成立时，主

---

①　Sweetness and Power, by Sidney W. Mintz, Penguin Books, 1985, p.248.

要进行胡椒与香料贸易，现在的主要贸易品变成了茶叶。东印度公司垄断经营茶叶，它所提供的中国茶，在数量与价格上，都不能满足英国市场的需求。18世纪中叶英国社会消费的茶叶，有近一半来自于走私。走私是高税收、垄断经营的必然产物。走私茶大多来自荷兰，荷兰东印度公司倾销茶叶，每镑只要 7便士，最好的茶也才 11便士。整个英国海岸都在忙着走私中国茶、美洲烟草、法国的白兰地与丝织品。谢菲尔德勋爵 (Lord Sheffied) 抱怨他的庄园严重缺少农工，因为瑟塞克斯一带的"精壮劳工都去搞茶叶走私了"。当然，参与走私的不仅是那些扛茶叶包一周挣一个畿尼的劳工，还包括那些在客厅里沏茶招待客人的贵族。著名的蒙太古夫人 (Mrs.Montagu) 就曾写信给她的亲戚，请她们为她购买 2镑上好的走私茶，带到伦敦来。他说她只要付了钱，就可以心安理得地喝走私茶了。1747 年，60 名茶走私犯全副武装地抢了海关仓库，第二天普通百姓得知并议论这件事时，竟喜形于色。[①]同时代英国最伟大的经济学家亚当·斯密在《国富论》中分析走私时说："走私者违犯国法，无疑应加重惩罚，但他常常是不会违犯自然正义的法律的人，假若国法没把大自然从未视为罪恶的一种行为定为罪恶，他也许在一切方面，都可以说是一个优良市民。在政府腐败，至

图 3-6：亚当·斯密。

少犯有任意支出、滥费公币嫌疑的国家，保障国家收入的法律，是不大为人民所尊重的。所以，如果不干犯伪誓罪而能找到容易安全的走私机会，许多人是会无所迟疑地进行走私的。假装着对购买走私物品心存顾忌，尽管购买这种物品是明明奖励人家去侵犯财政法规，是明明奖励几乎总是和侵犯财政法规分不开的伪誓罪，这样的人，在许多国家，都被视为卖弄伪善，不但不能博得称誉，却徒使其邻人疑为老奸巨猾。公众对于走私行为既如此宽容，走私者便常常受到鼓励，而继续其俨若无罪的职业。"[②]英国课重税、茶走私，还颁布法令，严禁制

① Food and Drink in Britain, by C. Anne Wilson, Academy Chicago Publishers, 1991, pp.414、415.

② 有关英国 18 世纪茶叶走私的情况，参见 To Think of Tea!, pp.31-56, Chap. Ⅳ, On the Smuggling of Tea into England.

造出售各种假冒伪劣的"茶"，有人用其他树叶冒充茶，浸在糖水里，涂上几种颜色，再出售。或者收购泡过的茶叶，晒干后出售。最令人遗憾的是，不列颠本土竟种不活茶树！

英国变成一个喝茶的国家

茶叶已经进入大多数英国人的日常家庭生活，甚至成为一种不可或缺的必要饮料，的确不可思议。英国人是个喝奶的民族，如今喝起了茶。茶是一种药品、奢侈品，甚至可能是一种毒品，因为在刺激神经、使人兴奋这一点上，它与咖啡、可可、鸦片、海洛因具有相似的性质。有人认为，喝茶与咖啡之所以都要加奶，是因茶与咖啡有毒性，而牛奶可以解毒。[①]茶越来越多地深入英国人的日常生活，人们几乎已经忘记了它可以"治病"的功能，倒有人不时提醒大家，茶可以"致病"。

1748 年圣诞节，茶进入英国一个世纪以后，卫理公会的创始人约翰·卫斯理 (John Wesley) 先生，感到了自己不能再沉默了。他发表了《关于茶的致友人信》。信中回忆 29 年前，他刚到牛津大学，突然出现某种半身不遂的可怕症状，早餐后手就不停地颤抖。于是，他戒了茶。所有的症状都消失了。后来他到伦敦，发现很多人都患有同样的病症，"身体整个垮下来"。上帝保佑这些可怜的人，1748 年 7 月 6 日的周日礼拜上，他号召伦敦卫理公会的信众们戒茶，并宣布自己从即日起，也不再饮茶了。

莱特逊医生 (Dr. Jhon Coakley lettsom) 在《茶树的自然史》中讲到一位名叫马史 (Marsh) 的"著名茶商"，"靠嗅觉品茶，有一天嗅了一百箱茶，第二天就感到头晕眼花，浑身痉挛，丧失记忆，口不能言"，不久就全身瘫痪，死于"茶中毒"。另一位茶商的命运就更具悲剧色彩，他一天品了多种茶后，只觉得天旋地转，步履蹒跚。有人劝他去接受"电击治疗"，他那可怜的脑袋又被医生电击了几次，回到家第二天就一命呜呼了。

莱特逊博士的恐怖故事并没有吓住英国的"茶众"。某些醒悟到道义与责任

---

① ［英］亚当·斯密著：《国民财富的性质和原因的研究》下卷，郭大力、王亚南译，商务印书馆 1974 年版，第 460—461 页。

图 3-7：欧洲茶商在中国收购茶叶，仔细检查茶叶的质量，基本上靠嗅觉。

感的人继续反茶，1756 年，英国当时最受人尊敬的慈善家，或许也是作家、旅行家乔纳斯·翰威 (Jonas Hanway) 先生，出版了他的第 65 种著作：《论茶：茶有害健康，拖垮经济、搞垮国家——写给两位小姐的 25 封信》，与卫斯理先生一样，他也现身说法，从个人的经验谈起。他说自己每喝一次绿茶，就像喝了毒药，肚子里翻江倒海，痛苦万分。而且，也像卫斯理先生那样，随后四肢发抖，周身无力。更糟的是，他发现小姐们喝了茶以后，都衰老得非常快。主妇们忙着沏茶，连照看孩子都顾不上。不列颠男儿喝足了茶，连举剑的气力都没有了。至于喝茶危害经济，就更是不言而喻了，花那么多白银去那个荒唐堕落的东方国家进口奢侈的茶叶，有百害而无一利。为什么不用这些钱去修路、建农场、果园，把农民的茅舍变成宫殿！喝茶是一种恶习，不仅危害个人身体，社会经济，还有亡国的危险，且想想当年的罗马帝国，商人们用银币去换中国的丝绸，

女人都穿起了华贵的丝袍，男人们一天洗五六次澡，国库空了，道德败落，军事无能，野蛮人入侵，偌大的罗马帝国瞬间分崩离析！

喝茶是一种堕落。这种言论惹恼了当时英国的文坛盟主约翰逊博士

(Dr.Johnson)，他冷嘲热讽的反驳文章发在 1757 年的《文学杂志》第二卷上。他说自己是个"顽固不化、寡廉鲜耻的茶饮者"。如果说"如今小姐们已经没有当年那么漂亮，那只是因为我们自己老了，小姐们对我们不感兴趣了"，至于茶有害健康，那只是对某些人，他们每天在床上睡 10 个小时，打 8 个小时的牌，剩余时间喝茶谈天，茶当然不利于健康。茶喝多了无益，多喝了也无害……约翰逊本人就喝很多茶，鲍斯威尔（A. Boswell）写的《约翰逊传》中多

图 3-8：嗜茶如命的约翰逊博士。

处提到约翰逊喝茶，有一天晚上在坎伯兰 (R.Cumberland) 先生家做客，雷诺兰 (J. Reynolds) 先生禁不住提醒约翰逊博士，说他已经喝了 11 杯茶了。约翰逊回答："先生，我没数你喝了多少杯酒，你却数我喝了多少杯茶，如果不是你提醒，我真不会再麻烦主妇了，既然你告诉我才喝了 11 杯，那我还得麻烦坎伯兰夫人给我再倒一杯，我的定额是 12 杯，我要喝满它。"[1]

　　卫斯理先生曾两次宣布戒茶，但最终没有戒掉。如果说 29 年前他曾因手抖戒过茶，那么现在是第二次戒茶了。他说自己戒茶的过程非常痛苦，最初三天，他头痛、失眠，到第四天下午，他几乎失去记忆，只好靠默默地祈祷勉励自己，上帝是生命的面包、黑暗中的光……或许这次卫斯理先生真戒了茶。12 年后，他的身体也垮下来了，福瑟吉尔医生劝他重新开始喝茶。在他生命的最后那些年里，每个星期日的早晨，他都与牧师们一同饮茶之后才去主持礼拜。1780 年，他写道，他经常在早餐与下午茶时，接待来访的教徒。[2]

　　茶进入英国社会，从消费价值、方式到消费者社会阶层的转变，经历了三个阶段，艾德谢在《世界史中的中国》一书中对这三个阶段有过明确的分析：

　　"1650 年至 1833 年间，英国对茶的需求经历了三个阶段。1720 年之前，年茶叶进口量在 10000 担以下，茶只是一种药品，一种有刺激与兴奋作用的饮料。

---

　　① 有关逸事见 To Think of Tea! by Agnes Repplier, Boston and New York; Houghton Mifflin Company，1932，pp.57-58. Chap. V. "On a Tea-drinker of England"。

　　② All about Tea，by William H. Ukers，M.A. Vol.II, New York: The Tea and Coffee Trade Journal Company，1935，p.405.

对男性来说，它是除了咖啡以外另一种可供选择的提神饮料；对妇女来说，它是缓解周期性偏头痛、忧郁症与焦虑症和各种心理压力的镇静剂。此间的茶主要是由荷兰进口的，以药用为主。

"1720 年至 1800 年间，年进口量从年平均 10000 担升到 20000 担，茶变成了一种社会消费品，消费者主要是女性，围绕着茶构筑起一种女性化的时空与家庭内部关系。喝茶要求有专门的茶室，专门喝茶的时间与服饰，并形成了一套独特的行为仪式与独特的社会技巧。茶作为一种日用商品，主要进口渠道来自荷属东印度公司及其欧陆的一些后继者，英属东印度公司虽然受重税限制，仍想尽办法挤进茶叶贸易中。英国茶叶中心在巴思 (Bath)，茶与喝茶的风尚经过巴思从首都传往地方。

"1800 年至 1833 年间，茶进口量从年平均 20000 担涨到 35000 千担，茶

图 3-9：传说中中国人喝茶的雅趣。同时代中国画家任熊的《煮茗图》。

在英国，像在西藏与西伯利亚那样，变成一种食品：家用浓茶，加许多牛奶与糖，成为早期工业革命时代长劳动时间与高出生率的社会生活的一种简单有效的基本营养品。作为一种大众消费品，茶此时已主要依靠英国东印度公司的进口……"

上述三个阶段，对于欧洲来说，最重要的是第二个阶段。文明总需要某种慰藉品，用加奶糖的浓茶以充饥，不过是工业化过程中一种暂时缓解食品压力的办法，生活水准并没有因此而提高，而下午茶则意味着社会价值、消费模式以及自从史前时代就已经固定下来的餐饮结构的一次改变。

下午茶是最精雅、最奢华的餐饮活动，它不在于充饥解渴，不属于正餐，它的意义是一种闲暇的消遣，它颠倒了英国人已有的热食冷饮的结构……下午茶表现了高雅文化归返自然的情趣，户外茶园、溪水流芳，表现了自然；精心制作的茶叶，雅致的瓷器，银制茶壶，意味着文化。只有一种不再为饥渴所迫的文明，才能将日常碳水化合物的餐饮变成社会娱乐……①

茶进入英国社会，从消费价值与方式到消费者的社会阶层的转变，已经历了三个阶段。从上流社会的药品到中产阶级的奢侈到社会大众的日常佐餐饮料，在短短的一个多世纪里，东印度公司竟奇迹般地将英国变成一个喝茶的国家。

茶首先进入英国人的社会生活，人们在咖啡馆喝茶，在贵妇人的客厅里喝茶，后来又有了专门的茶园。18世纪后期是伦敦茶园的兴盛期，著名的就有六七家，这些茶园大多有园林、游艺厅，如 Vanxhall 茶园、Ranelagh 茶园、Marylebone 茶园、Cuper 茶园，许多社会显要，名门淑女，都在那里消磨时光。尤其是夏日的傍晚，走过砾石小径，两边闪烁着童话般的街灯，脚下是如茵的草坪，听听音乐，看看烟火，吃几片黄油面包，喝几杯好茶，说说闲话，如果说咖啡馆是男性化的世界，茶园就更加女性化，茶园里大多是家庭或女伴，当时有人说茶园已经变成了英国的造谣学校了，赶上好天气、短暂的夏季，茶园就变成了英国人社交的乐园。遗憾的是英国好天气不多，夏日稍瞬即逝，一年大多数晚上，人们待在自己的家里，或朋友的客厅里，窗外是阴风惨雨。每逢这个时候，一家人或朋友坐在壁炉旁，在温暖的烛光下，或者围在胡桃木桌前，

---

① China in World History, by S.A.M.Adshead, Macmillan Press Ltd.1988, pp.289-291.

图 3-10：伦敦豪华酒店的下午茶。18世纪以来，下午茶已经成为英国生活的一部分，在家庭、酒店、专卖茶庄，都可以享用下午茶。

桌上铺着缎面桌布、绣着波斯风情的图案或中国花鸟。主妇端上瓷碟茶杯，银匙铜壶，温馨而优雅，喝一杯热茶，盈室的茶香，更能让人感到家庭亲情，朋友友情的温暖。英国人起先在早餐中喝茶、晚宴后喝茶，18 世纪末又出现了下午茶 (Afternoon Tea)，英国人午餐简单，在 12 点到 1 点间，晚餐是大餐，要到晚上 8 点。在这漫长的 7—8 个小时，正好插入 4—5 间的茶点。这是一段轻松愉快的时光。茶点已经变成英国人日常生活中必要的一部分。据说直到"二战"时，英军一到下午五点就停火喝茶，德军也很君子，同时停火。

茶又进入英国人的家庭生活，成为一种家庭生活的仪式，同时具有实用与审美意义。18世纪的诗人库柏 (Cowper) 也是茶君子，他用诗描绘了喝茶为英国人的家庭生活创造的温馨和谐的境界：

> 拨旺炉火，紧闭门窗，
>
> 放下窗帘，围起沙发，
>
> 茶壶的水已煮沸，咝咝作响，
>
> 沏一壶热茶，又浓又香，
>
> 轻松而不沉醉，心神荡漾，
>
> 我们迎来一个安详的晚上。①

喝茶已经从上流社会的风雅变成百姓日常生活的必要活动。1750 年前后反茶呼声高涨的时候，茶在英国生活中的地位，似乎已经不可动摇了。反茶主义者攻击喝茶损害个人健康、国家经济，更荒唐的是不仅有钱有闲的人有附庸风

---

① To Think of Tea! by Agnes Repplier, Boston and New York: Houghton Mifflin Company, 1932,p.109.

雅的恶习，连农夫工匠们也跟着赶时髦，翰威抱怨："这个国家真是倒霉透了，农夫工匠总是喜欢效仿贵族生活……且看这个国家愚蠢到什么地步，普通百姓已经无法满足于本国的大量食物，想入非非，要跑到世界上最遥远的地方去运茶，贪图一点味觉上的堕落的享受……你经常看到，连街头的乞丐都在喝茶，筑路工人边干活边喝茶，拉煤的工人坐在煤车上喝茶，更荒唐的是卖茶给田里的农民……吃不上面包的人竟喝得起茶……"[①]

　　这位著名的慈善家才是真正的想入非非。茶在农民或劳工那里，不是附庸风雅的奢侈，而是生活最基本的需求。东印度公司的大量贩运，全民走私，加上1784年英国政府因为粮食涨价造成啤酒紧缺而降低茶税，茶已成为替代麦芽酒的中下层社会的经济型饮料，中下层百姓喝茶，不是因为奢侈，而是因为贫困。戴维斯 (D. Davis) 1795年在《农工状况考察》中说："在恶劣的天气与艰苦的生活条件下，麦芽酒昂贵，牛奶又喝不起，唯一能为他们软化干面包得以下咽的就是茶。茶是他们迫不得已的饮料。茶配面包，可以维系一家人的日常生活，

图 3-11：卫斯理当年办在布里斯托尔的济贫院。

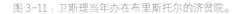

① 转引自 Sweetness and Power, by Sidney W. Mintz, Penguin Books, 1985, p.117。

图 3-12：喝茶需要精致的茶壶，图为英国 18 世纪仿制的中式茶壶。

每周一家人喝茶的花费一般不到一先令。如果有人还能发明一种更便宜更好的饮料，何乐而不为呢？我敢保证，穷人们一定会为他这项发明感恩戴德……你说茶是一种奢侈。如果你是指上等的红茶、加上糖、奶油，我承认是奢侈。可这不是穷人的茶，穷人喝的茶不过是清水上面浮着几片最廉价的茶叶，再加上一点点红糖，这就是你指责的穷人的奢侈。这不是他们生活的奢侈，而是生活中最起码的需求，如果他们连这一点需求都得不到满足，那他们就只能喝凉水吃面包了。茶不是造成贫穷的原因，而是贫穷的结果。"[1]

戴维斯反驳翰威的观点。他看到一个穷人的最基本的常识：老百姓是不会用

① The Case of Labourers in husbandry, by Davies, D., London: G.G. and J.Robinson, 1795, pp.37-39.

最后一块面包去换一杯茶喝的。而在当时英国的各种饮料中，果酒、啤酒、咖啡、巧克力，都比茶贵，除非喝凉水。伯耐特 (J. Burnett) 在《富足与不足》一书中谈到 19 世纪初英国下层社会的饮食状况时说："100 年内，白面包与茶已从富人的奢侈品变成最低贫困线的食品……曾是富人餐桌上的时尚，如今变成穷人的食粮，如果连白面包与茶都没有，那就要挨饿了。茶与白面包是维持生活起码需求的最廉价的食品，白面包，最好是有肉，黄油或奶酪，如果没有，一杯茶也可以使冷冰的面包变成一顿热饭，让人感到舒适与欢乐。当然，19 世纪中叶一磅茶 6—8 先令也不能算便宜，但工薪家庭每周花费 20 盎司（16 盎司为一镑），并不算奢侈。烤面包配茶水，在早期工业化的社会生活中，是一种便当食品，随时可以就餐，方便便宜，因此具有一定的优越性。"[①]

英国变成了一个喝茶的国家。"曾是富人餐桌上的时尚，如今变成穷人的食粮"，100 年间茶已普及英国全社会，成为社会中下层百姓的经济型佐餐饮料。19 世纪，已经没有人再倡导戒茶了，茶叶越来越便宜，尤其是当印度与锡兰茶出现时，喝茶就更普及了。茶进入英国社会生活，在消费价值与消费阶层上，都经历过三个阶段的转变：药品、奢侈品、大众佐餐饮料，三个消费阶层是上流社会、中产阶级、下层百姓。研究茶的引进、饮用方式与社会普及过程，不仅是在研究饮食营养学，也在研究社会结构、政治经济文化的变迁，研究英国现代文明的工业化、城市化、文化精雅化的过程。

茶凝结着大英帝国成长的历史

茶凝结着大英帝国发展的历史。德国史学家阿诺德·贺林 (A. Hereen) 指出："世界贸易体系影响越来越大……因此一个必然的结果就是殖民地越来越重要，因为殖民地的产品，尤其是咖啡、糖、茶，在欧洲生活中越来越普及。这些商品的重要影响不仅在政治上，也表现在社会生活的结构上，影响不可估量。且不说贸易给整个国家带来的巨额资本与政府的高额税收，仅欧洲各首都的那些咖啡店，作为政治、商业、文化的交流中心或策源地，影响就非同小可。总之，没有这些产品，茶、咖啡、糖，西欧国家的文化与社会，就不是现在这个

---

① Plenry and Want，by Burnett，J.London:Thomas Nelson Co.1966，pp.62-63.

图3-13：英国18世纪仿制的茶点用的中式糖盒。

样子。"①

英国变成一个喝茶的国家，至少在民族营养、社会伦理、经济政治方面，对英国现代文明的进程有过有益的影响。明茨（W. Mintz）的力作《食糖与力量》系统而深刻地分析了糖引入欧洲对欧洲的饮食与消费结构的改变，对资本主义世界经济体系形成的影响。同样的理论假设与分析模式也适用于茶问题。茶从王宫贵府进入寻常百姓家，英国人终于找到了一种适合于食用多酸性食品（如面包）的碱性饮料。对于饮食结构与营养的平衡，具有重要意义。这是营养学层面的意义，人的饮食，除了克服饥渴、维持生命、增强体力之外，还可以促进文化交流、确认社会身份，甚至实施某种政治宗教权力。马林诺夫斯基（B.Malinowski）指出，人类生命对食品的需求，以及由此产生的食品生产分配与使用方式，是构成人类社会组织结构的最基本的因素。②人类学家提出所谓的"饮食意识形态"或"饮食文化学"，研究人类饮食活动及其方式的文化内涵，如饮食的观念、

---

① A Manuel of the History of the Political System of Europe and its Colonies，London,1846，pp.172-173.

② See"A Scientific Theory of Culture and Other Essays"，By B.Malinowski，University of North Carolina，Chapel Hill，1944.

信仰、习俗与禁忌，[①] 发现饮食结构的变化与整个历史发展的关系。这个研究视野启发笔者注意到，茶饮进入英国生活，不仅对英国民族饮食结构的平衡有重要的影响，而且对英国现代文明的进程，在社会伦理、家庭生活、经济政治以及资本主义世界经济体系的建立各方面，都有积极的影响。

我们可以从三个方面看出茶叶对英国近代历史的积极影响。

一是民族体质与营养学意义上的，尽管当年很多人攻击茶有毒性，但从科学角度讲，茶有益于健康，它为英国的多酸性主食面包找到了一种合理的多碱性的佐餐饮料，有利于民族传统食物结构的平衡，尤其是对那些主食是干硬的冷面包、奶酪，偶尔加上一两片咸肉，没有汤食的下层百姓，茶就更重要了。而且一旦在茶饮中加入奶与糖，甚至鸡蛋，茶又从单纯的饮料变成综合性饮料，同时具有解渴（饮）与充饥（食）的两种功能。在早期工业化时代高强度、长时间的体力劳动的工作条件下，强茶（High Tea，加牛奶与糖）可以补充营养、恢复体力。此种茶饮已经包含了生命必须的蛋白质、脂肪、碳水化合物与维生素。喝茶并不是生活中不必要的奢侈，而是必要的饮食。

二是所谓的伦理与社会意义。

首先有关茶饮的道德意义，在当年的有关茶的争论中，已经涉及了。反对者认为茶是奢侈品，引起道德堕落。而维护者则认为，比起酒作为饮料来说，茶更有益于社会道德，饮酒可以过度，酗酒导致社会骚乱，是英国社会历史上的一个令人头痛的问题。查理二世的专职牧师奥文顿（Reverend John Ovington）曾说，烈性的酒可以把人变成野兽，而温和的茶可以把野兽变成人。[②]

其次，饮茶成为一种家庭伦理与社会政治生活仪式。茶不仅可以陶冶性情，

---

① 相关饮食文化学或饮食意识形态研究的有代表性的著作，可见：

★ Social and Cultural Perspective in Nutrition，edit by Diva Sanjur，Hall.INC.Englewood Cliffs，1982.

★ Food，People and Nutrition, by Eleanor F.Eckstein，Av Publishing Co.，Inc.，West-Port，Connecticut,1980.

★ Nutritional Anthropology.by N.W.Jemrne.R.F.Kandel.G.H.Pelto.New York；Redgave.1980.

★ Cultrue and Change in Relations to Nutritiom. by M. Mead. Brgess and Lane. 1962.

★ Food in China:A Cutral and Historical Enguiry. Boston；CRC Press.1991.

★ Anthropology of Food and Nutrition.by S.L.Doshi Jaipur and New Delhi：Rawat Publications,1995.

② To Think of Teal.by Agnes Repplier.Boston and New York: Houghton Mifflin Company.1932，p.34.

图 3-14：18 世纪初英国茶园里出售的报纸，1722 年 9 月 6 日星期四版，售价 3—5 便士。

维护道德，并有利于家庭与社会伦理的进步。从家庭伦理角度讲，茶，尤其是下午茶，几乎成为英国家庭生活的亲情仪式。在那个多风多雨多阴天的岛国，茶点变成温暖、和谐、宁静、安逸的家庭生活的象征。家庭生活是资本主义市民社会的核心，是私人性的存在方式。整个市民社会或公共领域，都从这个基点上延伸开来。而在资本主义市民社会成长的整个过程中，茶在每一个结构环节上都具有积极的功能。家庭以茶待客，从餐厅到客厅、从家庭到社会，讲究的茶具，殷勤的主妇，自由友好的谈话，海阔天空。

18 世纪英国不仅出现家庭茶点，还有社会茶园。茶园是一种纯粹的公共生活领域。人们在那里会见朋友，阅读报纸，举行聚会，讨论问题，形成某种社会舆论或公共意见。在电子传媒时代到来之前，茶园与咖啡馆一样，曾经是社会舆论中心。哈贝马斯提出 18 世纪资产阶级公共领域形成的理论，将该时代的市民社会理解作反对国家权力侵入与控制的自由领域，它由公共观点与舆论构成，公共舆论的存在方式是咖啡馆、沙龙、大众文学或通俗文学、报纸等。[①]英国茶园也是一种重要的公共舆论方式。在那里，有文人骚客，商人显贵的聚会，有报纸流行，有文学作品的朗诵与讨论，还有各种的闲谈和政治或商业密谋。

值得注意的是，茶点与茶园，也是英国近代社会女性生活革命的形式。茶点确认了精雅生活中女性的家庭主角作用，而相对于男性化的咖啡馆，茶园则是女性生活社会化的形式。女伴相邀，可以聚会在茶园。从某种意义上说，茶园更加女性化，它成为英国现代女性生活社会化革命之起点。

哈贝马斯认为，市民社会或公共领域是独立于国家的个人与集体活动形式，是通向理想民主的途径。在专制时代它可以参与反对君主的秘密政治，在民主时代，它可以以公众舆论形式对政治统治进行民主监督，并构成法制国家的社会基础。从英国近代社会的公共领域的成长过程中，我们可以看到茶饮进入英国生活的重要意义。[②]

三是所谓的文化仪式与审美意义。英国生活中的下午茶点与茶园，是生活

图 3-15：英国 18 世纪中叶仿制的紫砂壶。

---

　①　参见［德］哈贝马斯著：《公共领域的结构转型》，曹卫东等译，学林出版社 1999 年版，第68—106 页，"第三章公共领域的政治功能"。

　②　有关论述参见 China and the Brave New World，by Tan Chung，Carolina Academic Press，1978，pp.76—77。

高度精雅化的表现，具有明显的表演性，类似于中国和日本的茶道。饮茶使用精美的、带有浓厚异国情调的瓷器，从客厅的餐桌到茶园的装饰，布置都非常讲究。此时，喝茶的文化意义大于"生化"意义。品茶一不充饥二不解渴，它是一种仪式，带有明显的审美性，表演、观看、品味、欣赏、陶醉在某种优雅的气氛之中，使人摆脱日常生活的烦恼，尤其是物质生活的烦恼。品茶的非功利性与审美性的同时产生，只有在无饥寒之迫、有闲暇之资的生活条件下，喝茶才成为品茶，文化消费才大于物质消费。

在下午茶点上或茶园中，人们不仅体会到文明的情趣，还体验到文明与自然的和谐，体验到本土与异域在时间与空间上的和谐，人在消费物质时也在消费文化。茶是一种自然植物，在茶饮中变成文明的艺术，茶是一种遥远的东方的、神奇的树叶，沐浴过东方的朝阳、滋润过东方的雨露，如今出现在不列颠的餐桌上。人们从中体味并确认了某种现代的西方中心主义的世界观念。似乎只有大英帝国，拥有广阔的殖民地与强大的海外贸易，才能在本土的一方餐桌上享受世界的广阔。饮食在潜意识中也是一种征服，犹如"吃掉它"这句话的多重含义。

最后，是茶在英国现代文明史上的经济政治意义。茶叶贸易是东印度公司的主要贸易项目，从某种意义上说，茶叶贸易与营销是英国资本主义文明的消费主义经济方式最成功的例证。他们介绍一种异域产品，倡导消费、创造时尚，又垄断进口，一个多世纪间一直保持着高额的利润空间，使东印度公司成为当时世界上最大的垄断贸易公司，几乎富可敌国了。研究者认为，茶叶贸易不仅创造了一个强大的公司，甚至导致一场英国人的饮食革命：

"英国东印度公司早期在远东的冒险使他们抵达中国，与中国的茶叶贸易注定了英国在印度建立的殖民体系……在英国东印度公司最繁荣的时代里……它垄断了整个与中国的茶叶贸易，掌握了供应产地，限制了进口量，控制了价格。英国东印度公司不仅成为当时世界上最大的垄断贸易集团，而且策动了整个英国的茶叶营销与消费。英国东印度公司如此强大，它制造了一场英国的饮食革命。英国最初可能成为一个喝咖啡的国家，而东印度公司竟奇迹般地将其变成喝茶的国家，而这一切都是在那么短短的十来年间完成的。英国东印度公司已

图 3-16：英国东印度公司在伦敦的总部大楼。

成为东方国家与帝国们的强悍对手，它攻城略地，铸造货币，建立要塞与军队，缔结政治经济联盟，制造战争或维护和平，伸张正义也无恶不作。"[1]

　　东印度公司在茶叶贸易中强大了，英国国力也在茶叶高税收中变得强大。18 世纪初，英国的茶叶进口量已超过 10 万磅，到 19 世纪初，已达到 300 万磅。茶叶税收占英国政府的总税收的 10%。

　　鸦片贸易开始之前，茶叶贸易一直是英国海外贸易与殖民体系中的主要动力性因素之一。他们不仅为英国创造了一种饮食习惯，也积累了大量的资本，并在用美洲殖民地的白银购买中国茶叶的贸易过程中，形成了大英帝国驱动的世界经济体系。在东印度公司获得巨额利润的同时，英国政府也从茶叶高税收中获得巨大的财政资源。正如厄克尔（W. H. Ukers）指出，"茶叶贸易长时间以来一直是英国政府获益最大的税收来源"。从 1660 年的 1 加仑 6 便士的税额到 1695 年的每磅 1 先令到 1745 年的每镑 4 先令的税收，到 1784 年大规模下调茶叶税前，按价茶税已高达 120%。拿破仑战争爆发后，英国为了增加财政与军费开

---

　　① All about Tea，by Ukers.W.H，New York：The Tea and Coffee Trade Journal Co., vol.1, 1935,p.67．

支，1819 年再次将茶税提到按价 100%，直到 1834 年才开始下降。茶税一直是英国政府的金库，调节茶税几乎成为历届财政大臣的点金术，这种情况一直延续到 20 世纪初。[①]

"我们的生活已经完全离不开我们的贸易与财政体系，茶来自世界的东方，糖来自西印度……"[②]苏格兰历史学家大卫·麦克弗森 (D. MacPherson) 说的这句话意义深远。茶叶贸易与消费不仅扩大了英国的消费市场，倡导了一种新的消费模式，有助于完成早期工业文明的资本积累，而且还发展了殖民地生产与管理，有助于形成中心与边缘结构的世界经济与政治体系。茶叶贸易为国家财政提供了大量的支持，国家的政治军事力量又在支持海外商贸与殖民。这是一个有机的、互动的关系。正如明茨在研究糖的生产与贸易、消费在资本主义文明进程中的关键作用时指出："18—19 世纪欧洲的饮食与消费结构的深刻变化，并不是偶然随意的，它是一种历史力量的必然的产物，这种力量创造了世界经济体系，形成了都市中心与殖民地、卫星城之间的非对称性关系，以及现代资本主义在技术与人力上的巨大的生产与分配机制。"[③]

---

① 有关英国茶税状况，可参见 All About Tea，"Chapter 7 History of the British in Tea"，pp.124-127。

② 转引自 Sweetness and Power，by Sidney W.Mintz，Penguin Books，1985，p.115。

③ Sweetness and Power，by Sidney W.Mintz，Penguin Books，1985 ,pp. 158-159.

第二节

鸦片进入中国：药品、奢侈品、大众消费品

　　茶进入英国生活，从上流社会到普通百姓，从药品到食品，经历了三个阶段。有趣的是，鸦片进入中国，也经历了同样三个阶段：从昂贵的药品到上流社会的奢侈品最后到一般百姓的日常消费品，从而普及全社会各阶层。茶进入英国生活，在个人健康、社会伦理、经济政治方面，都促进了英国的现代文明的进程。鸦片的作用在中国，却恰好相反。它自始至终伴随着中华千年帝国的最后的衰败，不管是作为原因，还是作为结果，或者同时作为原因与结果。茶与鸦片，同样两种轻飘飘、如水似烟的东西，凝结着两个民族庄重与沉重、成长与衰落的历史。历史中的偶合让人感到神秘也同样发人深思。同样的舶来品，同样的消费经历，却有着完全不同的历史效果。

鸦片，可治病、可消遣、可充饥，上至宫廷下到百姓

　　德国思想家赫尔德论及中国时说："他们（指中国人——引者注）从商人（指欧洲商人——引者注）那儿获得白银，而交给商人成千上万磅使人疲软无力的茶叶，从而使欧洲衰败。"①赫尔德的论断与其说是思想，还不如说是幻想，与其说是个人见解，不如说是流行的偏见。茶叶并没有导致欧洲衰败，反而在一定程度上使真正喝茶的英国强大。唯一的问题"白银外流"，也因为鸦片贸易的

---

　　① ［德］夏瑞春编：《德国思想家论中国》，陈爱政等译，江苏人民出版社1989年版，第92页。

开展解决了。① 中国给英国提供了茶，英国给中国送来了鸦片。茶叶并没有使英国衰落，而鸦片的确与中国的衰败相关，不管是作为原因还是结果。欧洲商人从中国那里获得白银，而交给中国人成千上万的使人疲软无力的鸦片，从而使中国衰败。赫尔德的论断，如果置换了主语和宾语，至少比原来更接近于历史事实。

首先是药品。鸦片进入中国始于唐代。波斯僧人在那个时代将蚕虫藏在竹筒里带到拜占庭帝国，也可能是他们将鸦片带到长安，还有另一个渠道，便是从海路来到广州的"大食商"。此时的鸦片是一种珍贵的药品，味道苦、气味腺、花色却艳丽，名字也很美，叫阿芙蓉。这个名字的来历很可能比波斯或阿拉伯更为遥远。古希腊语中的鸦片就被称为"Afyun"，与阿芙蓉音同。古希腊人至少在公元前 5 世纪就开始种植与食用鸦片，雅典黄金时代的谷物女神得墨特尔 (Demeter) 的塑像，手里拿着麦穗与罂粟花。在庆祝谷物丰收的狂欢节上，古希腊人将酒和鸦片汁一同饮进。一千年过去了。伊斯兰世界禁酒却不禁鸦片，至少在公元 6 世纪，鸦片已经传到中亚。② 默林 (D. M. Merlin) 考察古代世界鸦片传播状况，指出世界历史范围内鸦片传播的路线是从西北向东南，鸦片最早出现于新石器时代的欧洲，最终泛滥在中国。鸦片在唐宋间进入中国，最初是作为药品。北宋刘翰《开宝本草》记："罂粟子一名米囊子，一名御米，其米主治丹石发动不下，饮食和竹沥煮作粥，食极美。"宋谢采伯《密斋笔记》记著名将领、诗人辛弃疾患痢疾，"一异僧以陈罂粟煎全料人参败毒散，吞下威通丸十余粒即愈"。③ 苏轼诗中也提到："道人劝饮鸡苏水，童子能煎罂粟汤。"

鸦片作汤药饮用，在唐宋时代的中国，似乎并不流行，其使用阶层大概仅限于上流社会与文人雅士间。苏轼诗道"童子能煎罂粟汤"，很难证明罂粟汤的普及，一则因为是诗语，修饰多夸张；二则，苏轼一生沉浮南北，但交游的圈子

---

① 相关论述详见 ［德］贡德·弗兰克著：《白银时代》，刘北成译，中央编译出版社 2000 年版，第 2、3 章。

② 有关世界范围内鸦片早期传播的过程，参见 "On the Trail of the Ancient Opium Poppy, by Mark David Merlin, London and Toronto : Rutherford, Madison, Teaneck, Fairleigh Dickinson University Press, 1983.

③ 中国史学会主编：《中国近代史资料丛刊：鸦片战争（一）》，上海书店出版社、上海人民出版社 2000 年版，第 305 页。

却仅限于士大夫僧道。个人际遇是历史记忆的语境，研究者不能脱离这个诗境去解释历史素材。李时珍《本草纲目》"谷部"记："鸦片前代罕闻，近方有用者"，更接近于历史事实，大概直到明万历年间，鸦片作为药品，才开始流行民间。李时珍记载了其药用价值与方式："阿芙蓉是罂粟花津液，其结苞时，午后以针刺外青皮，勿损其裹皮，刺三五处，次早津出，以竹马刮入瓷器阴干。今市者犹有苞片在内。"①稍后方以智《物理小识》中也说："罂粟津液收入瓷器，用纸封口，暴二七日用之，其方流传如此，或以治泻痢，或用为房中药，性暖而濇，未为大害。古方贡药科之鸦片也。今广福鸦片，则另有所谓鸦片土，自西洋红毛荷兰人制者。"②

从唐到明，鸦片在中国，已有近千年的历史，千年间关于鸦片的使用价值与方式，似乎没有什么变化或疑问。鸦片可以叫罂粟、阿芙蓉、合浦融或乌香，但总是和汤煎服的药品，至于刘翰讲"饮食和竹沥煮作粥，食极美"，苏轼诗："童子能煎罂粟汤"，似乎暗示着某种超出药用的价值，至多也只能算作药膳。

一种可以饮食服用的物品，其意义与价值往往由该物品的生化属性和文化属性两方面的因素决定。鸦片作为一种草本植物罂粟汁液中提炼物，本身不过是一种含吗啡、可卡因、罂粟碱的生物碱。它可以作为药品使用，有敛肺、涩肠、止咳、止痛和催眠的作用，也可以作为毒品使用。作为毒品使用的鸦片初可使人感到周身舒泰、气朗神清，飘飘如入极乐世界，继而上瘾，则茶饭不思，肩耸项缩，颜色枯羸，虽生犹死。

药品与毒品的区别，并不在于物品本身的生化性质，而取决于其文化性质，即如何使用该物品。首先是用量，适量则为药品，过量则为毒品，这是所有药品与毒品的共同特征。适量可能使用近千年而"未为大害"。其次是用法。鸦片作为药品与毒品的使用过程与方式，就其使用者的经验来说，完全相反。药品的使用过程是痛苦的，结果是令人愉快的。人们往往为效果的愉快（健康）而忍受过程的痛苦。鸦片作为毒品，使用的结果是痛苦的，而使用的过程则令人

---

①《本草纲目》下册，第 23 卷，第 1494 页。

② 中国史学会主编：《中国近代史资料丛刊：鸦片战争（一）》，上海书店出版社、上海人民出版社 2000 年版，第 288 页。

愉快的。生鸦片气味臊臭，味道苦涩，古希腊人和酒服用，宋人和竹沥煮汤，都可去其臊苦。有趣的是，生鸦片一旦置火燃烧，却会发出一种香甜的气味。所以作为毒品使用鸦片，吸食式"抽"是重要的方式，它将药品服用时的痛苦转化为毒品服用时的幸福。最后是使用态度，作为药品使用鸦片，人们的态度是迫不得已，目的是恢复正常生活。作为毒品使用的鸦片，人们的态度是主动趋从，目的是逃避日常生活。

我们很难说鸦片在中国历史上的使用价值与使用方式是何时开始转变的。或许宋时煎服罂粟汤，已有某种毒品意义，但到方以智的时代[①]，鸦片在中国的文化功能，至少在人们的观念中，还没有确定。方以智知道，有两种鸦片，一种是古方贡药科之鸦片，一种是西洋荷兰人制的鸦片土；一种为煎服之汤，一种为吸食之烟。

鸦片从药品变成奢侈品，关键的环节是使用方式的转变。方以智提到两种鸦片，煎服之汤与吸食之烟，前者是药品，后者是毒品。人们并不是意识不到这种区别，而是意识不到造成这种区别的原因。从药品到毒品，鸦片的生化性质并没有改变，而是使用方式与仪式、使用的观念与价值改变了，这种变化是文化意义上的。人们为什么使用鸦片，又如何使用鸦片？鸦片进入中国的真正问题是，鸦片在中国的文化属性是什么，又是如何获得的。

鸦片的文化意义的转变，在历史中的关键环节是从饮食到吸食，从药品到奢侈品。

鸦片进入中国，已有近千年的历史，但一直"未为大害"。酿成大害的，不在于使用鸦片，而是如何使用鸦片，或者说，具体到如何吸食鸦片。吸食鸦片并非中国人的发明。1689 年德国医生坎姆弗洛（Kaemofero) 环球旅行，从爪哇发回的报道说，他发现在爪哇，人们使用鸦片的方式很独特，他们不像波斯人或阿拉伯人那样饮用鸦片，而是将鸦片与烟草混在一起抽。[②]

将鸦片与烟草放在一起点火吸食是否爪哇人的发明，一时无法确定，至少

---

① 明清之际，方以智 (1611—1671 年)，中国晚明清初哲学家、科学家。

② 参见 CarlA. Trocki 的引述：Opium, Empire and the Global Political Economy, London and New York : Routledge , 1999 , p.35。

美洲的特产烟草和印第安人吸烟的习俗是荷兰人带到爪哇的。荷兰人即使没有直接或全部发明抽鸦片，至少也与这项发明相关。他们将鸦片混同烟草抽，用来治疟疾，疟疾是荷兰人在巴达维亚殖民地很容易得的一种流行病。方以智说鸦片土为红毛所制，不无根据，荷兰人确定了一种新的鸦片使用的方式，同时也确定了一种新的文化态度。荷属东印度公司驻巴达维亚当局，不久开始禁止荷兰人抽鸦片，很明显，荷兰人已经意识到鸦片成为毒品。处罚抽鸦片的荷兰人的办法是将其吊在桅杆上，用炮打入海中。

荷兰人禁烟，只禁荷兰人，却不禁当地的爪哇人。余文仪《台湾府志》记："咬留巴（指爪哇人——引者注）本轻捷善斗，红毛制鸦片烟，诱使人食之，遂疲羸受制，其国家为所据。"[1]从爪哇到台湾，都曾是荷兰人的殖民地。中国人抽鸦片，最早可能在台湾。黄叔林《台海使槎录》记："鸦片烟用麻葛同鸦片土，切丝于铜铛内，煮成拌烟，用竹筒实以梭丝贮之，吸此则暖气直注丹田，竟夜不眠。士人吸此为导淫具，肢体萎缩，藏腑溃出，鸦片土出咬留巴云。"[2]

抽鸦片由南洋而入中国，鸦片也从药品变成奢侈品。到雍正时，皇帝已开始禁烟了。1724 年雍正禁烟的律令，比起荷兰人来要温和得多。"兴贩鸦片烟收买违禁货物例，枷号一个月，发近边充军。若私开烟馆，引诱良家子弟者，照邪教惑众律拟绞监候。为从，杖一百流三千里……"至于吸食鸦片者，只是"挨其戒绝之后，准予释放"，[3]犹如今日的戒毒所。

鸦片在中国从药品变成享乐性的奢侈品，全在鸦片的使用方式与价值的变化。抽鸦片由巴达维亚而台湾而闽广沿海而入中国内地。其功能或使用价值已与原先的罂粟汤完全不同，台湾"士人吸此为导淫具"，鸦片成为"媚房中"的"邪术"。1729 年漳州知府李国治判行户陈远私贩鸦片 34 斤有罪充军，巡抚刘世明复审，根据药商认验鸦片为药材，不仅将陈犯无罪释放，反而治了知府本人的"故人人罪"。雍正皇帝朱批："妄以鸦片为鸦片烟，甚属乖谬。"实际上，鸦

① 中国史学会主编：《中国近代史资料丛刊：鸦片战争（一）》，上海书店出版社、上海人民出版社 2000 年版，第 288 页。

② 中国史学会主编：《中国近代史资料丛刊：鸦片战争（一）》，上海书店出版社、上海人民出版社 2000 年版，第 288 页。

③ 马模贞主编：《中国禁毒史资料》，天津人民出版社 1998 年版，第 5—6 页。

片与鸦片烟，本无区别，只是看如何使用。贩毒品者治罪，贩药品者无罪，判决是不能根据鸦片本身做出的，只能根据鸦片的使用方式与价值做出，只有使用方式与价值，才能决定鸦片究竟是药品还是毒品。法律的漏洞说明人的观念中的漏洞。

从饮食到吸食，从药品到奢侈品，鸦片的使用方式与价值的转变造成鸦片文化意义的转变。药品变成了毒品。历史研究不仅应该注意鸦片贸易，还应该注意鸦片的生产与消费方式，以及鸦片使用本身的文化属性。

中国变成了一个抽鸦片的国家

抽鸦片未由中国人发明，却由中国人发扬。西班牙人占领马尼拉，将美洲的烟草带到菲律宾，半个世纪以后，中国人已吸烟成风，崇祯皇帝不得不降旨禁烟了。中国人从西班牙那里学到抽烟，又从荷兰人那里学到抽鸦片。1729 年，雍正皇帝又得降旨禁鸦片烟。从崇祯到雍正，恰好百年，中国人开始抽烟，抽鸦片烟。从雍正到嘉庆，又是一百年。中国人不仅抽烟，将烟草混同鸦片抽，而且不再混烟草，只抽鸦片。嘉庆不得不再三厉行禁烟，因为鸦片烟已从"外洋流入内地"由闽广流

图 3-17：印度鸦片制作场景（一）。

入京城。如今吸鸦片烟者，已不仅是"沿海奸民"，帝国军官，宫中侍卫，贝勒贝子，甚至皇帝本人，都染上鸦片烟瘾。嘉庆禁烟，已到最后的时刻了，鸦片烟正害人心、坏风俗，荼毒中华。

西方人不仅可能直接或间接地教会了中国人抽鸦片，不久还大批量向中国贩运鸦片。传说中佛祖曾经吸烟治病，不管其真实与否，如今的鸦片，确产于印度这个千年佛国。或许鸦片贸易早在西方人到来之前，就已存在于南亚社会。1520 年前后曾经出使明朝的葡萄牙大使皮雷斯 (Peres)，发现马来与印度士兵在上阵前，都食鸦片。英国商人拉尔夫·费奇 (Ralph Fitch)1585 年游印度，发现孟买与孟拉加，都有鸦片贸易。

鸦片贸易并不是西方人的发明，但确实是西方人将它做好做大了。葡萄牙人首先发现鸦片贸易的价值，1518 年葡萄牙远征军司令阿布克尔克从马六甲写信给曼努埃尔二世，建议开展鸦片贸易。荷兰东印度公司到东方，不仅直接参与了鸦片贸易，而且还发明了吸食鸦片的方式，即将东印度的鸦片与西印度的烟草合起来抽。从某种意义上说，这是一项改变历史的发明，尽管在道德上意味

图 3-18：印度鸦片制作场景（二）。

图 3-19：印度鸦片制作场景（三）。

着邪恶。荷兰人贩鸦片，只是从印度到爪哇，将荷兰人的鸦片与鸦片吸食的方
法最初带到中国的，可能是下南洋的中国商人与移民。荷兰人参与鸦片贸易，

并试图发展鸦片的资本功能，可事实上荷兰人的功绩不在于创造鸦片贸易的形式，而在于创造了一种鸦片消费的方式。下一步要待英国人来完成。

英国东印度公司早在 17 世纪就参与到鸦片贸易中来，但直到普拉西战役之后，才开始控制鸦片贸易并开创了庞大有效的鸦片贸易体系。

英国东印度公司首先组织调整印度的鸦片生产。过去印度的鸦片种植业一直是农村零散的个体经营性副业。英属东印度公司实施垄断经营，将鸦片种植

图 3-20：印度鸦片制作场景（四）。

与加工变成一个集中化、系统化的国家经营的产业。然后开发销售。大批量生产的鸦片土从加尔各答或孟买装船，运往马来亚与中国，同时也销售到北印度各省。

鸦片生产与消费通过东印度公司的贩运，形成一种有机互动的经济网络。1773 年，英国商人开始将印度鸦片直接从加尔各答运往广州，1780 年，英东印度公司开始垄断经营鸦片贸易，10 年以后，中国的鸦片进口量已从 1770 年的 1000 箱左右飞涨到 1790 年的 4050 箱。到 1820 年，中将近三分之一销往中国。鸦片生产在印度，鸦片消费在中国，正与英国东印度公司的利润一同飞涨。人们不仅应该思考鸦片生产促进了鸦片消费，也应该注意鸦片消费如何促进鸦片生产。

图 3-21：印度鸦片制作场景（五）。

吸食鸦片的消费方法使鸦片作为享乐性的奢侈品，迅速在中国社会普及。世界水深火热，英国人喝茶，中国人抽鸦片烟，而英国东印度公司将这两个世界联结起来，创造了世界现代文明一段辉煌又惨痛的历史。

　　鸦片消费方式的转变，使鸦片从药品变成毒品性的奢侈品。中国人抽鸦片，在鸦片加工、吸食器具与吸食仪式上，都进行了精美化处理。印度鸦片烟土分三等，"公班""白皮"与"红皮"，进口后还要加工，先浸三夜水，去渣存汁，再炼成膏，分颗粒。吸食方法也颇讲究，器具有烟枪烟灯，烟枪如洞箫，烟灯以铜为盖，玻璃为罩，甚为精雅。吸烟者两人横卧烟榻，传筒对吹。有诗描绘抽鸦片的场景："琉璃八角银作台，隐囊卧褥相对开，海外灵膏老鸦翅，象牙小盒兰麝味，锦衣儿郎富家子，爱逐秦宫同卧起，东轮西魄出没藏，短檠巧夺日月光……"①

　　吸食纯鸦片，是鸦片文化的中国化或中国本土化。它最终在文化性质上确定了鸦片的奢侈性毒品的性质，也为鸦片的普及提供了可能性基础。荷兰人发明了抽鸦片的方法，中国人将其进一步地精雅化、纯粹化。印度人在孟加拉各省，大量种植鸦片，而英国东印度公司，终于找到补偿长期以来茶叶贸易逆差的贸易品。

图 3-22：中国人抽鸦片家破人亡，英国报刊连环画（一）。

---

　　① 中国史学会主编：《中国近代史资料丛刊：鸦片战争（一）》，上海书店出版社、上海人民出版社 2000 年版，第 306、299 页。

图 3-23：中国人抽鸦片家破人亡，英国报刊连环画（二）。

　　对英国来说，鸦片贸易不仅可以扭转茶叶贸易的逆差和西方向东方扩张三个世纪以来的白银出超的状况，而且还为维持印度殖民地提供了大量的财政经费。对中国来说，鸦片贸易不仅造成白银外流，所谓"每岁漏卮数百万雨"，而且"大为风俗人心之害"。有咏吹烟诗道："莺粟花苞米囊子，割浆熬烟诧奇美。其黑如漆腻如纸，其毒中人浃肌髓，双枕对眠一灯紫，似生非生死非死，瘦肩耸山鼻流水，见者咸呼鸦片鬼。富者狷欲甘比匪，贫者贪利不知耻，伦常败坏家室毁……"①

　　茶进入英国生活，从药品变成奢侈品，消费阶层首先是上流社会。鸦片进入中国生活，也是从药品变成奢侈品，消费阶层首先是上流社会。两种外来物品进入本土生活的过程基本相似，其使用价值与消费阶层，都经历了三个阶段的转变：使用价值的转变是从药品到奢侈品到大众消费品，消费阶层的转变是从皇室显贵到富家子弟再到下层百姓。英国皇家调查团 1894—1895 年间对中国烟毒情况做的调查资料表明，鸦片进入中国社会与茶进入英国社会的三个接受阶段，基本相似，这是奇怪的巧合。

---

　　① 中国史学会主编：《中国近代史资料丛刊：鸦片战争（一）》，上海书店出版社、上海人民出版社 2000 年版，第 306、299 页。

图 3-24：中国人抽鸦片家破人亡，英国报刊连环画（三）。

艾谢德指出："首先，鸦片是治疗或预防症疾、肺结核和痢疾的药品。这是鸦片最初的用途，它还只是药房之外很少有人知道的一种珍贵的阿拉伯药材。即使在 1900 年，中国有 8000000 万烟民，烟毒达到高峰时，鸦片也还在作为药材使用。其次，鸦片是一种社会奢侈品。它从治病药品变成小康人家健康时的消遣物。政府官吏、士兵、满族妇女，游手好闲的官宦子弟，将抽鸦片当作消闲优游、不事劳作的富贵生活的象征。最后，鸦片是一种食物，或者食物的替代品。鸦片作为一种麻醉品，它可以减少食欲，那些饥饱无常的苦力、船夫，长时间工作的矿工如四川的盐工，可以使用鸦片抗饥耐劳。"①

鸦片作为珍贵药品或"贡品"，首先在皇亲贵戚、社会显达中使用。唐宋间流入中国的波斯或阿拉伯鸦片，数量很少，所谓"前代罕闻"，使用者也多在皇亲贵戚与士大夫阶层，如辛弃疾与苏轼。明代鸦片仍为贡品。《外国来文》与《大明会典》，记有暹罗、爪哇、榜葛剌进贡乌香或鸦片，乌香即鸦片。清初鸦片烟从海外流入闽广沿海，消费形式的改变最终使稀有的药品变成昂贵的奢侈品——烟，消费阶层也从上流社会转向一般富家子弟，"块土价值数万钱，终岁

---

① China in World History，by S.A.M.Adshead, Macmillan Press Ltd.，1988, p.292.

但供一口烟"。①

鸦片从药品变成享乐性奢侈品，就发生在从雍正到嘉庆的一个世纪里。乾嘉时人姚君游广东，回来后向友人俞蛟描绘粤人吸鸦片的"旨趣"："其气芬芳，其味清甜，值闷雨沉沉，或愁怀渺渺，矮榻短檠，对卧递吹，始则精神焕发，头目清利，继之胸膈顿开，兴致倍佳，久之骨节欲酥，双眸倦豁，维时指枕高卧，万念俱无，但觉梦境迷离，神魂骀宕，真极乐世界也。"②

百年间鸦片从药品变成享乐性奢侈品，鸦片的使用方式、使用价值、使用者与使用者所属的社会阶层都变了，使用者从病人变成正常人，从上流社会变成有钱有闲的富家子弟与仕途中人。俞蛟说："近日四民中，惟农民不尝其味，即仕途中亦有耽此者，至于娼家无不设此以饵客，然嗜好过分，受害亦甚酷。"③

图 3-25：中国人抽鸦片家破人亡，英国报刊连环画（四）。

茶进入英国社会，作为药品的阶段大概在 1650—1720 年间，作为奢侈品的阶段大概在 1720—1790 年间，最后落实为大众消费品，则完成于 1790—1860 年间。三个阶段每个阶段的时间大概相等。鸦片进入中国社会的药品阶段，大约持续了一千年，而从药品到奢侈品，则只用了一百年，从奢侈品最后成为大众消费品，大概只用了 50 年。乾嘉时人俞蛟还说四民中农民未尝烟味，到道光初年，程春海已感叹："粤中鸦片烟满地，虽乞儿亦啖之。"道光十六年太常寺少卿许乃济奏请"弛禁"，道嘉庆年间每岁输入鸦片，不过数百箱，"近竟多至二万余箱"，"岁耗银总在一千万两以上"。而"究之食鸦片者，率皆游惰无志，

① 中国史学会主编：《中国近代史资料丛刊：鸦片战争（一）》，上海书店出版社、上海人民出版社 2000 年版，第 307 页。
② 中国史学会主编：《中国近代史资料丛刊：鸦片战争（一）》，上海书店出版社、上海人民出版社 2000 年版，第 296 页。
③ 中国史学会主编：《中国近代史资料丛刊：鸦片战争（一）》，上海书店出版社、上海人民出版社 2000 年版，第 296 页。

图 3-26 中国人抽鸦片家破人亡，英国报刊连环画（五）。

不足重轻之辈"。[①] 此时，鸦片消费者似乎已从富家子弟到一般百姓了，所谓"上自官府缙绅，下至工商优隶，以及妇女僧尼道士，随在吸食，置买烟具，方第日中"。[②]

50 年间，鸦片贸易在中国已造成"烟劫"[③]，鸦片杀人破财[④]，国人哀叹，却无可奈何[⑤]。道德谴责、行政禁止、战争冒险，最终都无效。两次鸦片战争，"烟祸"愈演愈厉，到同治年间，中国的吸烟人口已达 4000 万人，将近总人口的十分之一。中国本土出产的鸦片产量已超过进口的鸦片产量。中国人口占世界的 25%，而中国消费的鸦片，则占世界鸦片总产量的 85%。中国真成了一个抽鸦片的国家。

鸦片凝结着中华帝国衰亡的历史

茶与鸦片，轻飘飘如水似烟，将旧大陆东西两端两个最为遥远的国家，联结到一个水深火热的世界里。一天六杯热茶、三筒鸦片烟，原本都是外来的，生活中没有必要的奢侈品，如今在逐渐普及的消费者那里，却成为一日三餐般的日常必需的消费品。茶与鸦片作为舶来品，在英国与中国的本土化过程，经

---

① 马模贞主编：《中国禁毒史资料》，天津人民出版社 1998 年版，第 50—51 页。

② 中国史学会主编：《中国近代史资料丛刊：鸦片战争（一）》，上海书店出版社、上海人民出版社 2000 年版，第 348 页。

③ 黄培芳称鸦片流毒为"烟劫"，诗云："国初烟禁渐增华，鸦水潮黄又淡巴。天怒上干奢侈极，香糕引火对灯擎。"黄培芳：《烟劫》，载《粤岳山人集》，民国抄本。

④ 陈澧说鸦片大害有三："杀人不计亿万千"，"吃烟肠胃皆熬煎"，"吃烟费尽囊中钱"。陈澧：《炮子谣》，载《东塾遗诗》，清刻本。

⑤ 国人知道鸦片之害，但也只能扼腕太惜、徒呼天理良心。如时人张维屏道："使人食而嗜之，既嗜之，较之饥渴而有甚。是物之害人如此。……夫以养人之才《财》，易此害人之物，而流毒未知所底止，此亦有心者所为扼腕太惜者也，……试思外国不造此物，不载此货，中国虽欲食，安而得食之？……鸦片为害人之物，己图其利，人受其害，所谓天理安在乎？"张维屏：《国朝诗人征略初编》，《张南山全集》本。

历了相似的三个阶段，而这相似的三个阶段，在不同国家的社会历史意义，却完全相反。茶进入英国生活，在个人健康、社会伦理、经济政治方面，都促进了英国的现代文明的进程。鸦片的作用在中国，却恰好相反。它自始至终伴随着中华千年帝国的最后的衰败，不管是作为原因，还是作为结果，或者同时作为原因与结果。

茶与鸦片作为商品，在某种意义上有着共同的特征，它们本来都不是生活品的必需品，但将它作为奢侈品消费的消费者一旦上瘾，它就变成了日常生活的必需品，甚至表现出取代原有必需品的倾向。茶进入饮食，鸦片进入呼吸，而呼吸与饮食是人维持生命的最基本的条件，茶与鸦片又成为饮食呼吸中必不可少的东西，这是一个奇妙的转化过程。马斯洛提出人的五种需求层次从生物到文化提升的"金字塔"结构：生理需求，如饥渴，是基础层，依次向上则为安全保障、社会归属与尊重、认识与审美、最高层为自由创造和自我实现层。茶与鸦片的消费转化过程，恰好是倒"金字塔"结构。

茶与鸦片首先作为上流社会的昂贵的奢侈品，满足消费者的自我实现与审美需求。喝茶与抽鸦片，最初都是为了寻求一种异域浪漫的刺激，甚至在过程与结果上具有美学意味。英国上流社会的茶点过程精雅化，具有明显的审美表演性，类似于东方的茶道。中国上流社会抽鸦片，不仅过程与方式精雅化，其恍惚迷离的境界，在心理体验上类同于庄禅理想的审美自由境界。有词描摹鸦片三味："一榻横陈。大好烟霞，色香味声。看星星微火，剔开余焰，喁喁细语，畅叙幽情。欲脱还粘，将离仍即，九转还丹候已成。垂涎处，正弹丸脱手，呼吸通灵。多君彩笔纵横，更一缕情丝袅独清。叹百年幻景，浮生若梦，九州高外，酣睡难醒（'九州惟高卧，四海此传灯'，本南汇丁时水先生制联）……"[①]苏智良指出："鸦片比较适合东方人的性格与口味。与大麻、可卡因类毒品的兴奋作用截然不同，鸦片类毒品的特征是使激动得到镇定，让紧张变得放松，把分散加以集中，使人的心智达到无烦恼、无忧虑的解脱，宁静和平衡；仿佛可以远离人世的喧嚣，竞争，厮杀与骚动，进入一种无忧无虑的超脱

---

① 马模贞主编：《中国禁毒史资料》，天津人民出版社 1998 年版，第 252 页。

图 3-27：鸦片烟馆的瘾君子。

境界。"①

上流社会的奢侈品逐渐扩大消费群，便成为一种时尚，许多人从中获得身份认同的体验。茶与鸦片的消费在英国与中国历史上，都曾是财产与权力、地位的象征。在所有这些消费层上，茶与鸦片的文化意义都大于"生化"意义。直到最后，它们才成为一种生理需求的、维持生命的必需品。可一日无餐不可一夕无烟。鸦片烟如饮食呼吸，日不可废。

中国社会接受鸦片的需求层次的转变，也表现在个体鸦片吸食者身上。朱榴描述吸烟上瘾的阶段性需求变化："凡子弟吃烟，其始必贪渔猎脂粉，借此娱情，志不在烟也。继则惟求窗几明净，器具精洁，不复作他想矣。此其一变也。继而又思地位隐僻，无人觑破，以作裒裒之计，不暇求精矣。此又一变也。继而又欲烟好灰轻，须得真实受用，迹已败露，不复为人讳也。此其又一变也。继则日事呼吸，资用益繁，须求价廉，可以日支，美恶不必问矣。此其又一变也。继而瘾大力穷，时形拮据，但求赊欠，以济目前之急，即份不廉，亦不敢较也。此其又一变也。继又手无寸铁，赊亦无主，强欲断瘾，终觉难忍，乃假无事消闲之态，寻平时之相识者，以冀嘘尔而与。此其又一变也。至诸事不顾，百丑尽出，更为下矣。"②

茶与鸦片的本土化过程相同，社会历史作用却完全相反。茶进入英国社会，在民生道德、经济、政治上都对其现代文明进程起到积极的作用。鸦片进入中国，则与中华帝国的最后衰败直接相关。

在鸦片与满清衰亡的关系上，原因论者认为，鸦片毕竟是外来品，它损害

---

① 参见苏智良注：《中国毒品史》，上海人民出版社 1997 年版，第 7 页。
② 马模贞主编：《中国禁毒史资料》，天津人民出版社 1998 年版，第 252 页。

健康、腐化风俗、破坏经济、导
致西方入侵与政治混乱结果论
者质疑，鸦片流传世界从西到
东，为何独害中国？许多国家都
成功地禁绝鸦片烟，为什么中国
屡禁不绝？鸦片到中国海岸，中
国有一个加工分销的商业网散
播，有一个贪污腐败的官吏网保
护它，有一个有闲有钱的阶层消
费它，有一个普遍绝望悲观、逃

图 3-28：抽鸦片的满大人，英国漫画。

避现实的社会心理为它提供了需求的精神背景。中国不是因为抽鸦片而衰亡的，
而是因为衰亡已经开始，鸦片成为社会各阶层人慰籍失望与痛苦、逃避现实的
工具。

　　实际上两种观念，都有道理而且并不矛盾。鸦片烟作为一种外来毒品，
确实在各个方面危害了中国社会，直接关系到帝国的衰亡，同时，中国社会
在特定历史阶段——清皇朝由盛及衰的转折点，也为鸦片进入中国提供了制
度与精神上的接受条件。因此，我们应该在双向因果模式下思考鸦片对中
国社会历史的破坏。这种破坏是从鸦片烟在中国社会各阶层各地区的普及开
始的。

　　"粤中鸦片烟满地，虽乞儿亦唉之"，鸦片烟从上流社会的奢侈品到大众百
姓的日常消费品，消费者社会阶层的转变也伴随着中国本土消费地域的三次迁
移，首先是东南沿海，其次是西南西北等鸦片种植区，最后才到中原东北[①]。作
为药品的鸦片，使病人变成健康人；作为毒品的鸦片，使健康人变成病人。程春
海（嘉庆道光年间人）道，"粤中鸦片烟满地，虽乞儿亦唉之"，不过是他为自
己的诗歌做的注中的句子，其诗写得具有反讽式沉痛："天生灵草阿芙蓉，要与

---

　　① 　参见王金香著：《中国禁毒简史》，学习出版社 1996 年版，第一章，"清道光年间的禁烟活
动"。又见 Opium Conflict and Control In Late Imperial China。收入论文集 Opium Smoking m Ching
China，ed.by Fredric Wakeman，Jr.and Carolyn Grant，143-173，Berkeley and Los Angeles : University
of California Press，1975。

饕餮竞大功，豪士成金销夜月，乞儿九死醉春风……"

茶进入英国生活与鸦片进入中国生活的过程基本相似，最后都成为大众日常消费品。作用却完全相反，茶成为佐餐饮料甚至食品化，有益于英国人饮食结构的合理化发展与健康营养；鸦片则有害健康，它不是食品，而在某种程度上成为食品的替代品。凡抽鸦片上瘾者，多茶饮不思，甚至茶饮可以时废，而抽烟却片刻不可差。正如一个潦倒士人，在自己的烟铺门口写的对联："三起三眠，永朝永夕；一喷一醒，如渴如饥。"①

"竹筒呼吸连昏晓，渴可代饮饥可饱。"鸦片成为饮食的替代品，与茶的功能完全相反，它破坏了中国传统的茶饭结构，直接损害人的健康，上瘾者"珍馐果腹色如菜，鲜衣被体神似丐"。②我们在茶进入英国社会生活的过程中，看到茶在营养健康、社会伦理、经济政治方面对英国现代资本主义文明的积极影响，在同一模式下，我们也可以看到鸦片进入中国在这三个方面的消极影响。

鸦片烟对个人健康的破坏是显而易见的。同样显而易见的是鸦片对中国经济、政治的破坏。几乎所有的禁烟文件中，都提到白银外流。由"漏银"危机导致中国经济衰退，进而影响到政治稳定。道光皇帝说，"此物不禁绝，使流行于内地，不但亡家，实可亡国"。③晚清中国内忧外患，都与鸦片相关。鸦片对社会伦理的恶性影响，同样发人深省。就家庭伦理来说，鸦片破坏了传统的家庭秩序。上瘾者"不问儿啼饥，不顾妇无袄"，倾家荡产，富者变贫，贫者做匪。抽鸦片毁家败俗。

从表面上看，鸦片烟馆作为公共社

图 3-29 : 鸦片帝国的女烟民们。

----

① 马模贞主编：《中国禁毒史资料》，天津人民出版社 1998 年版，第 255 页。

② 中国史学会主编：《中国近代史资料丛刊：鸦片战争（一）》，上海书店出版社、上海人民出版社 2000 年版，第 317 页。

③ 中国史学会主编：《中国近代史资料丛刊：鸦片战争（一）》，上海书店出版社、上海人民出版社 2000 年版，第 317 页。

交场合，类似于英国的茶馆。如时人所描述："三两口，精神爽快，一盏灯，团圆精彩。好形影，相傍相偎，结祥和，烟光霭霭。道家常，嘴对嘴，扣合同，腮对腮。土地松香，围住一堆，你起我睡，你让我推。因此上，人人贪、个个爱，将一座好神州化作烟世界。"①实际上，坐而饮茶与卧而吹烟，作为公共活动，其社会功用完全相反。茶园结构的公共生活是积极的、入世的，可能酿成公共舆论与民主力量，而烟馆结构的公共生活却是消极否定的、出世的。那位为茶作文的莱顿大学教授从医学角度证明茶的最大的功用是使人清醒，饮茶可以使人终夜读书或者谈天。而抽烟者都明白烟使人沉醉，使人白日入梦，梦境连绵。俞正燮《鸦片烟事述》也从医学角度证明吸烟之恶果：鸦片"初吸精神焕发"，常吸则"精神困顿"，"吸烟久其人必畏葸庸琐，激之亦不怒，由其精华竭也"。②

茶使人入世，烟使人出世，相似的社交方式，相反的社会效果。茶与鸦片，

图 3-30：抽鸦片成为中国社会的一种"公共生活"。

---

① 马模贞主编：《中国禁毒史资料》，天津人民出版社 1998 年版，第 250 页。
② 中国史学会主编：《中国近代史资料丛刊：鸦片战争（一）》，上海书店出版社、上海人民出版社 2000 年版，第 289 页。

同样轻薄，如水似烟的舶来品，进入英国与中国社会，其过程与方式相似，其历史作用却完全相反。18世纪中叶，翰威论茶"有害健康、拖贫经济、搞垮国家"，用作反茶的理由，似乎有些荒诞，如果用来禁烟，理由则非常充分而准确了。一个世纪之后，出使英国的中国第一任驻英大使郭嵩焘力申禁烟，也是从个人经验开始，说明鸦片烟"有害健康、拖贫经济、搞垮国家"的。"……嵩焘少时尚未闻此（指鸦片烟），于时物利丰阜，家给人足，百姓守法惟谨。迨后鸦片烟之害兴，而世风日变，水旱盗贼首，相承以起，即今日洋祸之烈，实始自禁鸦片烟，而金田贼首，亦因洋务散勇，啸聚山谷，驯至大乱。是此鸦片烟不独伐贼民生，耗竭财力，实为导乱之源……"①

卫斯理、翰威反茶之论，因为无稽已成笑谈；郭嵩焘等人禁烟之说，却因为事实，而令人沉痛。鸦片确可亡家亡国。18世纪中叶，英国人反茶；19世纪中叶，中国人禁烟。反茶者将有益说成有害，禁烟者将有害说成有害，最奇怪的是尚有将有害说成无害的，英国人认为，他们卖给中国人的鸦片是一种珍贵的药材。

鸦片在中国的代称是烟或土或者烟土，在英国则常称作药（Drug）。威廉·亨特（W. Hunter）鸦片战争前后在广州，他说尽管中国皇帝三令五申禁烟，可他们在中国贪官的保护下"像以前一样继续出售洋药"。任何一个流行术语，都具有特定的意识形态含义。它意味着人们对事物的态度与评价、欲望与恐惧，以及他们需要通过语词来表现与遮蔽的东西。在英国人的观念中或潜意识中，将鸦片称为药，即对鸦片作为物以及与之相关的一切经济政治活动的意义做了规定。

首先，药品是用来预防、治疗、诊断疾病的，是救死扶伤的珍品，在人类社会中具有重要的肯定性价值。一旦将鸦片归为药，既赋予鸦片一种似乎合理的昂贵价格，又赋予鸦片贸易一种看上去合法的性质，甚至可能使毒品贸易具有道德肯定意义。药品贸易救死扶伤，是一种人道的、合法的商业活动，它遮蔽了鸦片贸易的罪恶本质，表现一种似是而非的伪正义。

其次，药品或多或少都具有毒性，药品或毒品，就事物本身来说，并无明确区别，区别在于使用者选择使用的剂量，任何药品一旦过剂量使用，都可能

---

① 中国史学会主编：《中国近代史资料丛刊：鸦片战争（一）》，上海书店出版社、上海人民出版社2000年版，第316页。

变成毒品。因此，即使鸦片在中国变成毒品，也与英国人贩运无关，英国人不应受到道义谴责，东印度公司提供的是药品，而中国人把它变成毒品了，道德堕落的是中国人。林则徐无法理解一个法治

图 3-31：鸦片战争前的广州码头。

国家为何为非法贸易发动战争，不理解在绝大多数英国人的观念中，鸦片贸易并不是不道德的、非法的。

　　鸦片是一个相对客观的术语，药或烟土作为其代称，则赋予其明显的意识形态含义。烟字繁体写作"煙"，一火一西一土，象形意义清楚，点火而吸西来之土，似乎造字之初，已预兆了后世的鸦片之祸。烟或土，都意味着某种轻薄的、无形的、无价值的、低廉甚至粗糙的东西。烟可与霞联用，烟霞亦代指鸦片烟，其意味则由轻薄无形转向轻盈超脱，自由幸福；土则暗示其无价值与粗糙，但鸦片昂贵，人们"以金易土"（时人多用此语说明鸦片贸易的危害），是用最有价值的东西交换最无价值的东西。其反讽意义在于：人生最重要的自由幸福境界是通过最虚无缥缈的烟获得的，世间最珍贵的黄金用来交换最廉价的泥土，这种语义暗示的矛盾，说明人们观念与现实中的困境。鸦片烟进入中国，在中国造成的绝境，不仅是明显的政治、经济、道德上的，还包括某种文化哲学困境。人们在观念深处或潜意识深处，是无法解释或接受这一事实的，它甚至令人追究到，中国传

图 3-32：王羲之的"烟"字。

统理想化、审美化的自由境界，在获得方式上，具有某种罪恶性。

鸦片问题在英国与中国都意味某种文化困境。术语分析可以提示现实问题。英国用"药品"指鸦片，知其害却遮蔽其害，中国以"烟土"指鸦片，表现其害却无可奈何。道光时代，中国已有一百多年的禁烟历史了。但严刑酷法之下，却屡禁不止。英国鸦片烟商在广州生活，名义上受种种限制，实际上却处处体会到自由。中国官方要严禁鸦片贸易，但他们无地无刻不在进行鸦片贸易，不仅是公开的，而且受到地方官的保护。亨特说那些年里在广州商馆的生活，就像是一个斯芬克斯之谜，表面上看"受着一大堆限制，长时期地和当局冲突、审判、威吓、生命危险，以及不知会发生什么变故的普遍不稳定。中国当局三令五申，我们要遵纪守法、服从指令、要战战兢兢地生活，不要因顽抗和规外行动引起皇帝的愤怒。但是这仅是一些具文。……我们并不管这些官样文章，我们只专心做买卖、划船、散步、享用美食佳宴，日子过得很快乐……"[①] 林则徐钦差南下，动真格禁烟，并围困商馆，烧毁鸦片，委实令英国人大吃一惊，他们既没有意识到英国人贩烟的罪恶，也没有意识到中国人真会禁烟。冲突对中英双方都有些突然。英国人没有想到中国人真会禁烟断了大英帝国的财路，中国人没有想到大英帝国竟会为不法奸商的不法生意而出兵外洋。

吃惊！人们究竟是不了解自己，还是不了解对方？中国文化在理性与实践层次上是否定鸦片的，在审美想象与潜意识状态中，又有认同鸦片的倾向。西方人在理性与道德层次上，是否定鸦片贸易的，但在种族主义世界观与经济政治扩张的实践层次上，又有肯定鸦片贸易的倾向。亨特说，他在广州那些年里(1825—1844年)，几乎没有不做鸦片贸易的英美商人，而依他40年在中国的经历，还没见过一个中国人因吸鸦片而伤害身心的。中国人抽鸦片，"就像美国人与英国人喝酒提神一样，喝酒与抽鸦片的不良后果，都微乎其微。"[②]

鸦片战争即将爆发，双方都不得不思考鸦片问题。中国人坚持认为鸦片是有害的，而且是外夷的陷害。亨特的观点在西方较有代表性，鸦片并不比酒有

---

① 中国史学会主编：《中国近代史资料丛刊：鸦片战争（一）》，上海书店出版社，上海人民出版社 2000 年版，第 235—236 页。

② Fan Kwae at Canton before Treaty Days，1825-1844.By William C. Hunter，Shanghai，1911，p.80 .

图 3-33：鸦片战争前广州十三行的洋人商馆。

害，西方人习惯喝酒，中国人习惯抽鸦片，英商九死一生为中国人运送鸦片，犹如为灾难深重的中国人送去慰藉他们心灵与肉体的圣膏 (balm)，中国皇帝与大吏们为什么不能体察民情，连百姓这一点点可怜的爱好的权利都要剥夺吗？随着中国禁烟，中英冲突加剧，越来越多的英国人开始为鸦片贸易辩护：鸦片是无害的，至少对中国人无害；即使对中国人有害，也不是英国人的过错。一位才华横溢而又容易冲动的小册子作家在致英国外交大臣巴麦尊爵士的一封公开信中振振有词地论辩："如果有位病人用麻醉剂，剂量比医生处方规定的用量多两三倍，你能因此而指责医生吗？同样，如果有人爱好抽鸦片而不喜欢喝酒，一般来说每天只应抽三筒，可他却抽了 6 筒或 12 筒，你能因此而指责卖鸦片给他的商人吗？"①

---

① 　The Rupture with China and its causes including the Opium Ouestion by a Resident in China，by H.H.Lindsay，London: Sherwood Gilbert and Piper，1840，pp.6-8.

第三节

荒诞史诗：帝国兴衰系于贩毒与贩毒战争

没有茶叶贸易造成的白银出超，英商可能不那么急切地向中国运鸦片；没有鸦片贸易，大英帝国的东方殖民事业就无法支撑；没有鸦片战争，西方三个多世纪的东方扩张，就没有进行到最后的凯旋……

有人从历史中看出辉煌与悲壮，有人却看出荒诞。地球两端两大帝国的兴衰关联，竟系于轻薄无聊、如水似烟的茶与鸦片，而生活中本来最无足轻重的物品，却导致了历史上改变民族与世界命运的最沉重的战争……

茶与鸦片，关联起世界两端两个帝国的兴衰，而且最终导致了一场改变帝国的命运，也改变世界格局的战争。

污染大英帝国东方殖民体系的毒品根源

1957 年，法国荒诞派剧作家阿达莫夫完成了一出"史诗剧"《巴奥罗·巴奥列》。剧中的主角巴奥罗·巴奥列是位做珍稀蝴蝶贸易的商人，在美洲与南太平洋收购珍稀蝴蝶，卖给一位叫瓦萨尔的富商。瓦萨尔的业务是生产、出口鸵鸟毛，据说鸵鸟毛构成法国第四大出口商品，中国满清王朝灭亡，欧洲"一战"爆发，都直接影响到他们的珍稀蝴蝶与鸵鸟毛生意。这是一出带有荒诞色彩的史诗剧，荒诞之处在于，珍稀蝴蝶、鸵鸟毛，本来都是一些无足轻重甚至毫无实用价值的东西，可它一旦成为贸易品，却凝结了整个国家政治经济命运，甚至影响到世界范围内的战争或和平。现实世界是通过在商品流通中形成的金钱与权力关系运行的，而这些商品，却常常是一种毫无价值的东西。

艺术的意义是打破流行的俗见，使人们发现世界的真实。不是艺术荒诞，而是艺术发现了世界本身的荒诞。15世纪以来的西方资本主义扩张，彻底改变了人类的历史，可是，如此宏阔的事件，不管是人类的幸福还是人类的灾难，在动机与主导因素上，都显得渺小、微不足道、给人一种极不协调的荒诞感。

"最初的远航是为了胡椒。"茨威格为伟大的麦哲伦写传，《归来没有统帅》开篇第一句话就是"最初的远航是为了胡椒"。胡椒，富人餐桌上的一小撮调料，既不可充饥又不可御寒。蒙古帝国崩溃，土耳其人入侵，传统的东西贸易通道中断了，伊比利亚人探索新航道。伟大的地理大发现的动机，除了微不足道的胡椒之外，还有捕风捉影式寻找长老约翰的国土。历史叙述中伟大的事业经常起于微小无聊的动因，既荒唐可笑又沉重可悲。西方资本主义扩张中几类主要的洲际贸易品，都令人不可思议，一是感官刺激物或兴奋剂，其中包括胡椒、香料、可可、咖啡、烟草、茶与鸦片；二是贵金属，如黄金与白银；三是日用奢侈品，如丝织品、瓷器；四是人——奴隶贸易。

本来无足轻重的商品，却在一点点地构筑以欧洲为中心的庞大沉重的世界体系。欧洲之外的传统世界依旧是静止的，西方冒险家四处流动，串通了世界，他们用美洲的白银烟草交换亚洲的香料、可可与咖啡，茶与丝织品、瓷器，美洲有自然资源缺少人力资源，美洲的印第安人多死于欧洲的大炮与感冒，非洲有人力资源无自然资源，黑人是非常强健的劳力，于是欧洲人就将非洲人捕去美洲当奴隶，种烟草挖银矿。结构巧妙的世界经济体系，最初就是这样形成的。

图 3-34：美洲咖啡种植园黑奴劳动。

探险、发现、征服、贸易，所有壮阔的行动似乎都为了那些无足轻重的东西，而且所有这些无足轻重的贸易品，不仅几乎没有一样是生活必需品，在道德意义上，也都值得怀疑。兴奋剂、奢侈品、人，都不应该是正当的贸易品。尤其是兴奋剂类，可能是药品，也可能是毒品。特洛基在《鸦片，帝国与全球政治经济》一书中指出：欧洲扩张过程中主要的世界贸易品，可可、咖啡、茶、烟草、酒、鸦片，都属于 Drug（药品／毒品）[1]。作为广义的兴奋剂，它们的作用可以分为四种：一是在一定程度上治疗某种身体上的不适；二是在繁重的体力劳动、旅行或战争中提神、缓解肉体的压力；三是在某些宗教活动或巫术仪式中，改变人们对现实的感知，导致某种迷狂状态；四是纯粹为了享乐使用，它能使人兴奋、沉醉，使人感受到特殊的幸福、欢畅、激昂或沉静、智慧与雄辩。[2]

人类有几千年的药品／毒品贸易史，但只有在西方资本主义扩张时代，才体系化、普遍化。咖啡、可可、巧克力、烟草、茶进入西方，起初都作为药品，也都曾被认为具有毒性，最后也都从奢侈品变成大众日常消费品。在这一长串兴奋剂商品单上，鸦片最后一个出现，而鸦片不论作为药品还是毒品，效果都更强烈，对世界历史的影响也更深远。

鸦片是有魔力的！鸦片贸易最终扭转了两个多世纪以来东西贸易的局势。西方向东方扩张进入一个凯旋阶段。18 世纪中叶西方向东方扩张进入最后的凯旋阶段，在这一阶段中，英国人建立了对印度的殖民统治，解决了对印度贸易的问题，而且将印度变成原材料产地、劳动力产地与殖民扩张的基地。政治与军事力量解决经济问题。荷兰人已经试图用亚洲区域贸易的利润补偿欧亚贸易的逆差；英国人继续努力，用东南亚的胡椒换印度的棉花；最后，最成功的是，用印度的鸦片换中国的茶。鸦片贸易不仅扭转了英中贸易的逆差，甚至扭转了两百多年东西方贸易的逆差，而且鸦片贸易的利润，成为英国维持在印度的殖民统治的主要财政来源，鸦片战争爆发，指挥与补给基地都在印度，中英战争

---

① 英语中 Drug 一词，具有药品与毒品的双重含义。汉语中找不到对应词，只好用"药品／毒品"这一复合形式表达。

② 有关世界范围内的药品／毒品的使用与贸易背景，参见 Opium，Empire and the Global Political Economy，by Carl A.Trocki，London and New York：Routledge，1999，Chapter Ⅱ：All the drowsy syrups of the World，pp.13-32。

在一定程度上是英国利用印度殖民地打中国的战争。英国人建立了鸦片贸易体系，打赢了鸦片战争，使鸦片贸易合法化，最后与西方列强一道攻占北京。在大英帝国的凯旋般的扩张进程中，鸦片是最基本也最有活力的发动因素。

对于西方扩张的历史而言，鸦片贸易的意义，不仅是贸易与世界经济的，更重要的还有殖民主义帝国主义的世界政治的。在某种程度上说，鸦片贸易是整个大英帝国的基石，是西方建立世界经济体系中最核心的中枢性因素。特洛基指出，弗兰克等人对18世纪后期东西方经济技术、政治军事势力对比格局的变化以及西方最终赢得对东方的优势的研究，忽略了鸦片贸易在其中起到的枢纽作用。鸦片是大英帝国甚至整个西方在亚洲的殖民体系的"拱顶石"(keystone)，所谓拱顶石，"就是指在一个大系统内各种关系、结构最终依赖的因素"。

如果我们将亚洲贸易当作一个相互依存的关系系统，就会发现鸦片具有决定各种变化的枢纽功能。19世纪绝大多数时间里，作为毒品的鸦片，一直是英属印度输出到中国的主要贸易品，尽管棉织品才是印度最有价值的产品。同时，毒品鸦片贸易的税收是印度殖民政府财政的第二大主要来源。在50到60年间，鸦片也是中国最主要的进口产品，是19世纪前半叶聚集在澳门、广州的欧洲与亚洲商人最关注的贸易项目。鸦片贸易的利润不仅可以支付东印度公司茶叶贸

图3-35：当时来往于加尔各答与广州之间的鸦片飞剪船。

易的支出，而且，到 19 世纪初，它还扭转了三个世纪以来东西贸易中白银流入中国的状况。正是因为中国政府注意到白银外流的情况并厉禁鸦片贸易，才导致鸦片战争。而也正是因为鸦片贸易使大量白银回流到英美商人手里，才积累起转化为现代工业与企业资本的资金。

"从 1760 年或 1770 年前后起，鸦片贸易开始影响欧洲在亚洲扩张的经济、政治、文化各个方面并扭转了局面。单独看来，鸦片并不是西方在亚洲构建殖民帝国的最特殊或看上去最有价值的因素。它也并不是殖民政府费时最多、花精力最大的事项。或许最值得注意的，恰恰是鸦片贸易太平常了，无处不在，所以无人注意，隐入历史背景中去了。它似乎只与英国在印度与东南亚进行的许多场战争中的少许几场相关，与印度或中国的经济总量比较起来，也无足轻重。但是，鸦片之于大英帝国与西方世界经济体系，犹如酵母之于面包，袋鼠之于荒原，真菌之于森林树木，它们是整个事物结构与其变化所依赖的基本因素。尽管一时仍难以证明，但完全可能的情况是，没有鸦片就没有西方的殖民帝国。鸦片，在资本主义发展与殖民财政体系中，联结起一些关键因素，促进了整体关系，最终导致殖民帝国的建立。"[1]

从胡椒到鸦片，一些无足轻重的、没有多少实用价值的商品，甚至毒品，不仅促发了西方的资本主义扩张，而且最终完成了这种扩张。鸦片贸易不仅在经济上扭转了三个世纪西方与东方贸易的逆差，在政治上还发展出维持殖民地统治并建立新殖民地的理想模式。

从葡萄牙人的果阿到荷兰人的巴达维亚，西方扩张势力在东方建立的殖民地最终都垮于无力支撑。只有英国东印度公司找到了鸦片贸易，这样不仅解决了公司收购茶叶的资金，也解决了英国殖民政府维持印度殖民地的财政经费和进一步入侵中国的军费。殖民帝国的理想形式是以殖民地养殖民地，以殖民地控制殖民地。鸦片贸易维持着英国在印度的统治，而英国在印度的统治，又成为征服中国的根据地。由鸦片贸易的利润支持的大英帝国的舰队从加尔各答出发赴中国，在中国沿海进行陆上战斗的，多是孟加拉兵团的印度士兵。

---

[1] Opiun.Empire and the Global Political Economy, by Carl A. Trocki, London and New York : Routledge, 1999, p.59.

西方扩张，在西半球与东半球，先后都创造了奇迹，而且创造奇迹的"魔力"又都那么险恶猥亵：大炮、瘟疫、贩奴、贩毒。欧洲殖民主义扩张势力，令人想起歌德笔下《浮士德》中的魔鬼靡菲斯特，他的作用总是"一半是创造，一半是毁灭"。

图 3-36：英国人在印度的"印度式"享乐，模仿莫卧儿皇宫的生活。

鸦片贸易，世界历史上规模最大、最公开的毒品贸易，在资本主义世界经济体系中的作用，还不仅限于殖民地的统治与开发，其终极贡献则在于欧洲本土的工业革命。特洛基指出："鸦片对欧洲与亚洲的殖民统治同样重要。对于在亚洲的欧洲商人来说，鸦片贸易成为他们完成资本积累的主要渠道，没有鸦片贸易，许多进一步的发展都不可能。英国的大企业、银行与保险公司，都根植于亚洲贸易，都直接或间接地参与鸦片生产与贩运。毒品鸦片在西方资本主义商业化过程中起到重要作用。在亚洲的殖民贸易中，鸦片是最初最彻底商业化的产品，是一种资本化的商品，它与其他药品/毒品一样，本身既是一个商品同时又创造其他商品。土地、劳动力、国家财政关系甚至国家本身，都通过鸦片贸易被商业化。"[①]毒品贸易是西方资本主义发展的主要动因，这种说法犹如马克思说资本主义每一根毛孔中都流着血一样令人震惊。历史令人遗憾的不是这种说法，而是这种说法表达的竟是一种历史真实。

---

① Opiun.Empire and the Global Political Economy，by Carl A. Trocki，London and New York：Routledge，1999，p.9.

鸦片，一种毒品，构成大英帝国的黑暗中心。

为贩毒发动战争

在中国称为"鸦片战争"的那场战争，在英国称为"英中战争"。因为为了"贩毒"发动一场战争，实在不是什么光彩的事。鸦片战争结束不久，艾略特·宾汉上尉在《远征中国纪实》一书中就试图为这场邪恶的战争辩解，他说这场战争根本不是"鸦片战争"："目前许多人心里，都对我们目前在中国的行动的正义性发生怀疑，实际上，鸦片战争，这个流行的名字本身就是错的，这是中国人的观点，他们声称厉禁鸦片贸易，是因为鸦片坏人心、败风俗，可事实上中国人民的道德与健康并不是真正的原因，真正的原因可能是'中华白银外流'①。鸦片战争可能被说成是一场人权战争、法权战争。但不管怎样，鸦片总是其中最核心的因素"，它对大英帝国太重要了。宾汉上尉也承认，鸦片贸易"是一种无往不利的生意，而且眼见着每年的需求量增加了又增加，哪里会轻易

图 3-37：鸦片战争前的广州街面。

---

① Narrative of the Expedition to China, by Commander J. Elliot Bingham, Henry Colburn, London, 1843, Vol I, p.1.

地放弃呢？"

印度人种鸦片，中国人吸鸦片，英国人贩鸦片，并将贩运鸦片获得的巨额利润带回英国或经营英国的海外殖民地。这就是大英帝国经营的现代世界经济体系的美妙结构。鸦片是有魔力的，它再次转瞬之间改变了世界。首先，千年中华帝国在康乾盛世之后开始衰落，这种衰落与鸦片贸易直接相关。1820年之前，中国的鸦片年进口量很少超过5000箱，平均都在4500百箱左右，而进入19世纪20年代，鸦片进口急剧增长，年平均进口量超过10000箱，最多达到16000多箱，到鸦片战争前夕，中国的鸦片进口量已达到年40000箱，20年间几乎翻了10翻。[①]宾汉说中国政府禁烟主要是经济原因，的确如此，除了国家政治安全、国民道德与健康方面的原因外，白银外流，中国经济面临崩溃，的确也是满清政府禁烟的重要原因。

印度人种植棉花与鸦片，棉花运往英国，鸦片运往中国。印度人不能发展自己的工业，只能从事原材料生产；印度人也不能消费毒品，只能生产毒品由英国人运往中国。东印度公司当局一度发现，头脑混乱的印度人不仅种鸦片，而且吸鸦片，使鸦片生产效率大大下降，于是下令在印度禁烟。东印度公司的总裁沃伦·哈斯丁说："鸦片不是生活的必需品，而是致命的奢侈品，除非用于外国贸易，它应该被禁止，明智的政府应该严格禁止国内消费。"[②]

英国可以在本土与殖民地禁烟，却不能容忍中国政府在中国禁烟。鸦片可以由中国人抽，似乎也应该由中国人抽！中国人的家国性命，在大英帝国关心之外；中国人消费鸦片，却在大英帝国关心之内。英国东印度公司垄断了印度的鸦片生产，再由鸦片商贩运往中国，在英国殖民扩张事业中，印度人的职业是种植鸦片，中国人的职能是吸食鸦片，英国人的职能是收获鸦片贸易的巨额利润，建设大英帝国。上帝保佑英国！

---

① 参见［英］格林堡著：《鸦片战争前中英通商史》，康成译，商务印书馆1961年版，第102—103页。格林堡将1800年到鸦片战争爆发这一阶段的鸦片贸易分为三个阶段：1800—1820、1821—1830、1831—1839。前20年鸦片贸易规模基本维持稳定，1820年以后激增，重要原因是英属印度的鸦片生产规模扩大，东印度公司故意压低鸦片价格倾销，免费赠送初试鸦片者烟枪甚至鸦片，鸦片运输航程时间缩短，英国取消东印度公司的鸦片垄断经营权，大量私商介入鸦片贸易，美国商人开始运土耳其鸦片到中国，中国海岸鸦片走私猖獗等。

② 转引自［美］马丁·布思著：《鸦片史》，任华梨译，海南出版社1999年版，第131页。

图 3-38：林则徐像。

对于英国人来说，鸦片贸易关系重大，从日常生活、个人财富一直到国家利益、海外扩张；对于中国人，鸦片就更是身家性命生死存亡的大事。首先，鸦片侵害人的健康，这是不言而喻的；其次，鸦片贸易侵害帝国的经济，白银"漏卮"已经是个大问题，帝国经济有崩溃迹象；再次是社会道德伦理秩序问题，父不能教子，夫不能戒妻，主不能约仆，师不能训弟……最后，是帝国政治问题，鸦片贸易腐蚀了官场与军队，在鸦片走私与消费上，官、兵、匪、夷沆瀣一气。吸食鸦片，绝民命伤元气、乱纲常扰政纪。道光皇帝禁烟意决，朝廷两派却争辩不休，地方更难做到令行禁止。直到林则徐 1838 年 7 月 10 日的奏章抵达天庭，道光皇帝才变得前所未有的坚定，林则徐也准备大干一场。天道不弃，鸦片已经到了非厉禁不可的地步。

1838 年最后一天，12 月 31 日，林则徐被道光皇帝任命为钦差大臣，水陆兼程赶往广东。林则徐的禁烟办法实际上是发动一场运动。这是中国决策者感觉到既定统治的官僚系统已经失灵的情况下，经常采取的"险着"。林则徐以钦差大臣的全权身份奉旨禁烟，1839 年 3 月驻节越华书院，他首先发动与依靠的不是广东的衙门，而是当地的绅士。林则徐迅速在广东民间成立禁烟会，试图以"运动"的方式而不是行政的方式，首先在中国人自己的范围内禁烟，然后再进一步对付外国烟贩。对外的办法是围困洋商，迫使他们交出鸦片，销毁鸦片，并将英国商人驱赶到澳门外洋，封锁海岸，如果这些不法夷商不愿意渴死、饿死在海上，他们自然就会放弃贩运鸦片了。

林则徐被道光皇帝任命为钦差大臣的时候，凝结在鸦片贸易冲突上的中英两国冲突，已经到了一触即发的危险境地。英国大鸦片烟贩几乎与林则徐同时动身返回伦敦，在英国发动一

图 3-39：鸦片战争前的珠江口要塞。

场对华战争的宣传，要求英国政府动用国家武力保护毒品走私商在华的鸦片贸易。英国人相信，"事实"是这样的：中国人本性就习惯抽鸦片，而暴虐的皇帝与他的官员们，却违背人民的意愿，强令禁烟。"禁止鸦片走私是绝对不可能的，除非整个中华民族彻底改变自己的性格。他们是不会放弃鸦片的。"禁烟是不合理不合法的，它伤害英国人的利益中国人的自由！更何况这些都不是战争的原因，或理由，据说真正的问题是，中国伤害了英国公民，他们囚禁英国商人、在英国商馆前的广场上处决犯人。这种行径是野蛮的、邪恶的，大英帝国绝不允许他的公民及其财产在世界上任何地方受到伤害。必须惩罚凶手，战争是正义的，为了英国人自由贩毒，为了中国人自由吸毒；必须教训那些野蛮国家，哪怕动用暴力，也要让生活在黑暗中的东方人享受到西方文明！

1840 年 6 月，16 艘英国战舰、4 艘武装汽艇、28 艘运输船载着 4000 名英军，集结在澳门外洋，准备对中华帝国开战。英国政府不是不想发动对华战争，而是苦于一时找不到发动战争的"合法"理由。实际上早在阿美士德使团到中国碰壁归来，大英帝国的政客们就已经准备发动一场战争解决中英贸易的问题。机会终于来了，林则徐围困广州的英商并没收他们的鸦片，据说是侵犯了人权

图 3-40：英军在虎门外大角、沙角炮击清水师。

与大英帝国商人的公民权，林维喜案件林则徐要追拿凶手，据说是侵犯了英国的"治外法权"或司法裁判权，英国社会舆论与议会辩论，巧妙挑起国家荣誉与公民权利的问题，战争决议最终以五票的多数通过了。林则徐没想到，一时也不能理解，一个帝国的政府，怎么可能为几个贩毒私商大动兵戈。

林则徐禁烟，原则是鸦片务须禁绝，而边衅决不可开。但事与愿违，英军迅速占领舟山并沿海北上天津，似乎京城告急，林则徐万万想不到鸦片没有禁绝，边衅却由此大开，帝国出现前所未有的"危局"。林则徐清醒的地方是，知道官军腐败，不堪一击，所以将抗敌的希望寄托在招募乡勇上。不清醒的地方是依当时中国状况，不管是官方武备还是民间意气，都不足以抵抗。清军节节败退，城池不断失陷，英舰沿长江深入，险将大清帝国的版图切成南北两半。林则徐被撤职充军，从东南沿海到西北边疆。曾寄厚望于林则徐的道光皇帝悔恼不已："汝言外而断绝通商，并未断绝，内而查拿犯法，亦不能净尽，无非空言搪塞，不但终无实济，反生出许多波澜，思之曷胜愤懑。"①

遗憾的是，中国禁烟，有禁毒的权利却没有禁毒的能力；英国贩烟，没有贩毒的权利却有保护贩毒的能力。鸦片战争是不可避免的，鸦片战争中国失败，也不可避免。鸦片战争中，英国有明显的军事优势、明确的政治经济目的、一

① 转引自［美］费正清编：《剑桥中国晚清史》上卷，中国社会科学出版社 1993 年版，第 214 页。

贯的战略与灵活的战术。鸦片战争打赢了，英国人感到从未有过的骄傲，那个传说中无比强大无比富饶的中华帝国终于被女王的骑士们征服了。所有这些辉煌的成就："……不就是在我们高贵的女王的支持下取得的吗？又有谁有足够的勇气来否认中国没有败在她的脚下呢？如果我们远征的目的是侵略的话，

图3-41：林则徐筹建"靖远"炮台的奏折。

那么，在我军的兵力时时刻刻增长的时候，在我们控制了大运河的时候，在南京城任由我们摆布的时候，有谁敢肯定地说我们不能提出任何条件呢？如果我们远征的目的是侵略的话，有谁敢说北京不会被迫投降，而满清王朝不就因此而被推翻了吗？因为，它的水师已经全军覆没了，它的城市已经被占领了，广州城得用钱来赎回了，它的古都已经在我军的炮口之下了，满洲皇权的基石已经动摇了！可以毫不过分地肯定：中国已经被一个女人征服了！"①

"中国已经被一个女人征服了！"写这句话的艾略特·宾汉 (E.Bingham) 上尉，充满了傲慢与轻蔑。他曾作为海军上尉在摩底士底号舰服役，亲临鸦片战争。战争结束后，他写了《远征中国纪实》，成为当时的畅销书。"中国已经被一个女人征服了"这句话，是该书的结束语，而该书的开篇，是他引的德庇时爵士的一段名言做的"题记"："野蛮人与猛兽没有差异，不能用文明社会的准则来治理；假如有人企图以伟大的理智原则使之臣服，结果将是徒劳的，只能引发混乱。古代帝王们深谙此道，故对野蛮人施以暴政。因为，治理野蛮人，暴政才是真实的、最好的方式。"②

---

① Narrative of the Expedition to China，by Eliot Bingham，London: Henry Colburn，1843，VoⅡ，p.372.

② 参见 Narrative of the Expedition to China ，by Eliot Bingham ，London：Henry Colburn，1843，Vol 1，Introduction。

图 3-42：英军炮击广州城。

水深火热的世界。茶与鸦片，这类轻飘飘、如水似烟，无足轻重的商品，甚至毒品，在短短的两个世纪间，成就了一个帝国，也毁灭了一个帝国。第一次鸦片战争以《南京条约》的签署结束。《南京条约》约定，大清国分期付清赔款 2100 万两白银，开放广州、厦门、福州、宁波、上海五口通商，品级对等的官员平等往来，在各通商口岸建立英国领事馆，废除公行垄断，对英商进出口货物秉公征税，割让香港。

第一次鸦片战争最后的议和谈判，是在南京静海寺开始的，这座寺院，400 年前是为纪念郑和远航修建的①。荣耀与耻辱的象征，竟戏剧性地出现在同一地点。

历史的意义往往就出现在那个戏剧性的回溯点上。郑和船队的宝船在刘家港腐烂，400 年后帝国水师寒碜的兵船被英国炮舰的炮火炸成碎片。失去海洋的民族，最终也失去家乡。如果 400 年前前朝皇帝不禁海，中国仍能打造世界

---

① 《静海寺重修记》碑文："永乐间太监辈尝奉使航海，……仁宗皇帝为建此寺。"

上最大的海舶称雄远东水域，也不至于今天受此兵败城陷的奇耻大辱；如果200年本朝先帝不在皇权中心主义的冲突中消灭自己的海上力量，或者郑清合作，或者大清水师收复台湾后在郑氏武装海上集团的基础上发展帝国海军力量，开拓海外贸易与殖民，今日也就不会一败再败，割地丧权，由此开始了帝国覆灭悲剧。

　　第一次鸦片战争结束，中华帝国的最后衰落正式开始了，西方扩张也到了最后凯旋的时刻。第一次鸦片战争最后进行的"和谈"中，英方代表璞鼎查曾试图将鸦片贸易合法化，中方不答应。无可奈何就算了。有了香港作为鸦片贸易中心，与合法化也相差不远。毕竟英国统治下的香港，已成为东方毒品贸易

图3-43：第二次鸦片战争爆发，1858年1月5日，两广总督叶铭琛被英军俘虏，押往加尔各答，在那里被装入一个大玻璃缸游街。图为当时英国报刊有关叶铭琛被俘场景的插画。

图 3-44 :《北京条约》签订后，清兵押送赔款到天津。

的中心。第二次鸦片战争，英法联军进了北京城，烧了圆明园，谈判的砝码更重了。《北京条约》中虽然没有明确将鸦片贸易合法化，但英国商人可以自由进入中国内地贸易，并对鸦片进口收取关税（每担 30 两白银），这两项条款，等于已经将鸦片贸易合法化了。第二次鸦片战争在英国被称为"'亚罗'号战争"，似乎又与鸦片贸易无关。实际上，额尔金勋爵受命远征中国的时候，就明确知道他的最重要的使命是保护英国人在华的鸦片贸易，而战后不久，英国驻华大使阿礼国爵士在给英国国会汇报自己的工作成绩时说："我们强迫中国政府接受条约，并允许中国人吸食鸦片。"①于是，鸦片更大规模地泛滥中国，毁家屠人，"无论山乡僻壤，甚至不成聚落之地，操此业者，必有数家，入其室则横陈期间者，曾无虚榻，肩挑负贩，以及小康之子，不入此者，十者殆无二三，其贫而无业者，衣食不完，非所措意，仅得数钱，必先饮此而后可以朝食。今则鳞次栉比者，皆黑暗之天囚。"②

西方早期资本主义世界经济体系的发展，从香料贸易开始，到鸦片贸易完成。从伊比利亚水手发现新航路开始，到八国联军进入北京完成。四个世纪西方向东方的扩张历程中，最有决定性意义的，是鸦片贸易。它像一场瘟疫，从

---

① 转引自［美］马丁·布思：《鸦片史》，海南出版社 1999 年版，第 166 页。
② 《论中国社会之现象及其振兴之要旨》，《东方杂志》第 3 卷第 12 期，第 32 页。

土耳其、阿拉伯到波斯到印度，最终落到中国，并最后摧毁了这个最后的东方帝国。回想起庞大的中华帝国最后被万里之外的蕞尔番邦打败，千年文明濒临绝境，实在让人感到痛心，而且不可思议；而英国，一向贫瘠动乱的孤岛，经过两个世纪疯狂的扩张，竟成为领土遍及世界的日不落帝国，实在是个奇迹，奇迹同样让人感到不可思议。

世界水深火热。鸦片战争之后，连续几个世纪的西方扩张已经到了最后凯旋的阶段。鸦片肇始的内忧外患在中国酿成的一系列的灾难，像一出五幕悲剧：太平天国、二次鸦片战争、中法战争、甲午海战直到义和团起义八国联军攻陷北京，悲剧达到高潮。中华帝国，秦汉唐宋明清，千年帝制时代即将结束，西方四个世纪的世界性扩张，也达到其辉煌的高峰。

西方扩张进入凯旋阶段

1876 年 12 月，中国第一任驻西方大使郭嵩焘从上海启航乘英国轮船前往

图 3-45：被烧毁的圆明园谐奇趣西厅二层平台残迹（1879 年照片）。

图 3-46：科铁斯成为征服美洲的传奇式英雄，图为科铁斯进入蒙提苏马帝国的首都墨西哥城，17 世纪西班牙画作。

伦敦。旅程是由使团英文秘书哈利德·马戛尔尼 (Halliday Macartney) 精心安排的，沿途停靠的港口，全是大英帝国的殖民地——香港、新加坡、锡兰、亚丁、马耳他、直布罗陀，哈利德·马戛尔尼说他的目的是让中国使团每看到陆地，就看到英国国旗，得出的印象是全世界都是大英帝国的，大英帝国就是世界。[①]

大英帝国与整个西方的扩张，都像是个奇迹。哥伦布与达·伽马在 15 世纪最后 10 年里发现了东西航路，随即，西方的世界性的扩张开始了，一潮紧迫一潮。五个世纪间，不同时代有不同时代的特征与问题，不同时代有不同国家民族主导并代表当时的扩张大潮。

从 1519 年科铁斯（H. Cortes）到达墨西哥到 1535 年彼札罗（G. Pizarro）征服印加帝国，中南美洲的西班牙帝国已经基本建立。他们尽可能地消灭土著人，占领他们的家园，开采银矿、建立种植园，将非洲的黑人贩卖到美洲做工，最后将贵金属与蔗糖运回欧洲，用美洲的白银购买亚洲的商品。伊比利亚人转瞬之间征服了中南美洲，北欧国家向北美洲的扩张，不具有那么多的史诗般的凯旋色彩，不是

① 参见 The First Chinese Embassy to the West，Trans . And Annotated by J . D . Frodsham，Clarendon Press Oxford，1974，"Introduction"。

因为没有能力，而是因为没有对手，北美没有大的印第安帝国。北美的黄金、墨西哥的白银、巴西的钻石、加勒比海的糖，很快成为欧洲商人殖民者的大宗贸易品。

欧洲发迹了，美洲变成了第二个欧洲。欧洲向美洲扩张是个奇迹，不可怀疑的是奇迹本身；而可以怀疑的，是他们究竟靠什么创造奇迹，理性或基督教？文明或正义？技术或组织力量？或者，最关键的，还是大炮与感冒？

欧洲的大炮与感冒消灭了几千万土著印第安人。西班牙人到达美洲的时候，美洲至少有 5000 万人口，有广阔的土地与像阿兹特克、印加这样的大帝国。即使他们在军事技术上不敌西班牙，但也不至于让几千万人瞬间毁灭在几千人手里，而且那个时代西班牙人的火枪火炮在准确性与杀伤力上，并不比印第安人的弓箭长矛强

图 3-47：彼札罗下令处死印加国王阿塔瓦尔帕，实际上阿塔瓦尔帕国王信基督教后，是被绞死的。16 世纪西班牙木刻画。

多少。或许真正对土著人有杀伤力的，是欧洲人带去的流行性感冒，土著人对这种流行病没有免疫力，瘟疫出现，大批的印第安人死亡，根本无法抵抗西班牙人的进攻。真正毁灭美洲土著人的是欧洲的感冒而不是欧洲的大炮。哥伦布在美洲登岸后一个世纪间，美洲土著人口减少五分之四，1600 年大概只有 1000 万左右的美洲土著人幸存。[①]

① 参 见 The Columbian Exchange：Biological and Cultural Consequences of 1492，by A．W．Crosby，Westport：Greenwood Press，1972；又 见 Native Society and Disease in Colonial Ecuador，by S．Alchon，Cambridge：Cambridge University Press，1991；又 见 Heavy Shadows and Black Night：Disease and Depopulation in Colonial America，by W. G. Lovell，Annals of the Association of American，Geographers，82，1992，pp.426—443。

图 3-48：征服者巴尔布亚放出饿狗撕咬印第安人。16 世纪荷兰铜版画。

　　瘟疫比大炮更能创造奇迹。美洲土著人奇迹般地死去了。在他们的尸体滋养的土地上，欧洲人开始开矿、种植。墨西哥与安第斯山的银矿、巴西的种植园，需要大量的劳动力。印第安人死的死了，活下来的人又不胜高强度的劳动，于是，欧洲人的世纪贸易体系开始发挥其魔力，在连接大陆的大洋上，贩运奴隶。欧洲人很早便发现了非洲，但一直没有发现非洲的贸易价值，直到有人将黑奴贩运到美洲。于是，美洲的自然资源与非洲的人力资源的互补形式的建立成为西方扩张中最有创造性、最有力也最残酷的核心。经过洲际长途九死一生的野蛮贩运的黑奴，可以胜任炎热天气下长时间的强劳动，而且成本是那么低廉。整个 17 世纪，欧洲人至少把 150 吨黄金与 15000 吨白银从美洲运回欧洲，把 200 万黑奴从非洲贩运到美洲，而 1600 年巴西出口的蔗糖就达 3 万吨。①

到 1650 年，以欧洲为中心的欧洲、美洲、非洲西方扩张的世界性金三角已经形成。欧洲的殖民事业利用了美洲空闲的土地与非洲廉价的劳动力，创造的财富被源源不断地运回欧洲，西方完成了原始积累，产业革命也开始了。布劳特在分析欧洲资本主义兴起的历史动力时，明确指出殖民主义是西方资本主义兴起的先决条件：

"……在 16 世纪和 17 世纪，欧洲获得了三个额外先决条件。第一个条件是，从美洲的矿业和种植园获得的巨大财富积累和从亚洲和非洲的贸易中获得的巨大财富。第二个先决条件是与第一个条件紧密

图 3-49：18 世纪末英国诗人布莱克的木刻画《非洲与美洲扶持的欧洲》，画面两旁各站着一位少女，左侧黑肤的代表非洲，右侧褐色皮肤的少女代表美洲，中间是一位白人少女，娇贵妩媚，被两旁的少女搀扶着。这幅画象征着西方扩张中的世界秩序。

相连的，这就是产品市场在西部欧洲以外获得了巨大的扩张，这些产品或者是在西部欧洲生产或者是进口然后再出口；也就是说，存在着一个巨大的、几乎是不断增长的需求。第三，也是最重要的先决条件，与资本主义相关的社会部门

---

① 18 世纪末英国诗人布莱克（William Blake）创作过一幅寓意深刻的木刻画《非洲与美洲扶持的欧洲》。画面两旁各站着一位少女，左侧黑肤的代表非洲，右侧褐色皮肤的少女代表美洲，中间是一位白人少女，娇贵妩媚，被两旁的少女搀扶着。这幅画象征着西方扩张中的世界秩序。1796 年斯德曼出版的《五年远征纪实：平定苏里南黑人叛乱》，用这幅画作封底，企鹅丛书版的明茨的《糖与力量》，这幅画又出现在扉页上。首先是美洲与非洲滋养了欧洲，代价是美洲与非洲都被消耗尽了。1773 年法国人贝尔南丁·圣·彼埃尔在《法属岛屿、好望角等地行记》一书中说"我不知道咖啡与糖是否创造了欧洲的幸福，但至少创造了美洲与非洲的不幸：美洲人家破人亡，空出土地来种植咖啡与甘蔗；非洲人背井离乡，去美洲种植咖啡与甘蔗。"（见 Sweetness and Power，by Sidney W. Mintz，Penguin Books，1985 版扉页。）

在西欧的宽广领域中取得了政治权力，这种事件除了在一些非常小的地区之外从来没有发生过。这一事件，即资产阶级革命，使资本主义阶级群体得以出现并动员国家力量为它将来的兴起服务，甚至整个社会都为殖民主义冒险做出贡献，而且为诸如城市、道路等基础设施作出准备。与此同时，国家的警察和军事力量也可以被动员来迫使人们离开土地成为领取工资的工人，可以强行使人们和资源为有利的国外战争服务。所有这三点先兆正如我们所论证的那样出现了，是由——或者说否则就不会出现——殖民主义导致的结果。"①

西方扩张，在西半球与东半球同时开始。他们征服了美洲，在美洲的自然资源与非洲的人力资源间建立起互补的殖民主义经济体系，收获欧洲的资本主义。但是，在亚洲，他们的经历并不顺利。亚洲不同于美洲，它有深厚的文明传统，有强大的完整的国家机构与军事力量，而且在工业革命之前，在经济与技术的发展水平上，也并不落后于西方。他们在东半球的扩张有诸多不如意处，首先是在东方帝国的海岸被一再驱逐，尤其是在中国，遭遇更艰难。其次，即使是与这些东方国家勉强建立起伙伴贸易的关系，这种贸易也很不如意。他们从美洲远道贩运的白银，流入印度购买纺织品，流入中国购买茶叶与瓷器。那是个西方"白银外流"的时代。

在 1500 年到 1650 年这一个半世纪里，葡萄牙开辟了以果阿为中心的东方贸易网，荷兰人继承并发展了这个贸易网，将中心从印度西海岸移到更远的东南亚的巴达维亚，并且使贸易更加系统化。他们用美洲出产的贵金属，尤其是白银，换取亚洲的香料、纺织品、瓷器与茶叶，他们在东方帝国的默许下进行"伙伴式贸易"。从 1498 年达·伽马到印度，一个多世纪的努力，西方扩张势力只在亚洲边缘建立了一些贸易点和军事要塞，而且除了在东南亚，所有这些贸易点或军事要塞都岌岌可危，1650 年前后，荷兰扩张也达到极限，荷兰东印度公司开始衰落，西方扩张的第一次高潮已经结束，进入一个间歇与调整期。

西方向东方扩张 500 年的历史，大体上可以分为前后两个阶段和两个间歇期。1500 年到 1650 年是第一阶段，这一阶段的最大问题是东西方贸易的不平衡与政治军事力量的相对平衡。

---

① ［美］J.M. 布劳特著：《殖民者的世界模式》，谭荣根译，社会科学文献出版社 2002 年版，第 252—254 页。

东西方贸易的不平衡，主要表现在西方的"白银外流"问题上。西方扩张需要东方的香料、织物、饮料、瓷器，上述四类重要长线贸易品，都来自亚洲。但直到18世纪中叶，欧洲都找不到亚洲需要的产品，只有拿美洲的白银交换亚洲的"奢侈品"与"药品/毒品"，贸易逆差太大。[1]东西方政治军事力量的相对平衡，主要指东西方国家实力的对比。亚洲与美洲不同，亚洲具有深厚的文明传统，强大的国家机构与军事力量、经济实力上也并不相差于西方。1650年前后，亚洲的游牧文明扩张达到历史的高峰，他们在波斯建立了萨菲帝国，在印度建立了莫卧儿帝国，在中国建立了满清帝国。这些游牧文明与农耕文明结合的东方帝国，虽然在经济技术上都已相对停滞，但政治军事、宗教文化的扩张仍在继续，而且相对于欧洲而言，依旧强大。

从1650年前后荷兰东印度公司开始衰落，到1750年前后英国完成了对印度的殖民统治，这一个世纪，是西方扩张进程中的一个间歇。这次间歇是由西方社会自身的状况，东方社会的状况，西方社会与东方社会的实力对比状况决定的。就中国而言，1650年至1750年，正是满清帝国逐步走向盛世的一个世纪。1750年的中国仍是世界上最大的政治实体。西方此时还没有任何一个国家在政治军事实力上可以挑战中国，也根本不可能组织起联合力量。西方即使在经济上表现出微弱的优势，也不在总量上，而在组织形式上。西方扩张的中歇，实际上是不得不中歇。它必须等待时机，等待西方进一步强大，等待东方庞大的帝国衰落从内部开始。

1650年前后，西方社会的政治、经济、文化宗教都进入一次巨变与调整阶段。英国爆发了资产阶级革命，这场革命历时半个世纪，终于以光荣的妥协结束，因为砍了国王高贵的脑袋之后，在严厉的护国公的剑影下生活，人民并没有感到自由与幸福。荷兰已经露出衰竭的迹象。在东方，荷兰的公司像国家；在欧洲，他们的国家又像公司。荷兰与英国、法国交战，荷兰的商人都将粮食卖给法国人，继续在伦敦开银行。伊比利亚的帝国从本土到海上全面衰落。路易十四继承腓力二世的世界野心，但他的世界胸怀似乎并不比查理曼大帝宽广，世界基本等于欧洲，路易十四想当欧洲霸主，不断在欧洲发动战争。德国经历

---

[1] 有关问题参见［德］贡德·弗兰克著：《白银资本》，刘北成译，中央编译出版社2000年版。

图 3-50：康乾盛世是中华帝国的最后一个盛世。清人绘《康熙南巡图》，康熙皇帝出永定门南巡。

图 3-51：乾隆皇帝登基那年，意大利传教士郎世宁绘制的乾隆皇帝像。

了宗教改革与 30 年内战，正在慢慢地恢复生息。这期间西方扩张的疆域基本上没有扩大，在已经扩张到的土地上，欧洲势力却在争夺统治权。葡萄牙在马六甲输给荷兰人，却在巴西赢了荷兰人。荷兰人把英国人赶出了安汶，英国人不久就把荷兰人赶出了纽约。

1750 年前后，衰落出现于所有的东方帝国，首先是萨菲王朝，其次是莫卧儿，最后是满清帝国，人口膨胀、经济衰退、政治腐败。中华帝国的衰落最晚到来，康乾盛世延续 100 年。名义上的盛世延续到 18 世纪末，实际上衰落的征兆，早已出现在 1750 年前后。从高峰向衰落的转折，只在一瞬之间。人口膨胀超出了农业经济发展的限度，周期性的政治腐败，都在乾隆盛世的高峰时已显露出来。当然，更重要的还有世界格局的变化，英国军事与经济实力已强大到足以打破旧有的平衡。

英国扩张的时代到来了。英国东印度公司一点点地取代了荷兰在东方的势力。伊比利亚人、荷兰人、英国人，西方向东方扩张的浪潮已经出现三次高潮。英国东印度公司继承荷兰人的东西方贸易体系，将东西方贸易的中心从巴达维亚移到巴达维亚与果阿之间的加尔各答。他们需要印度的棉织品与中国的茶。他们试图使洲际贸易更加系统化，调整贸易的组织结构与物资结构，香料贸易被有计划地控制，东西方从单一香料贸易发展到多项的纺织品、瓷器、咖啡与茶叶的综合性贸易。但是，东方贸易的逆差依旧存在，欧洲从亚洲进口的物资，80% 要用白银支付，广阔的亚洲大陆似乎变成白银的无底洞。改变这种局面的办法，是欧洲在贸易上找到亚洲生活必须的商品，并在政治军事上征服、殖民亚洲。而这两个方面，是相辅相成的。

西方的全球扩张分两个阶段两个间歇。1500—1650 年是一个阶段，1650—1750 年进入第一个间歇期；1750—1900 是第二个阶段，西方四个世纪的世界性扩张也达到其辉煌的高峰，随后是 20 世纪的一个间歇。

1650—1750 年西方扩张的间歇期，正是英国积蓄力量准备出山的一个世纪。国内的革命平稳结束了，海外的扩张疯狂展开。英国 17 世纪中叶主要对付荷兰，争夺北大西洋的渔业、亚洲的贸易点、美洲的种植园与非洲的奴隶贸易。1652 年到 1674 年间连续三次英荷战争，英国的海外扩张势力战胜了荷兰；18 世纪，英国又联合荷兰对付法国，1689 年到 1763 年之间，四次英法战争最后以英国胜利告终。他们在北美驱逐了法国殖民势力，占领了密西西比河以东从哈得逊湾到魁北克

图 3-52：英法七年战争中英军占领魁北克城外的高地。

图 3-53：英国殖民者接受印度土帮主投降。

省的广阔地区。英国人的陆地胜利决定于它的海军优势，他们的海军封锁了大西洋航路，法国殖民者得不到本土的支援。同样的事情也发生在印度洋。英国军舰切断了东方航线，在印度的法国人既无法得到法国的增援，在印度的不同殖民点之间又无法相互照应。英国海军源源不断地从英国本土运来军队、物资，并迅速地在印度海岸调遣运送英国军队。法国在东方与西方都败给英国，英法7年战争的重要历史意义是：一、在美洲出现了讲英语的"第二个英国"——美国，而美国在大英帝国衰落后继承了它的世界霸权；二、在印度建立了殖民地，鸦片贸易与鸦片战争最终摧毁了中华帝国，西方的东方扩张最终完成，同时东方的现代化运动也开始了。

1750 年前后开始了英国人的黄金世纪。英国人及时避免了革命的消耗，又放弃在欧洲争取霸权，他们一边发展国内经济，一边继续海外贸易，加强国际市场的竞争力。他们在美洲与印度战胜了法国人，1757 年，赢得了普拉西战役，战役的胜利，基本上完成了英国在印度的全面征服，建立起有效的殖民统治。

英国在印度的殖民化统治的建立，对英国本土来说，有助于完成工业革命。工业革命的首要领域是纺织业革命，而英国完成其纺织业革命的关键是印度的衰退以及英国对印度的殖民运动使英国在世界市场上赢得了对原先的竞争领先者印度的优势。[①] 而且，更重要的是，英国在印度的殖民统治，对世界而言，是赢得了打开中国的基础。首先是英国人用印度的鸦片扭转了西方三个世纪对中国的贸易逆差，其次是英国人用印度的补给与雇佣军赢得了鸦片战争。到 1850 年，英国不仅打赢了第一次鸦片战争，第二次鸦片战争也在准备之中。就西方向东方的扩张史的全过程来看，英国征服统治印度，不过是为打开中国建立一个基地，而打开中国，从地理大发现开始的西方扩张史诗，才有了一个凯旋的结局。

1750 年到 1900 年西方向东方扩张的决定性事件，是 1756 年的普拉西战役与 1840 年前后的鸦片战争；但决定性因素的历史条件却远为复杂，主要原因首先是莫卧儿帝国迅速崩溃；其次是早期工业革命武装了英国的扩张力量；最后是"中国潮"影响下欧洲市场对东方产品的需求加大。这三方面的因素构成大英帝国把亚洲殖民化的条件，但最关键的因素，还在于鸦片贸易。欧洲在 18 世纪中叶基本上学会了瓷器制造，并摧毁了印度的纺织业，东西贸易白银外流的状况有所缓解。但茶叶，这种莫名其妙的树叶，却在欧洲的土地上无法生长。如果不是开发了中国人的鸦片嗜好，东西贸易西方的逆差仍无法解决，大英帝国的霸业终难实现。最终还是英国人创造了"奇迹"，在印度的毒品生产与中国的毒品消费之间建立了殖民主义经济政治体系。

1750 年到 1850 年的一个世纪，是世界竞逐富强的关键性的一个世纪。欧洲扩张，在美洲创造了另一个西方，美国独立，并显示出进入世界强国之林的趋势。在亚洲，欧洲扩张毁掉了一个东方，印度与中国先后成为西方的殖民地半殖民地，进入最后的崩溃阶段。1750 年前后，中国的国民生产生活水平依旧高于欧洲，国民生产总值 (GDP) 占世界生产总值的 33%，印度与欧洲各占 23% 左右，比中国低至少 10 个百分点。中国、印度、欧洲三方约占世界生产总值的 80%。以后一个世纪，印度急剧下降到 15% 左右，中国的优势则一直保持到

---

① 　参见［德］贡德·弗兰克著：《白银资本》，刘北成译，中央编译出版社 2000 年版，第六章，"西方为什么能够（暂时地）胜出"。

图 3-54：18 世纪英国失去北美 13 州殖民地，却获得了整个印度。图为美国独立战争期间的殖民地军队。

1820 年前后，然后也开始直线下落，到 1850 年前后，接近印度，只占 15% 左右。与此同时，一个世纪间，欧洲所占的份额却不断上升，从 23% 到 50% 左右，美国则接近 10%。世界的东方与西方，发展与衰退的巨大落差，就从这个时代开始了。①

1750 年到 1850 年的一个世纪，是英国从一个偏僻的岛国成长为日不落帝国的奇迹般的世纪。英国在印度的殖民扩张，触发了英国的工业革命，却使印度经历了一个与世界现代工业化进程完全相反的、衰退的"非工业化"过程。西方殖民主义的魔力，的确是一半创造一半毁灭，它创造了英国的工业革命，毁灭了印度的国家与经济。英国在飞速工业化的同时，英国在印度的殖民统治却使印度迅速地"非工业化"。印度的纺织工业为英国的工业革命首先贡献了棉纺织技术，尤其是印染技术，然后又源源不断地提供优质生棉，英国的工业革命是由纺织业革命发动的。英国对印度的报答则是，摧毁印度的棉纺织工业，将印度变成世界棉花与鸦片种植基地，使印度国民经济进入最后的衰退阶段。

1750 年到 1850 年间印度经济直线下滑，直接原因是英国的殖民统治。印度在 17—18 世纪，是世界最大的纺织工业中心，尽管英国在 18 世纪初采取贸易保护措施，禁止印度纺织品进口，印度纺织品仍有广阔的世界市场。但英国在印度的殖民统治开始后，一切都改变了。首先是战争使社会秩序陷入混乱，莫卧儿王朝的统治分崩离析，英国挑唆的土邦纷争战事不断，影响了正常的生产。其次是英国一方面禁止印度纺织品进口，另一方面又通过东印度公司在印度的殖民统治，取消了印度进口英国纺织品的关税，英国纺织品倾销印度，冲击了

---

① 参见 The Origins of the Modern World, by Robert B. Marks, Oxford : Rowman & Little field Publishers. INC. 2002, Chapter 5 : " The Gap "。

印度的棉纺织业。再次，英国产业革命使英国纺织业取得了绝对的市场优势，并开始在印度收购生棉。印度纺织业破产后，工人从城市转向乡村，成为种植棉花的农民，印度在从纺织成品出口国变成纺织原料出口国的同时，也从工业经济退为农业经济。最后，英国殖民者不仅在半个世纪间将印度这个世界工业中心之一变成纯粹的农业国家，同时还将印度

图3-55：康乾盛世的清朝人想象番邦献贡的场景，库页岛的土民向朝廷官员献贡。

变成世界上最大的毒品生产基地，印度种植棉花运往英国，种植鸦片运往中国。

从马可·波罗的浪漫旅行开始的世界现代化历史背景下的中西关系叙事，在毒品贸易中渐近高潮。英国殖民扩张在摧毁印度之后，开始摧毁中国。19世纪前50年，中国国力急剧衰退。马戛尔尼访华时，中国仍是世界上最大的政治

图3-56：现实中马戛尔尼勋爵率领庞大的英国使团访华，完全是另一种气派。图为马戛尔尼使团停泊在舟山群岛海域的"狮子号"战舰。

J. KUO SUNG T'AO

图 3-57：第一任驻英国的清朝大使郭嵩焘。郭嵩焘一生经历了清朝衰亡的过程，晚年回忆："……嵩焘少时尚未闻此（指鸦片烟），于时物利丰阜，家给人足，百姓守法惟谨。迨后鸦片烟之害兴，而世风日变，水旱盗贼首，相承以起，即今日洋祸之烈，实始自禁鸦片烟，而金田贼首，亦因洋务散勇，啸聚山谷，驯至大乱。是此鸦片烟不独伐贼残生，耗竭财力，实为导乱之源……"[②]

实体，中国的国民生产总值仍居世界第一，人均收入在平均水平上也不落后于欧洲。但在随后的半个世纪间，中国国民生产总值迅速下落，从 30% 强直落到 20% 以下。鸦片战争是个重要的转折点。

西方扩张的世界经济政治体系，首先在非洲的人力资源与美洲的自然资源之间找到西半球的平衡，然后在印度的鸦片生产与中国的鸦片消费之间建立西半球的平衡。欧洲繁荣了，欧洲之外的世界却先后被毁灭。西方扩张是个奇迹。瘟疫加大炮，摧毁了美洲；鸦片加大炮，摧毁了中国。实际上，殖民主义经济本身就带有某种瘟疫或毒品特征，它摧毁它所寄生的躯体，疯狂地生长。鸦片贸易的利润可以维持大英帝国在印度统治的财政，印度殖民地又成为征服中国的基地。大英帝国是中心，是创造者与收获者。西方扩张的现代史诗，正一点一点地暴露其荒诞意义。

世界水深火热。鸦片战争之后，连续几个世纪的西方扩张已经到了最后凯旋的阶段。郭嵩焘在世界看到英国，在英国又看到世界。1877 年 1 月，郭嵩焘抵达伦敦，正值大英帝国成立的庆典。上院议员阿什伯里侯爵 (Lord Ashberley) 遍游世界归来，在伦敦展览他拍摄的世界各地风土人情的照片。郭嵩焘谈到其中有关中国的照片时说："英国议政院阿什伯里遍游各国，所至风土人情，照相记之。而于中国，为男女僵卧吸食鸦片烟，以取笑乐，臣甚愧之。"[①]

① 郭嵩焘：《郭侍奏疏》卷十二，光绪壬辰孟秋月刊，第 14 页。
② 《养知堂书屋文集》第 11 卷，第 1—2 页，《续修四库全书》，1547，集部，别集类，上海古籍出版社 1955 年版。

第四章

扶清灭洋：悬在中西之间的"双刃剑"

茶与鸦片，这类轻飘飘、如水似烟，无足轻重的商品，甚至毒品，在短短的两个世纪间，成就了一个帝国，也毁灭了一个帝国。鸦片战争是茶与鸦片贸易导致的战争。它标志着大英帝国与整个西方在东方扩张进入最后的凯旋阶段，也标志着中华帝国千年帝制史进入终结阶段，东方帝国面对西方扩张的最后一道防线崩溃了。

1850 年前后，爆发了两次鸦片战争。第一次鸦片战争在东南沿海，第二次鸦片战争，英法联军就攻进首都北京了。鸦片贸易合法了，基督教传教也合法了。西方人没有一举颠覆中国的政权，却一点一点地改变着中国的社会。不出半个世纪，洋布或铁路，已经使中国社会底层失业，而洋传教士将基督教堂，已经建到了孔夫子家乡最偏僻的乡村。中西关系，在交流中进一步凸显出冲突。

中西冲突，如今已不是外洋或海岸的"边衅"，而是中华帝国的"内乱"。西方扩张势力在中国内部分解了中国社会，形成洋人、朝廷、百姓之间的三角冲突关系，中国历史从此开始了艰难而危险的现代化进程。在实践中，它在现代西方与传统中国间左突右冲，试图创建一个未来中国；在观念上，它在西方启蒙主义与殖民主义、中国开放主义与排外主义之间不断摇摆，试图建立一个新的国家意识形态，从民族主义到共产主义，痛苦的选择。

义和团开天下之险。它前承 60 年西方不断深入中国社会的扩张，后启 60 年中国不断摆脱西方霸权的运动。它是一个终点，一个起点，更是中西冲突在社会结构与观念形态上的一种象征，昭示并预示着中国现代化运动中的一种缘起性困境。

1850 年前后开始的中国现代化历史的核心，实际上就是中西关系史。只有到这一步，才能领会七个世纪之前，那位喜欢说大话的威尼斯商人的旅行，该是多么重要。西方势力深入中国，掠夺也启蒙，中国向西方开放，学习技术、制度与观念，救亡图强。救亡图强，缘起于西方扩张，而救亡图强的方式，有不得不接受西方扩张的文明。中国必须"现代化"，而现代化又总是与"西化"纠缠在一起，如果现代化的结果是西化，现代化的中国将失去中国的"文化身份"。失去"中国"的现代化可以是中国现代化的目标吗？

第一节

义和团开天下之险

大风起于轻萍之末。最初谁也没有想到，小小的巨野教案，终于酿成"世界大战"。关键还在于，他们造的是洋人的反。两次鸦片战争之后，西方扩张势力侵入中国腹地，分裂了中国社会，触发了民间的反抗。朝廷不思进取，小民不识大体，洋人不讲道理，终于义和团运动，八国联军入侵，开天下之险象，国破家亡。

中西冲突在中国内部爆发。义和团要扶清灭洋，却一哄而上，杀人放火；八国联军要保护文明，却烧杀抢掠，无恶不作。灾祸不可言，正邪难揣测，百年之后忆起，仍心有余悸……

中西冲突深入中国内部

大风起于轻萍之末。

公元 1897 年 11 月 1 日午夜，山东曹州府巨野县城外 25 里外，一个荒远的小村子磨盘张家庄，发生了一起入室盗窃杀人案。几个亡命的草民，雷协身、惠二哑巴、张高妮，越墙入室，盗窃庄里德国传教士薛田资与韩理的住所。在这个荒远贫瘠的小村庄里，或许这是唯一值得盗窃的人家。那晚恰逢另一德国传教士能方济前往曹县，路过此地留宿。传教士听见院内有动静，开枪射击，打伤了盗贼，凶盗们一哄而上，闯入屋内杀了韩理、能方济，抢得财物及银钱 210 两，逃之大吉。

图 4-1：单身劫法场，《水浒传》插图。

这类凶案在巨野县或曹州府[①]，原本不是什么大事。杀人越货或劫富济贫，在这一带再寻常不过。如果你知道巨野何地、凶盗何类人，就更觉得不足为奇了。巨野即大野，得名于大野泽，而大野泽，就是古时候的梁山泊。邢昺《疏》云："《地理志》云：'大野泽在巨野县北。'巨即大也。由其旁有大泽，故县以巨野为名……"胡渭《禹贡锥指》引于钦《齐乘》云："大野泽即梁山泊也。"

巨野就是古时的梁山泊。梁山泊为黄河决口之尾闾，八百里水面，烟波浩渺，向来盗贼出没。《宋史》卷三二八《蒲宗孟传》记："郓介梁山泺，素多盗。"宋后黄河改道，梁山泊淤涸为陆地。山河好改，本性难移，打家劫舍寻常事，聚啸山林间或有，巨野教案前后，曹州府一带正兴大刀会。大刀会聚众练拳习刀，据说练得金钟罩功法，可以避枪炮。退可保家乡，进可灭洋教。梁山泊好汉这一次的对手，不再是贪官污吏，而是洋教士、土教民。

凶盗就是梁山好汉之后。鲁西南是满清政府权力薄弱的地区，土匪横行，大刀会成立最初的动机是保家护产。但很快就与当地的天主教圣言会发生冲突，

① 清代曹州为府，治菏泽，管辖地界相当于今天的河南范县、山东郓城、巨野、单县、鄄城、菏泽、定陶、曹县、威武等市县。

教会强取豪夺，强占房产地产建堂筑院；包庇盗匪，官府追缉的凶犯、被大刀会打败的土匪，都去入教，有天主教保护，官府不敢捉拿，大刀会也无奈。积怨久，民愤起，大刀会便开始袭击教民、焚烧教堂。还有另一种说法，这次入室盗窃杀人案，绝非寻常抢劫害命，是有组织的大刀会所为。大刀会仇教，与洋传教士、土教民冲突已有时日。那晚他们聚集起三十余人，携刀枪闯入张家庄教堂，目的是杀薛田资，劫财倒在其次，不料薛田资逃脱了。薛田资在张家庄一带干涉词讼、强取豪夺，有民愤。

杀人越货或劫富济贫，在这一带历史上、现实中，本来是寻常之事。不仅有历史上半真半假的梁山泊一百单八将聚众造反，还有确确实实的黄巢起义。翻却曹州天下反，黄巢也是曹州人。然而，这一次却不同以往，乡野小民造的是洋人的反。中西冲突如今在中国腹地发生，而且与中国社会的分裂相关。大刀会义和团，不仅反洋教士，也要灭土教民。

乡野小民造洋人的反，在中国历史或中西关系史上，还是第一次。1850年前后，中西交流与冲突的遭遇点，已从海岸进入内陆，进入不论在地理上还是文化上都是华夏腹地的中原，进入田畴与墓碑间的村舍，进入乡野小民的生活，触动了传统中国社会的根基，也触发了中国社会来自底层的反抗。

中西冲突是逐步深入的，从外洋到海岸，最后到内陆。马可·波罗那一代人到中国，贸易或传教，都必须在本土秩序中谨慎地进行。蒙古帝国崩溃、土耳其奥斯曼扩张，大旅行时代的商路全部被阻断了。西方人经过几代人的探险终于找到新航路，重新来到中国海岸时，他们不仅不记得他们祖先200多年前的事迹，也不知道如何跟这个庞大的东方帝国打交道。他们尝试着做海盗，杀人抢劫强行登陆，结果失败了；又尝试作顺民，去北京朝贡或贿赂沿海官员，又失败了。地理大发现与资本主义扩张早期，西方对中国不是没有扩张的野心，而是没有扩张的实力。工业革命、印度殖民、鸦片贸易改变了中西力量的平衡态势，西方对中国的扩张终于野心与实力相称了。马戛尔尼、阿美士德使团先礼，濮鼎查、额尔金后兵。第一次鸦片战争英军在东南沿海登陆，沿长江而上到南京，签下南京条约后退回香港，热热闹闹地做他们的毒品生意去了。五口通商并不像英国人期待的那样可以为所欲为，英国商人与中国政府的摩擦不断，

图 4-2：1858 年 6 月 26 日，中英《天津条约》在海光寺签署。

终于爆发第二次鸦片战争。法国人也加入了，英法联军攻入北京，烧了圆明园，签下天津条约、北京条约。

两次鸦片战争，伤的是大清朝廷，从"体面"到"心腹"。第一次鸦片战争对朝廷来说，只是"边衅"，东南海岸的一系列小战事。第二次鸦片战争不同了，英法联军攻入北京，首都陷落，对朝廷来说，那是几乎使皇朝覆灭的战争了。鸦片战争与太平天国起义，内忧外患，满清皇朝元气大伤。同治中兴，满清政府试图建设现代国防力量，但很快爆发的中法战争、中日战争，彻底摧毁了大清海军。

满清朝廷不是无意抵抗，而是无力抵抗。朝贡时代，中国不平等对待西方，条约时代，西方不平等对待中国。洋人们从海上来，西欧北美与西化的日本，穷凶极恶；洋人们也从陆地上来，沙俄进逼西域与东北，更加凶险。越来越多的"列强"国家参与瓜分中国。清廷之所以还领有中国的主权，并不是因为中国有力抵抗西方的入侵，或西方无力无意对中国进行彻底的殖民征服，把中国变成第二个印度，而是因为西方国家在中国的扩张势力相互竞争，谁也无法独吞中国，所以不如留下个帝国空壳，让西方人自由出入，各有租界领地，在治外法权保护下为所欲为。

西方扩张全面深入中国内陆，冲突的焦点也从朝廷转向民间，转向社会底层。两次鸦片战争之后，西方扩张势力侵入中国腹地。贩卖鸦片自由了，传播基督教也自由了。西方商人出现在中国大部分城市，而西方传教士则深入中国大部分农村。洋药洋炮、洋布洋教，深入中国，影响或威胁到乡土百姓的日常生活。西方扩张势力与中国的冲突，焦点也从朝廷禁洋药转向民间排洋教。一时间教案蜂起，而且不断升级，最终酿成义和团运动。

小小的巨野教案终于酿成大祸，中国朝野震惊，世界也为之震惊。梁山好汉们，这次劫杀的是洋人。劫杀公子王孙或贪官污吏，那都是国内的事，可大可小；劫杀洋人，则是国际的事，只能大而不能小，尤其在那个时节、那个地界。这是那几个草民无论如何也想不到的。他们的动机很单纯：仇教、劫财。

案发4天，远在德国的天主教圣言会的山东主教安治泰急忙赶往柏林觐见德皇威廉二世，劝说威廉二世以此案为借口出兵占领胶州湾。11月6日，德皇电谕外部"必须采取积极行动报复此事。如果中国政府方面不立即以巨款赔偿

图4-3：德国强租胶州湾，在当地石壁上留下的"纪功"石刻。

损失，并实行追缉及严办祸首，舰队必须立即驶往胶州占领该处现有村镇，并采取严重报复手段……以极严厉的，必要时并以极野蛮的行为对付华人……"[1]实际上德皇已经等不及或根本无意等待中国政府赔偿、追缉严办祸首，第二天，11 月 7 日，德皇电谕外交大臣布洛夫："华人终究给我们提供了……好久所期待的理由与事件。我决定立刻动手"，并训令驻吴淞口的德国舰队即日北上胶州湾，"占据该地，并威胁报复，积极行动"。7 天以后，11 月 14 日，德国舰队抵达胶州湾，强行登陆并向守备清军发出最后通牒，限令 48 小时内"退清"。

巨野教案酿成"世界大战"，不仅断送了广阔的胶州湾，而且，几乎断送了千年中华帝国。德国占领胶州湾，拒不退兵。俄国公使出现了，自告奋勇要劝说德国退出胶州，条件是在东北军队用俄国教习，准俄国人修铁路，开放松花江、嫩江给俄国船只航行，而中国船禁行黑龙江下游。调停是假，乘机敲诈是真。中德签署《胶澳租界条约》，俄国随即赶来强迫清廷签署《旅顺、大连湾租借条约》，法国要求将与越南接壤的中国省份化为法国势力范围，日本要求将福建化归日本势力范围，朝廷一一照复。英国害怕列强如此瓜分中国，会威胁到英国的在华利益，抢先要求清廷将长江流域划为英国势力范围，确保"不将扬子江沿岸各省租押或以其他名义让与他国"。天朝实在无能，故国领土，本有主权，如今迫于西方列强之势，不租押割让不行，租押割让也不行，可悲之极。《拳匪之祸首》（1918 年）的作者指出，由巨野教案挑起的德国侵占胶州湾，不仅是义和团运动的起点，也是"中国灭亡危险之起点"：

"且胶州之劫夺，乃我国开国五千年来未有之惨祸，为中国灭亡危险之起点。不有胶州之劫夺，中国不致有旅大之租借；不有胶州之劫夺，中国不致有义和拳；不有义和拳，中国不致因一部分暴民之野蛮复仇，而使全国负违背公法上神圣条约之名，自亦不致有百种辱国失权之《辛丑和约》。推源祸首谁欤？……德人之夺我胶州也。"[2]

---

① 廉立之、王守中编：《山东教案史料》，齐鲁书社 1980 年版，第 195 页。

② 中国社会科学院近代史研究所《近代史资料》编辑组编：《义和团史料》上，中国社会科学出版社 1980 年版，第 276—277 页。

图 4-4：德国设在胶州的总督府。

朝廷不思进取，小民不识大体，洋人不讲道理

巨野教案，对于当地草民，首先是一大快事；对德国殖民者，是一大喜事；而对于满清朝廷，是一大难事。草民仇教，今日终得报仇机会，杀人劫货，好不痛快！德国觊觎胶州湾已久，总算有了出兵的借口，德皇喜出望外！清廷软弱无奈，草民控制不住，洋人得罪不起，帝国衰朽，百事维艰。

草民控制不住。眼见从四川到山东，民教冲突此起彼伏，乡野草民舞刀弄棍、练拳念咒，毁教堂、杀洋人、聚啸寻衅，各地官员忙着清剿砍头，奈何民不畏死。巨野教案发生，朝廷令地方严办，50 多人被捕，为首雷协身、惠二哑巴斩立决，张高妮等五人无期徒刑。严办是做给洋人看的。从皇帝到大臣都知道，德国意欲侵占胶州湾，正愁着没有借口，只有快捕快杀，堵住德国人的嘴。光绪皇帝责令山东巡抚李秉衡"务将凶盗拿获惩办"，"现在德方图海口，此等事适足为借口之资，恐生他衅"。[1] 洋人得罪不起。一切都晚了。皇帝降旨的时候，德国舰队已经在开赴胶州湾的路上。德军占领胶州湾，上谕一道又一

---

① 廉立之、王守中编：《山东教案史料》，齐鲁书社 1980 年版，第 185 页。

图 4-5：晚清漫画《外交怪象》，讽刺清廷欺压百姓，取媚洋人。

道，严禁抵抗，"敌情虽迫，朝廷决不动兵"，"惟有镇静严扎，任其恫吓，不为所动，断不可先行开炮，衅自我开。"① 当然，守土者如果不开炮，入侵者也省得开炮了，长驱直入便是。德国占领胶州，进一步与北京朝廷交涉，要求惩办凶手、革职地方官，赔偿曹州地方教堂修建费 9 万两白银，赔偿德军侵占胶州军费数百万两，中德合资在山东全省修建铁路开发矿藏，租借青岛及整个胶州湾 99 年！德国如愿以偿。

朝廷不思进取，小民不识大体，洋人不讲道理。从小小的巨野教案开始，我们就看到构成中国近现代史的三个方面及其三方难以调和的冲突。这种三方面冲突的格局，从根本上有利于西方的扩张。

鸦片战争基本上是朝廷与洋人之间的战争。战争起于禁烟，禁烟是朝廷的事，民众并未见响应。反倒是利益所驱，乡民与洋商勾结贩卖，共同对付朝廷官府。难怪英国烟贩抱怨，朝廷管不住自己的臣民，又怎能管住外人。鸦片战争爆发，英军惊奇地发现，战争在英军与朝廷的士兵之间进行，中国老百姓却站在远处，观"西洋景"，以为这是红夷与官军打仗，与乡里小民无关。因此，英军所到之处，军需给养似乎不成问题。只要给钱，老百姓踊跃将粮食、鱼肉、淡水卖给他们，根本没有敌我意识，如果需要苦力，在当地也不难招募。真正可以证明民众参与这场战争的，就是三元里抗英的故事。三元里抗英，至多可

① 廉立之、王守中编：《山东教案史料》，齐鲁书社 1980 年版，第 186—187 页。

以说是保家卫乡，那个时代的乡民，根本没有国家意识。[①]鸦片战争中，真正受到打击的是大清朝廷。在洋人那里丧权辱国，在百姓那里丢了天朝的威严，为太平天国造反提供了心理基础。第二次鸦片战争依旧是朝廷与洋人之间的战争。白河沿岸的百姓，宁愿为英法联军运输给养，也不愿意被官军抓了去当苦力，洋人总还是给钱的。

中国朝廷与百姓之间分裂的"缝隙"，让西方扩张有了可乘之机。马可·波罗那一代人到中国，正值蒙古入侵、中华沦陷。明朝实行海禁，抑制了中国民间航海力量，西方扩张势力在印度洋到南中国海畅通无阻，一直到中国海岸，"郑氏海上武装贸易集团"曾经有能力遏制西方在南中国海的扩张，无奈也葬送在满清内陆皇权手中。守不住海域也守不住内陆，鸦片战争后，西方人长驱直入，太平天国、义和团等中国内部的冲突彻底消耗掉中国的国家力量之后，西方在中国的扩张也就最终完成了。

朝廷与百姓的分裂，削弱了中国的力量，西方人也明白这一点。伊比利亚扩张时代西班牙殖民主义者计划远征中国，他们在菲律宾总共只有 800 人，要去征服一个至少有一亿五千万人口的大帝国，他们对自己的计划充满信心的根据，除了那种堂吉诃德式的狂热外，还有一种消息，据说中国百姓都憎恨中国朝廷，如果西班牙远征军在中国登陆，中国百姓会像欢迎解放者那样欢迎他们。西方人认为，东方专制帝国的朝廷与百姓是相互敌视的。英国海军以约 7000 人的兵力对一个有四亿五千万人口、80 万常备军（约 20 万八旗兵、60 万绿营兵）的大帝国开战，除了军事技术与组织的优势外，他们还相信，中国人民是友好的，平民不会参战，在天朝百姓看来，鸦片贸易有利可图，而战争，不过是红毛夷与皇帝的军队之间的事。"中国人民决不想损害同英国的关系……敌对心理只不过产生自政府的猜忌而已。"[②]

西方扩张，从来都是乘虚而入。洋药鸦片荼毒中华，殃民祸国，朝廷官府有此意识，百姓却无动于衷。朝廷禁烟不果，反起边衅，朝廷、百姓、洋人各

---

① 参见茅海建著：《天朝的崩溃》，三联书店 1995 年版，第 293—325 页，"三元里抗英的史实与传说"。

② 英国东印度公司监理委员会的判断，转引自［美］费正清编：《剑桥中国晚清史》上卷，中国社会科学出版社 1985 年版，第 188 页。

图 4-6：深入乡间的洋教士，穿着汉装，却用刀叉吃饭。

有原因。除了朝廷腐败，禁烟令行不止，还有百姓不配合，国人要买，洋人才可卖。鸦片战争是"边衅"，太平天国与捻军起义是"内乱"，内忧外患，如今朝廷，已既无禁烟之力，也无禁烟之意了。第二次鸦片战争使鸦片贸易与基督教传教合法化，西方人不仅可以自由贩卖"洋药"，还可以自由传播"洋教"。于是，"洋祸"从海疆之忧，酿成心腹之患。鸦片本是洋祸之源，此时更加泛滥，朝野却无动于衷。反倒是基督教传教，在民间与士大夫阶层激起强烈敌意，排教仇教，一时教案四起。

西方扩张触犯中国社会的，最初不是洋药，而是洋教。这也是让郭嵩焘捉摸不透世道人心的地方，为什么举国汹汹，要禁洋教，却对禁洋药无动于衷？初到伦敦时，正赶上英国卫理公会、浸会、伦敦传教会向英国众议院请愿，要求禁止鸦片贸易，郭嵩焘深有感触。回国之后，发现国人日日沉浸于鸦片，实在不可思议。"今日洋祸之烈，实始自禁鸦片烟，而金田贼首，亦因洋务散勇，啸聚山谷，驯至大乱。是此鸦片烟不独伐贼民生，耗竭财力，实为导乱之源，洋人至今引为大咎，中国反而习之……中国人心有万不可解者。西洋为害之烈，莫过于鸦片烟……中国士大夫甘心陷溺，恬不为悔，数十年国家之耻，耗劫财力，毒害生民，无一人引为疚心。"[1]

百姓与洋人的对立，起自排教。而且在排洋教这一点上，士绅与乡民的态度出奇地统一也出奇地积极。这其中有政教方面的原因，也有经济方面的原因。夷人传教，流毒最宽，贻祸最久，首先是对礼教秩序的冲击，基督教只顺上帝，不孝父母，数典忘宗、弃伦灭理。晚清两次大的农民起义，太平天国要兴洋教、灭满清，义和团要灭洋教、兴满清，社会矛盾转化了，也进一步激化了。太平天国冲击了满

图 4-7：出入朝廷的洋教士李提摩太夫妇，看上去完全是朝廷命官。

清政治体系，也冲击了中国传统的儒家伦理体系。太平天国运动之后，同治中兴开始，中国社会从上至下重建儒家伦理传统的方式，是进一步地保守化。基督教与中国文化在伦理层面上的冲突也就更为激烈。儒家伦理以孝为本，而基督教只孝顺上帝之父，不孝顺生身之父，所谓"数典忘宗""弃伦灭理"。

其次是对政治秩序的冲击。洋教士扶植愚民、干涉词讼、蔑视朝廷、犯上作乱，将乡民组织起来，平时接济他们粮食，许多教民不是"信教"(Conscience Christians) 而是"吃教"(Rice Christians)，遇到麻烦时，又以洋人洋教特权庇护他们。于是，教民中不少游手好闲、仗势欺人、为非作歹之徒。巨野教案的时候，曹州府一带民教矛盾一触即发。山东巡抚李秉衡的一份关于教案的奏折中

---

① 《养知堂书屋文集》第 11 卷，第 17、21 页，《续修四库全书》，1547，集部，别集类，上海古籍出版社 1995 年版。

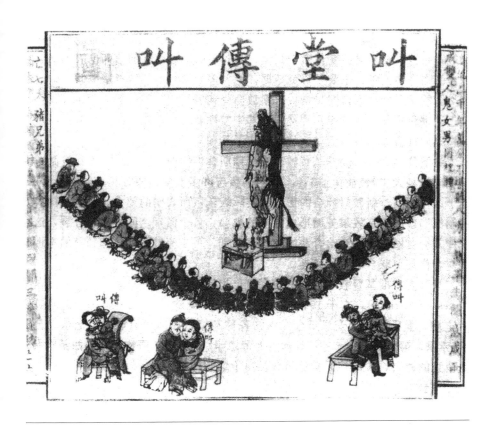

图 4-8：民间反洋教的招贴《叫堂传叫图》，利用谐音以"叫"代"教"，十字架上钉着一头猪，代"主"，画下方为三幅淫画，表示传教淫淫。

将这种关系分析得很具体："自西教传入中国，习其教者率皆无业莠民，借洋教为护符，包揽词讼，凌轹乡里，又或犯案惧罪，籍为逋逃之薮，而教士则倚为心腹，恃作爪牙。凡遇民教控案到官，教士必为间说，甚已多方恫吓；地方官恐以开衅取戾，每多迁就了结，曲直未能胥得其平，平民饮恨吞声，教民愈志得意满。久之，民气遏抑太甚，积不能忍，以为官府不足恃，惟私斗尚可泄其忿。于是有聚众寻衅，焚拆教堂之事，虽至身罹法网，罪应骈诛，而不暇恤。是愚民敢于为乱，不啻教民有以驱之也。"①

最后是对民间经济的冲击。二次鸦片战争之后，西方扩张势力深入中国内陆，贸易或传教，触动了中国传统社会根基，从土地制度、宗族权力到家庭伦

① 李文海等编著：《义和团运动史事要录》，齐鲁书社 1986 年版，第 3 页。

理，造成了民间社会新的阶层分化。教会势力造成的新的财富与权力阶层、西方进口产品对中国传统手工业的冲击，鸦片、烟草、棉花种植对中国传统农业的破坏，在中国民间已经造成一定程度上的民生危机。在赤贫化的华北农村，西方传教士无疑是最有钱的，比那些土地主富裕多了。他们购买土地，收拢教民，形成一种新的力量，与民间宗法地主组织、官府对抗。传洋教的洋人有特权，信洋教的国民也有特权。民怕官、官怕洋人，这些洋传教士享有"治外法权"和"领事裁判权"，不但不受中国地方行政管束，还经常干涉地方官，颐指气使。政府无力抗敌，民间积怨渐深。晚清大小不断、接二连三的教案，就是中国民间抵抗西方扩张的草根运动。

西方扩张在深入中国内部的同时，也引起中国社会底层的反抗。晚清世事维艰，除朝廷自身腐败外，多起于"洋祸"。洋祸先是洋药（鸦片），后是洋教（基督教）。洋药盛行，摧残国家财政、人民身心，所谓损我养民之权；洋教泛滥，天朝礼教废弛，人民二心，所谓夺我教民之权。而民无所养所教，国也将不国了。洋药洋教，是双重洋祸。鸦片战争之前，国人感觉洋祸在洋药，中国与西方的冲突在贸易之争；鸦片战争之后，国人感觉洋祸在洋教，中国与西方的冲突在教义之争。而且，排洋教直接导致中国民间力量反抗西方扩张运动的兴起，最终造成朝廷、百姓与洋人的三角对立格局。

洋人既以鸦片毒中国，复以"耶教"诱良民、败坏民风、有碍吏治、污染渐深、流毒日广、居然异类、隐然敌国……鸦片战争前，朝廷仇洋，主要在仇洋药；鸦片战争之后，百姓仇洋，主要在仇洋教。传教士行踪诡秘，言谈怪诞，惑人害命，败伦乱纪，强占土地，干涉词讼，支持教民为非作歹。总之，洋药害人，洋教害人更甚；通商之弊小，传教之弊大。鸦片战争之后，教案不断，有民间冲动，也有官方诱引姑息。但教案一起，朝廷又迫于洋人之势镇压百姓。这样，在洋人那里，可以暂时息事宁人，在百姓这里，却积怨积仇愈深，终于酿成民变。当年在白河两岸观望英法联军通过，或帮联军搬运给养军火的百姓的后代，如今都参加了义和团，要扶清灭洋、烧尽洋楼、杀光洋人，据说还要念咒做法，打到洋人老家去。

中国民间力量反抗西方扩张运动的兴起，是中西关系史上值得注意的大事。

图 4-9：民间反洋教的招贴《打鬼烧书图》，"鬼"为洋人，"书"为基督教经书。画左右两侧
分别写着"狗屁妖书""猪经邪教"。

西方扩张势力深入中国内陆，中国社会被分裂了，中西冲突成为中国内部的冲突。朝廷丧失抵抗意志与力量以后，民间抵抗出现，中西两极化的冲突转变为民众、洋人与朝廷之间的三角冲突。其中民众与洋人、朝廷的冲突的社会文化原因，还有积蓄在民间的一种普遍的屈辱感。鸦片战争的失败只把这种屈辱感加在朝廷与士大夫头上，而西方经济与教会势力渗透到中国社会底层，民间百姓也越来越强烈地感到这种屈辱。屈辱与压迫导致仇恨与冲突，而冲突与失败又加剧这种屈辱。

西方扩张激起中国民间的反抗，形成民众、洋人与朝廷之间的三角冲突格局。中国民间反抗西方扩张，最初是由仇教排教发起的。天津教案已经激起民变，此后教案接连不断，直到巨野教案发生，逐渐达到高潮。巨野刚平，临清、冠县的村民又开始围攻教堂、袭击教民，胶州百姓有组织地纵火烧毁德国营房，四川、湖南、江西、河南也先后爆发教案甚至农民的反教起义。余栋臣起义直指洋人洋教："今洋人者，海舶通商，耶稣传教，夺小民农桑衣食之计，废大圣君臣父子之伦，以洋烟毒中土，以淫巧荡人心。自道光以迄于今，其焰愈张，其势愈爆……"① 四川大足起义首先提出"顺清灭洋"的口号，三个月后山东冠县梨园屯义和拳起义又打出"扶清灭洋"的旗帜。值得注意的是，清廷一再"严办"教案、追剿义民，但起义者始终强调要"顺清""扶清""兴清""保清"，除了策略性考虑之外，也确有"尊王攘夷"的观念。

西方扩张造成的民众、洋人与朝廷之间的三角冲突格局中，朝廷夹在中间，幸运的时候可以左右逢源，"以夷制民"或"以民制夷"，不幸的时候左右为难，"民""夷"均不可制。民众要驱洋人、灭洋教，在意气良心上，多得官府的同情。毕竟上至朝廷，下到县衙，官员们大多对洋兵耀武扬威、洋商巧取豪夺、洋教干涉词讼、教民仗势欺人等现象不满，只是迫于形势，无可奈何，明白"愚民敢于为乱"，实为"教民有以驱之"。山东巡抚毓贤上奏朝廷说，以他20年在山东为官的经验，教民为害乡里，

图 4-10：让洋人们感到恐惧的"拳民"。

---

① 李文海等编著：《义和团运动史事要录》，齐鲁书社 1986 年版，第 27 页。

鱼肉良民，教士庇护教民，勒索赔偿，多端要挟，都是实情，民怨民愤，自有道理。[1]但是，"拳民"聚众闹事，扰乱治安，又必须弹压。尤其是烧教堂、袭教民，引起教案纷争，惊动了洋大人，事小则赔款，事大则割地，总吃不消。于是，尽管义民一再重申"扶清""保清"，朝廷却毫不领情，清剿"拳民"、处斩"拳首"，甚至滥杀无辜。森罗殿战役之后，清廷内部有人提出异议，认为清剿过分，妄杀百姓。指挥清剿的袁世凯的兄长袁世敦"行为孟浪，纵勇扰民"被革职，毓贤受"传旨申饬"。不出一个月，上谕又斥责毓贤"固执成见，以为与教民为难者即系良民，不免意存偏袒"。要他"从严惩办，以靖地方"。[2]

晚清中国面临有史以来从未有过的大变局。数千年没有经历过的事，一时出现，让人错愕；万里之外从不相识的人，如今却出入于朝廷，居留乡间。第二次鸦片战争之后，中西关系已经成了中国内部的问题，成了洋人、朝廷、民众之间的三角冲突关系，民间反抗西方扩张的力量，也在这复杂的三角关系格局中形成了。西方扩张势力从海岸深入中国内地，从经济政治渗透到文化习俗，清帝国半个世纪的政治军事抵抗全部失败，中国民间社会的抵抗力量出现了，并且逐渐成为主力。腐败软弱的朝廷，夹在洋人与百姓之间，又试图利用洋人与百姓的矛盾，以民制夷或以夷制民，左右摇摆，暂时可以左右逢源，长此以往，终将左右为敌。

其实清朝廷也是迫不得已，但凡有一点办法，也不至于败亡如此。从鸦片战争到甲午战争，一次次战败，清政府已经没有抵抗西方列强的能力了。历史经常指责清政府卖国投降，也不无冤枉。朝廷以国为家以家为国，家国性命之大，为什么要卖呢？至于让步签约、割地投降，巨耻大辱，迫不得已之为。据说曾纪泽曾对慈禧太后诉说办理洋务之苦："办洋务难处，在外国人不讲理，中国人不明事势。中国臣民当恨洋人，不消说了，但须徐图自强，乃能有济；断非毁一教堂、杀一洋人，便算报仇雪耻。现在中国人多不明此理……"[3]

---

① 见 1899 年 4 月 30 日抚毓奏折，中国第一历史档案馆编辑部编：《义和团档案史料》上册，中华书局 1959 年版，第 24 页。

② 李文海等编著：《义和团运动史事要录》，齐鲁书社 1986 年版，第 58 页。

③ 转引自钟叔河著：《走向世界丛书叙论集：从东方到西方》，岳麓书社 2002 年版，第 296—297 页。

中西两极冲突变成中国内部的三角格局冲突。洋人不讲道理，国人不明事势，朝廷不思进取，可能也无法进取。乡野小民，练拳排教，官府摇摆不定。拿不准他们是"邪匪"还是"义民"；持不平应该"剿匪"还是"抚民"。"拳民"或"拳匪"要"扶清灭洋"，在民众与洋人之间，官府究竟要站在哪一边？毓贤在李秉衡、张汝梅任山东巡抚时，曾经严惩清剿过"拳匪"，他自己继任山东巡抚后，又提出"民可用、团应抚、匪必剿"的九字方针，宣抚"义和拳"、大刀会，将"拳匪"变成义民组织的"民团"，改"义和拳"为"义和团"。无奈那些暴民根本不听他调控，有官府宣抚，壮大更快，转瞬势成燎原。朝廷有农民运动的教训，更有洋人不断施压，毓贤又被革了官，调任山西。

从巨野教案到义和团进京，山东换了四任巡抚。袁世凯带新军继任，发布

图 4-11：义和团沿运河进天津。

《查禁义和拳告示》，对义和团大开杀戒，朝廷又电谕袁世凯对"拳民""不可徒恃兵力""良莠不分""株连滥杀"，应该"化大为小，化有为无"。义和团在山东被袁世凯清剿，的确"化大为小，化有为无"了，但转向京、津地区，在保定、涿州等地，义和团却"化无为有，化小为大"，不仅大烧洋楼、大灭洋教，而且开始反过来进攻官兵，在芦保地区、京津铁路沿线，一再与官兵冲突。清廷对于义和团，是抚是剿，如今已经没有回旋余地了。

东邪西毒，危局殊难揣测

大风起于轻萍之末。小小的巨野教案，不仅是义和团运动的起点，也是西方列强最终完成对中国的瓜分的起点，不仅是中国历史上的重大事件，也是世界历史上的重大事件。就巨野教案触发的义和团运动而言，它在中西关系史上的重要意义在于：一、发动了抵抗西方扩张的民间力量，构成了中西冲突中民、官、洋的三角关系格局；二、导致西方在中国的扩张进入终结阶段，西方向中国扩张的势头达到顶峰，同时，衰落也已开始。

确定一个历史事件的起点，关键或根据在于该历史事件的意义。从中国历史上看，义和团运动不过是一次农民起义，从世界历史上看，义和团运动是中国与西方的一次冲突，一次影响深远的冲突，决定了 20 世纪或者更长时间内中国的命运、中西关系与世界格局。

从中国历史上看，义和团运动的起点是大刀会聚众练拳，1896 年 3 月 28 日，刘士瑞在山东单县城关火神庙"唱戏四天，以聚会友"，[①] 义和团运动从此开始。从世界历史看，义和团运动的起点是 1897 年 11 月 1 日发生的巨野教案，它导致西方列强大规模地瓜分中国，触动中国社会底层，引起民间的武装仇教排外运动与八国联军入侵中国。西方在中国的扩张进入最后阶段，中国民间社会的抵抗力量与激进的民族主义精神生成了。如果说义和团运动之前对抗西方扩张势力的主要是官方，那么此后，与西方对抗的中国力量则主要来自民间，来自社会底层大众。

义和团势已燎原。在团民、洋人、朝廷的三角冲突格局中，朝廷的角色最

---

① 李文海、林敦奎、林克光编著：《义和团运动史事要录》，齐鲁书社 1986 年版，第 1 页。

图 4-12：《天津北仓义和团大破洋兵》，庚子年间木刻。

让人感到无聊。义和团的态度明确，就是要逐洋灭教；洋人的态度也明确，就是剿灭义和团，瓜分中国；只有清廷的态度不明确，既想逐洋灭教，又想剿灭义和团。清廷中有人希望借助义和团逐洋灭教，有人看到义和团潜在的危险，尽管声称"扶清灭洋"，谁能保证最后不酿成洪秀全或李自成之乱，要"坐江山"。清廷剿抚不决的时候，义和团运动已不可收拾，各国公使急电调兵增援北京，本来奉命剿灭义和团的清军聂士成部与董福祥的甘军的一部分，如今与义和团民一道，围攻自天津开来北京的西摩尔援军。1900 年 6 月中旬的一天，北京城门洞开，拳民从四方涌入北京。王公卿相、倡优隶卒、王府民居、大街小巷，无人不练拳念咒，无处不设坛聚众。西摩尔的部队增援北京不成，只好退回天津。洋人恼怒，像 40 年前第二次鸦片战争一样，首先攻占了大沽口炮台。6 月 21 日，清廷发布诏书，招抚义和团为"奉旨义和神团"，义和团开始"奉旨灭洋"了。

图 4-13：义和团坎字团防总局虎头牌："义和天心，同保大清，扫除洋孽，神功民兵……"

　　清廷剿抚不定，如今终于有所抉择。形势所迫，也不得不做最后的选择。1900年6月以前，朝廷犹豫不决，主要是慈禧太后自己也没想好。她既不喜欢洋人也不喜欢团民，但又幻想借义和团之力驱逐洋人，然后再剿灭义和团。慈禧在洋人与团民之间，多少还是偏袒团民的。至此为止，义和团不是不能剿，而是朝廷拿不定主意，剿还是不剿。6月中旬以后，义和团坐大，清廷已不再有选择剿邪匪或抚义民的余地，只可抚，不能剿了。慈禧在致电各省督抚时充分表达了这种别无选择的困境："此次义和团民之起，数月之间，京城蔓延已变，其众不下十数万。……剿之，则即刻祸起肘腋，生灵涂炭。只可因而用之，徐图挽救。"[1]

　　十数万义和团在北京城内，许多官军与朝臣同情参与义和团。端王、庄王与贝勒载濂、载滢，甚至率领60多名义和团民闯入大内，以"搜拿教民"为名，要捕杀光绪皇帝。慈禧太后明白，暴民与昏官随时都可能推翻她这个朝廷。唯一的办法是招抚，这样可以争取时间，稳住义和团，等待外省勤王的部队进京。

图4-14：义和团进京后，有官军也参加了义和团。

---

[1]　中国第一历史档案馆编辑部编：《义和团档案史料》上册，中华书局1959年版，第187页。

在团民与洋人之间，朝廷选择了团民，尽管不排除有所同情，但主要是权衡形势，义和团的威胁更严重，至少慈禧太后认识到这一点。

对于义和团，清廷是能剿的时候不真剿，要抚的时候，也不真抚。一边是义和团、董福祥的甘军一哄而上攻打教堂，另一边是荣禄的武卫军占据前沿，将义和团、甘军与使馆教堂隔开，阻止义和团民上前，自己向使馆方向放空炮或朝天放炮，同时暗地里往使馆送鸡蛋西瓜慰劳。不得不招抚义军、歼灭洋人的时候，朝廷也未必真那么做。朝廷宣战是个有趣的事，一是宣战不战，二是宣战不知向谁宣战。宣战诏书不过是一道谕旨，从来没有送到洋人手里。而且，

尽管在朝内，也不明白向谁宣战，诏书中只提到"夷等"，连盛京将军增祺也不清楚"此次中外开衅，究系何国失和"，希望朝廷明示，也好相机应敌。[1]一片混乱。

图 4-15：慈禧太后。

偌大个帝国的朝廷，最后变成一个阴险的寡妇与几个无能的纨绔子弟的阴谋集团。义和团只可抚、不能剿，洋人则只可战、不可降。首先是为了招抚义和团，朝廷也必须要摆出"灭洋"的架势。其次，洋人已攻占大沽口，进逼北京，慈禧太后年轻时经历的英法联军占领北京的一幕，可能重演。于是，人们看到朝廷颠三倒四，6月稀里糊涂招抚义和团，7月歇斯底里向洋人宣战，8月已仓

---

[1]　中国第一历史档案馆编辑部编：《义和团档案史料》上册，中华书局 1959 年版，第 201 页。

皇逃出京城流亡。

义和团运动中，朝廷的角色实在可笑可悲可耻可憎。那么，义和团又如何呢？赤子英雄还是愚民暴徒？义和团感于洋人横行中国、洋教毁谤神圣，朝廷积弱无能，官吏惧外压内，于是集众练拳，请神附体，请仙下山，据说练得神拳，便刀枪不入了。他们从山东到河北，最后涌入北京，抢教民、杀洋人、拆铁路、拔电杆，还要毁坏火轮船、攻占使馆。说他们是邪匪，不对，说他们是义民，也不妥；说他们忠义爱国，有根据，说他们野蛮排外，也有道理。

义和团，赤子英雄不足，愚民暴徒有余。仇教排外，毁铁路、拔电杆、烧邮局，殄灭器物，都是中国最初可怜的现代化设施。10万团民进京，在奉旨灭洋的旗号下，劫杀纵火，毫无顾忌。土教民杀了很多，洋教士却躲在教堂里，安然无恙。本来是要杀尽洋人，结果只杀了些信洋教的国人。教民没有可杀的了，又以白莲教为名，捕杀平民，满城死尸恶臭，污血泥泞，惨不忍睹。

团民凶暴，不亚于邪匪。除了杀人，主要放火，土木结构的民居烧了许多，砖石结构的教堂却屡攻不下。团民纵火烧"老德记"西药房，火势蔓延，眼看将整个前门大街千家商铺烧成废墟一片，义和团民却制止市民救火。拳众乌合，巫步披发，野号怪叫，攻打西什库教堂，一哄而上，听见洋枪洋炮，又一哄而

图4-16：围攻使馆的义和团民。

散。解释教堂之所以攻不下，是因为洋人教堂的墙壁上，贴满人皮涂满人血，还有妇女手持经血之类秽物站在墙头，冲了义和团的法术。

历史不是是非善恶可以简单说清楚的事。当年义和团运动的亲历者仲芳氏就曾困惑地说："义和团如此凶横，是正耶，是邪耶，殊难揣测。"[①]八国联军进逼北京，满蒙汉旗兵勇不战自溃，而那些义和团民早已脱下团服，装成百姓，逃得无影无踪。记得仲芳氏曾问团民说，纵使你们杀了北京的几个

① 仲芳氏：《庚子记事》，科学出版社1959年版，第15页。

洋人，烧了北京的几座洋楼，各埠各国还有许多洋人洋楼，怎么办？更何况洋人必调各国军队来报复，那又如何是好？团民的回答非常豪壮："不妨，京中之洋人与二毛子指日就可灭绝，然后先至天津、上海烧尽洋房，杀净洋人。再分队驰赴各国扫平巢穴。待九月间，便可斩草除根，天下太平矣。若恐洋人调兵来京，更不足虑。洋兵航海而来，必坐轮船，只需大师兄向海中念咒，用手一指，并船不能前进，即在海中自焚，有何惧哉。若由旱路而来，避住彼之枪炮，众团一拥而上，手到擒来，更不足虑矣。"仲芳氏哭笑不得："听团民如此诞妄之谈，直如梦语，足见乱惑愚人，恐非正道也。"①

中西冲突700年，从外海到沿岸到中国内陆再到中国的心脏。中西冲突在很大程度上变成中国内部的冲突，团民与教民的冲突，变成中国自毁的方式。马可·波罗到中国前半个世纪，蒙古人曾经洗劫过北京，将近八个世纪之后，先是义和团，然后是八国联军进城，对于这座千年皇城，是又一次大劫难。八国联军攻占大沽口炮台之后，7月14日攻占天津。因在统帅问题上争执不休，8月4日才从天津出发进攻北京。沿途清军溃勇难集，无力战守，义和团民作鸟兽散，不见踪影。远道勤王、准备抗敌殉国的李秉衡临死前上奏朝廷描述战况："……军队数万充塞道途，闻敌辄溃，实未一战。所过村镇则焚掠一空……臣自少至老屡经兵火，实未所见。"②8月14日，北京失陷。慈禧太后化装成农妇出德胜门西逃，联军开始屠城。当时的亲历者英国人辛普森③说：联军入城之后，烧杀奸掳，北京已

图 4-17：被联军抓获的清廷小官与太监（跪者）。

① 仲芳氏：《庚子记事》，科学出版社 1959 年版，第 15—16 页。
② 中国第一历史档案馆编辑部编：《义和团档案史料》上册，中华书局 1959 年版，第 469 页。
③ 英国人 B.L. 辛普森 (Bertram Lenox Simpson，1877—1930) 曾用笔名普南·威尔 (Putnam Weale) 出版了《唐突的北京来信》(Indiscreet Letters From Peking)，冷汰、陈诒先汉译本名为《庚子使馆被围记》，见上海书店出版社 2000 年重印本。

图 4-18：瓦德西元帅检阅联军。这位联军司令要求他的士兵表现得像匈奴人那样凶猛。

经变成一座鬼城了。

八国联军，义师还是劫匪？控诉八国联军暴行，如果出自中国人，可能还有人不信，如果出自西方人自己，就不得不信了。八国联军（实际上此时德国军队还没有到，只是七国联军）占领北京的第二天一早，辛普森登上北京城墙，法国人正在炮击紫禁城，炮弹落在屋顶上，瓦片乱飞，全城有如鬼墟，除枪炮声外，一片寂静，城北浓烟滚滚冲天，不用说也知道，俄国人、日本人正在烧杀抢掠。辛普森详细记载了他在那些日子的见闻。太后皇帝出逃了，宫内死尸枕藉，血流满地，都是昨天攻城时被杀的，梁上还挂着因恐惧而上吊的自杀者，伸长了舌头，一个受伤的太监趴在血污中，哀号救命。"彼地上哀求之太监，彼浸于血中之死尸，彼吊于空中之人，彼空气中腥秽之气，予闭目即在眼前，将永远不能忘之。"①

七国军队在北京划地抢劫，瓦德西率领的德国军队晚了两个月才到来，似乎比那些先行者更加暴虐。联军在瓦德西的指挥下，四出"剿灭拳匪"。他们占领保定，南下正定，北上张家口，东到山海关，所到之处，清军或者望风而逃，或者开城迎接，贯彻"优礼劳军，吏迎兵撤"的议和政策，地方清军还努力清

① 《庚子使馆被围记》，上海书店出版社 2000 年重印本，第 139、142 页。

剿"拳匪"，甚至将屠杀的义和团民的血淋淋的人头悬在城墙上，取悦到来的洋兵。联军四出屠掳，持续了半年，直隶、山西一带村镇，常"十室九空"，"满目荒凉"。

团民多暴徒，联军作劫匪。鸦片战争以来满清帝国内忧外患，险象环生，到八国联军入京，正好 60 年一个甲子，老大皇朝气数已尽了。鸦片战争首开"边衅"，朝廷受尽屈辱，但事后却若无其事，按林则徐的说法，是"大有雨过忘雷之意"。当然，朝廷有朝廷的难处，夷人扰边，难过也是痛痒之痛痒，而国民暴动，则是心腹之患。太平天国运动对满清皇朝的打击，比两次鸦片战争沉重得多。人必自辱，而后人辱之；国必自伐，而后人伐之。太平天国后，富庶的江南满目疮痍，同治中兴不过是回光返照。中法战争、中日战争后，面对西方扩张，朝廷已没有招架之功了。鸦片战争中林则徐曾寄厚望于乡勇，议和后广东民众也曾发起拒绝英人入城的运动。道光皇帝认为民气可用，以为找到了"制夷"的办法，义和团运动期间朝廷招抚团民，最终证明是玩火自焚。

朝廷无能，民众无用，洋人无理。八国联军没有最终灭亡中国，不是因为中国有力抵抗或西方无力征服，而是因为西方列强之间有利益冲突，任何一个国家都不愿意另一个国家独享中国，就像英国独享印度那样。于是他们只能同意英美提出的"门户开放"政策，在中国维持一个合法无能的政府，然后圈定各自的势力范围，只要西方列强彼此相安无事就可以了。

中国事务似乎已与中国无关，是西方列强之间的事。英德签署《英德协定》（1900 年 10 月），约定保全中国领土，制止任何国家瓜分中国土地的企图。与此同时，俄国也要求保持中国领土完整，维护满清政权。实际上此时"保全"与"瓜分"并无多大区别。赫德爵士说得比较坦率："今日之计，惟有以瓜分为一定之目的，而达此目的之妙计，则莫若扶植满清政府，使其代我行令，压制其民。民有起而抗者，则不能得义兵排外之名，而可以叛上之名诛之。我因得坐以收其利。此即无形瓜分之手段也。"[①]

义和团没有能够排外灭洋，反而引得西方列强联合大举进犯，生灵涂炭；满

---

① 杨度著：《"游学译编"叙》，王忍之编：《辛亥革命前十年间时论选集》第一卷上册，三联书店 1963 年版，第 254 页。

图 4-19：洋人的漫画：《"中国巨人"分崩离析了》。

清朝廷也没有能够借义和团的"天兵天将"将洋人赶尽杀绝，扬眉吐气，反而仓皇出逃，投降赔款。民误国，官也误国。《辛丑条约》签订，只赔款不割地，表面上看，似乎义和团没有导致西方列强进一步瓜分中国，实际上的问题是，西方列强瓜分中国，已经不再需要与中国签署什么国际条约了，他们可以任意瓜分，只要不得罪其他列强，而义和团事件中出兵的八国，因为彼此之间意见不合，就让满清朝廷表面上沾了个暂时的便宜。满清皇朝保住了，国家不幸皇

图 4-20：慈禧太后带着她的流亡朝廷回到北京，洋人们迎接，百姓们观望，另一种三角格局：朝廷成为小朝廷，洋人成为洋大人，而百姓，又成为看客。

家幸。不割地只赔款，赔款四亿五千万。

　　赔款四亿五千万两白银。这个战争赔款的数字是怎么来的呢？是从中国人口中来的，中国当时有四亿五千万人口，每人赔一两白银！义和团运动与八国联军入侵，是中西关系史上的又一个典型性事件，我们从中不仅可以复活某段历史经验，还可以观照到中西关系史的某种一般性的格局变化。

第二节

1900 年: 中西关系史的分水岭

1900 年, 是中西关系史上的一个重要转折点。此前 60 年, 西方持续不断的扩张达到顶峰, 此后 60 年, 中国的民族救亡运动步步走向高潮。义和团运动与八国联军入侵, 也是中西关系史的一个重要焦点。中西关系内部化、激烈化、多边化与复杂化, 展示了中西冲突的两极对立、三角关系与四边格局。更重要的是, 它还表现出中西关系与中国现代化历程中难以摆脱的某种文化困境, 启蒙还是救亡, 盲目崇洋还是愚昧排外?……

图 4-21: 八国联军开进紫禁城。

中西冲突格局发生了根本的变化

1900 年, 义和团运动与八国联军入侵那段时间, 梁启超正滞留檀香山, 为庚子勤王运动筹款。在他看来, 义和团运动不过是走火入魔的"团匪"与昏聩泼野的朝廷闯下的祸, 一幕病态的滑稽剧。重要的不是义和团运动本身, 而是义和团"蠢动"与八国联军"暴侵"对

图 4-22：《辛丑条约》签订现场。

中国与世界历史的改变。日后梁启超谈到研究历史的"因果""业报"理论时指出，庚子事件的历史影响重大，直接"业报"就有 6 项：

"一、八国联军入京，两宫蒙尘；二、东南各督抚联约自保，宣告中立；三、俄军特别行动，占领东三省；四、缔结《辛丑条约》，赔款四百五十兆，且承认种种苛酷条件；五、德宗不废，但政权仍在孝钦；六、孝钦迎合潮流，举行当时所谓新政，如练兵、兴学等事。"

而其在外交内政上"间接产生种种之果"，举其"荦荦大者"，则有 11 项之多。就外交而言：第一，"八国联军虽撤退，而东三省之俄军迁延不撤。卒因此而引起日俄战争，致朝鲜完全灭亡，而日本在南满取得今日之特殊地位"；第二，"日本籍端与英国深相结纳……促英日同盟之出现。而此英日同盟，遂被利用于此次欧洲大战，使日本国际地位昂进。而目前系国命之山东问题，即从此起"；第三，"重要之中央财源，如海关税等，悉供偿债之用。因此，各外国银行，攫得我国库权之一部分，遂启后此银行团操纵全国金融之端绪"。

就内政而言：第一，"排外的反动，一变为媚外，将国民自尊自重之元气，丧之殆尽，此为心理上所得最大之恶影响"；第二，"经此次剧烈的刺激，社会优秀分子，渐从守旧顽梦中得解放，以此以次，求取得'世界人''现代人'的资格，此为心理上所得最大的良影响"；第三，"东南互保，为地方对中央独立开一先例，此后封疆权力愈重，尾大不掉，故辛亥革命起于地方，而中央瓦解。此趋势直至今日，而愈演愈烈"；第四，"袁世凯即以东南互保中之一要人，渐取得封疆领袖的资格（直隶总督、北洋大臣），蓄养其势力，取清室而代之"；第五，慈禧太后"回銮后，以媚外故，而行敷衍门面的新政。一方面自暴白其前此之愚迷及罪恶，增人轻蔑，另一方面表示其无诚意的态度，令人绝望"；第六，"此种敷衍的新政，在清廷固无诚意，然国人观听为之一变，就中留学生数目激增，尤为国民觉醒最有力之一媒介，海外学校遂变为革命之策源地"；第七，"新政之最积极进行者为练兵，而所谓新军者，遂为革命派所利用，为袁世凯所利用，卒以覆清祚"；第八，"以大赔款及举办新政之故，财政日益竭蹶，专谋籍外债以为挹注，其后卒以铁路大借款为革命之直接导火线"。①

　　按照梁启超的分析，义和团运动影响深远，日俄战争、英日同盟、外国银行控制中国财政、中国的社会先进分子觉醒、中央政权削弱、地方割据出现、袁世凯坐大、辛亥革命发生，以至日后日本大规模侵华，都可以在义和团运动中找到因缘。而我们在此注意的，不仅是事件与事件的关联，还有中西交流与冲突的格局的变化，以及这种格局在中国现代运动历史上的意义。

图 4-23：乔治·毕高的讽刺画，英、法、俄、德、日（从左到右）商讨修筑铁路瓜分中国。

① 参见《中国历史研究法》第六章"史迹的论次"，《饮冰室合集·专集》，中华书局 1989 年版。

图 4-24：中国漫画《各国联合灯笼大会》，讽刺清廷出卖主权、列强在中国修铁路。

第一次鸦片战争既是一个历史阶段的终点，又是一个历史阶段的起点。从1850 年前后开始的中西交流的第四个历史阶段，明显的特征是中西的交流与冲突都达到高潮，而且出现明显的转折。首先是鸦片战争到八国联军，西方越来越多的国家参与、越来越深入地侵略中国，中国不仅领土、资源、财富被瓜分，中国社会本身也出现分裂，中西冲突演化成中国内部两种社会力量的冲突，比如"教民"与"团民"的冲突。随着西方殖民扩张势力的深入，中国不同社会阶层也在屈辱中"觉醒"，这种"觉醒"加剧了中西冲突也加剧了中国社会的分化。

义和团运动是个转折点。西方在中国的扩张一步步达到高潮与极限，中西关系已经多少变成西方列强内部的关系，由于西方列强在中国的力量与利益相互牵制，西方进一步地扩张与瓜分才不得不停止。中国官方一步步丧失抵抗力

THE GREAT BARBARIAN DRAGON THAT WILL EAT UP "THE BROTHER OF THE MOON." &c. &. &c

图 4-25：英国《笨拙》报的漫画《吃掉月亮弟弟的大蛮夷龙》，将中国抵制铁路当作拒绝文明进步的象征。

量，虚弱到极点，不仅无法抵御外侮，也无力平定内乱。与此同时，中国民间抵抗西方殖民扩张的排外力量出现，形成中国社会内部的西方、官方、民间的三角冲突。这个紧张危险的三角冲突的格局，酿成不断的革命，改变了中国的命运。

义和团运动使中西关系，交流与冲突，不论在西方还是在中国，都内部化、多边化了。西方处理与中国的关系实际上是在协调与西方列强的利益与力量的关系，中国处理与西方的关系，实际上首先要处理中国内部官方与民间的关系。洋人、朝廷、百姓之间紧张的三角关系，始终是义和团运动的危险因素。但是，值得注意的，义和团运动也存在着某种冲突两极化的可能。

义和团奉旨灭洋，发誓要驱逐夷寇、直捣夷巢、杀光洋人、烧尽洋楼。清廷招抚团民，同时向"夷等"各国开战，认为"中外衅端已成"，要"一决雌雄"。义和团运动最后似乎中国朝廷与民众合为一体，以整个西方为敌。当然，西方也与整个中国为敌。八国联军进军北京，美国《时代》转载德国《科隆日

图 4-26：美国《世界》杂志上的漫画，象征着中国的巨龙张牙舞爪，义和团时期西方有许多这类表现"黄祸"主题的漫画。

报》的一则评论说："整个中国，不只是中国政府，还有中国人民，都已将一场战争强加给我们，发生在北京的屠杀进一步表明这种局势已无法挽回。所有的西方文明国家，现在必须武装起来报仇雪恨。一定要像消灭食人生番一样消灭中国人，将北京夷为平地。"[①]

　　义和团运动开启了世界现代史上中国与西方的全面冲突，中西冲突两极化格局形成。西方还是同一个西方，列强之间尽管有不同程度上的竞争冲突，但总会在与中国对峙时，组成英法联军或八国联军，中国朝廷幻想以夷制夷，不

---

①　转引自 Oriental Prospects, edited by C. C. Barfoot and Theo D'haen, Amsterdam - Atlanta, GA, 1998，p.136，有关义和团事件在西方的恐怖报道，参见该书第 134—140 页；又见［美］柯文著:《历史三调：作为事件、经历和神话的义和团》，杜继东译，江苏人民出版社 2000 年版。

图 4-27：俄国漫画《茶壶奇迹》，象征性的茶壶里，煮沸的是挥舞着刀剑长枪的八国联军与轰鸣的大炮，留着辫子的中国人大惊失色。

管是权宜之计还是缓兵之计，最终都无法抵抗西方的扩张。中国还是同一个中国，尽管朝廷与民间常有积怨，西方也总幻想将中国分解为朝廷与百姓或政府与人民，但真正面对西方扩张时，还是有可能聚集起同一种国家力量。

中西冲突的格局是不断变化调整的。尽管两极化格局是根本形态，构成中国民族主义与国民革命的基础，但在不同的历史阶段，它可以表现出不同的三角或四边的"变局"。义和团运动中形成的朝廷、团民、洋人之间的三角冲突关系，是一个动态的、危险的变局。清廷宣战，这种变局也就结束了。中国向所有西方列强宣战，西方列强惩罚性索赔所有的中国人。在义和团运动与八国联军入侵前后，中国似乎有可能弥合朝廷与民众的冲突成为一个整体。

团民围困，清廷宣战，西方国家集结联军。西方似乎也可能弥合列强彼此之间的竞争，组成同一个西方。但是，不论对中国还是西方，结局都令人遗憾。中国的朝廷与民间的联合转瞬破灭，朝廷无聊险赖，暴民愚莽灭裂；西方列强之间的联合，也从一开始就各怀鬼胎，彼此明争暗斗。八国联军入京之后，中西冲突实际上陷入一种"四边"格局，中国被分解为朝廷民众，西方也被分解为不同列强。义和团运动开启的中西两极间的全面冲突，实际上以新的"四边"

格局结束。

　　义和团运动与八国联军入侵之后，我们在中西冲突的历史中看到一种四边形"变局"：中国分为朝廷与民众，西方想利用朝廷制民众，于是满清皇朝被保存下来，西方列强甚至利用中国朝廷镇压民众。西方分为不同列强，英美与德法不同，沙俄与日本不和，中国朝廷似乎还可以"以夷制夷"。这是一个四边的"变局"。正是在这个"变局"中，西方在中国的扩张达到高潮并开始下落，而中国衰败到谷底并开始复兴。

　　义和团运动与八国联军侵华，使中西冲突从两极到三角，最后归结为四边格局。这个两

图 4-28：1912 年孙中山一行在明孝陵。

极、三角、四边格局，在以后的 60 年间，不断变换出现。义和团之后，西方列强实行"保全"中国的政策，西方与中国官方的冲突缓解了，满清朝廷成为洋人的朝廷，中国官方与民间的冲突却加剧了。一度出现的两极化格局，迅速又分解为洋人、朝廷、民众三方。中国民间力量觉悟到，在西方强大的冲击面前，救国必先革命，排满是民族革命、推翻帝制是政治革命。孙中山回忆革命经历，义和团运动之前，国内舆论纷纷斥责他"乱臣贼子，大逆不道"，之后则多有有识之士同情其革命，"恨其事之不成"。[①]

　　义和团运动之后，朝廷、民众、洋人的三角关系还在。满清皇朝依靠洋人，

①　参见孙中山《革命缘起》，《国父全集》第一卷，台北中华民国各界纪念国父百年诞辰筹备委员会，1965 年，第 252—253 页。

277

革命排满，也多少要依靠洋人。义和团运动的冲突发生在民间与西方之间，官方偏向于民间。辛亥革命发生在官方与民间之间，民间偏向于西方。革命打破了一个旧秩序，激发了中国的政治与社会的活力，却没有建立起一个新秩序，反而使全国陷入军阀混战。中国远没有形成一个统一的力量抗衡西方霸权。当然，西方也没有统一成一个西方。中国先分裂为保皇派与革命党，后分裂为国民党与共产党；西方列强先分裂为两次世界大战中的同盟国与协约国或轴心国与同盟国，再分裂为冷战中的资本主义与社会主义阵营，中西冲突便体现在这复杂的四边格局中。

八国联军暴侵之后，西方分裂为两个西方，中国的国民革命，却不断向一个中国努力，首先是民族主义，然后是共产主义，成为这一个中国的精神核心。帝国主义、共产主义、革命中国，另一种三角格局。辛亥革命成功，游移不定或动荡不安的三角格局，突然在五四运动与五卅运动中倒转过来，中国各界结成统一战线，提出"打倒一切帝国主义"的口号，但帝国主义列强中，不包括革命后的俄国。共产党革命将西方、官方与民间的冲突绝对化，最终统一了官方与民间力量一致对抗西方，并将西方的殖民扩张力量赶出中国。值得注意的是，西方的殖民扩张分化了中国社会，而中国觉醒后的革命，从民族主义到共产主义，也分化了西方。

中国革命同化了中国官方与民间一致反抗西方殖民扩张，西方却被分化了。第二次世界大战中，西方进一步分裂，中国则统一抗日。第二次世界大战之后，西方分为资本主义与社会主义阵营，中国则分为国共两党。中西关系呈现出新的四边格局，西方是两个西方，中国是"两个中国"。

两极、三角、四边，中西冲突的格局不断变换。中华人民共和国建立，中国是一个中国，西方是美苏为首的两个西方，资本主义阵营与共产主义阵营。中苏论战开始，中西之间的三角格局的平衡又被打破了，西方与中国的冲突再次被绝对化，西方是无差别的西方，所谓新老帝国主义，中国是无差别的中国，所谓革命人民。"文化大革命"既反帝又反修，中国被一场彻底的革命洪流席卷成一个狂暴的整体，中国是一个中国，无产阶级革命后的中国；西方是一个西方，帝国主义与修正主义的敌对的西方。从鸦片战争到"文化大革命"，百二十年间，恰好一个回合，义和团运动与八国联军暴侵，是其间的分水岭，前后各一个甲子。

义和团前 60 年："衰亡／觉醒"的五幕剧

"历史上没有哪一年能像 1900 年对于中国那样具有分水岭般的决定性意义。"[①] 义和团事件之后不久，1901 年春，美国传教士、同文馆馆长、后来的京师大学堂总教习丁韪良开始写一部书，名叫《中国之觉醒》，该书用一半的篇幅叙述中国广阔的地域与漫长单调的历史。然后集中到鸦片战争到义和团运动这一段。在他看来，这是中国漫长的沉睡的历史最后觉醒的时刻。但"中国之觉醒"，并不是自身的苏醒，而是被强大的西方"唤醒"，"唤醒"的方式是战争，是从两次鸦片战争到中法战争、中日战争、八国联军对中国的一次次"征服"。丁韪良说，这段历史就像是一出五幕剧，主题是文明征服野蛮，冲突的双方是西方与中国，而每一幕都是一场战争，最后的高潮，在八国联军攻占北京时刻的到来。

"如果有人问到在过去的一个

图 4-29：八国联军暴侵后回到美国的丁韪良，在纽约港上岸时竟一身戎装。照片见其著作《北京之困》扉页。

[①]　芮玛丽语，转引自［美］柯文著：《历史三调：作为事件、经历和神话的义和团》，杜继东译，江苏人民出版社 2000 年版，第 2 页。

世纪里，亚洲发生的最重大的三件事是什么，人们会毫不犹豫地回答：印度并入大英帝国与日本的维新。这只是两项，第三项呢？可能是土耳其、波斯或俄罗斯在亚洲的领土上的几次起义。然而，在我看来，这第三大事件发生在中国历史上。庞大的帝国最后开放，与其他国家不受限制地交往，这不是中国历史内部的一个渐进的过程，而是这一极端东方的保守主义与西方世界的进步精神之间一系列剧烈冲突的结果。……在过去近70年的历史中，中华帝国至少有五次与外国势力发生冲突；每一次冲突都或多或少地改变了中国的政策。这五场冲突——还不算中国内部潮汐般此起彼伏的骚乱——先后递接，像一部戏。我希望读者把华夏大地想象成一个舞台，在一个人一生的记忆时间内，上演着一出五幕悲剧。主题是中国之开放，第一幕即所谓的鸦片战争（1839—1842）。"①

写历史犹如写戏，本书的"历史剧"已经到了第四幕。第一幕的场景重点在欧亚大陆的西方。蒙元世纪里，西方旅行家前往中国的旅行，诱发了西方文明自身的一场革命，成为西方向世界、向中国扩张的起点。没有马可·波罗那一代人对中国的渴望与去中国的旅行，就没有哥伦布、达·伽马发现新大陆新航路。马可·波罗时代的大旅行，是地理大发现的直接动机与灵感，现代文明与全球文明的起点。那是一个西方人"走向世界"的时代，重要的课题是"中国"在西方。马可·波罗之后，六百年过去。中西之间经历了交流与冲突、兴盛与衰落，历史场景的焦点也从外洋移到中国海岸，冲突也从贸易领域转向军事领域，大英帝国成为世界的"中央帝国"，而中华帝国已经衰落到停滞与野蛮的边缘。第四幕的焦点场景，转移到中国内陆，两次鸦片战争，不仅使"洋药"（鸦片）泛滥中国，摧毁国家经济国人躯体，而且使"洋教"（基督教）深入内陆，侵蚀礼教动摇人心。外侮欺凌日甚，中华智力俱穷，失败与悲愤之间，该是中国走向世界、变革自身的时代了。第四幕的重要课题，变成"西方"在中国，与第一幕对比，恰好颠倒过来。曾经启动世界现代化进程的中国，六百年后以归属与反抗的方式再次加入西方主导的世界现代化进程。

中西关系四幕，冲突在第四幕达到高潮，时间是1850年以后，地点是中

---

① The Awakening of China, by W.A.P. Martin, New York : Doubleday, Page & Company, 1910, pp.149-150, 154-155.

图 4-30：两次鸦片战争，揭开中西关系史的第四幕。图为英法联军在天津港登陆。

国内部，两次鸦片战争使中西关系陷入一种难以弥和的冲突中。这种冲突，在西方的现代性叙事中，被表述为文明的启蒙，尽管他们也经常不避讳或不自觉地流露出野蛮的倾向。第一次鸦片战争成为维护公民权与贸易自由的战争，第二次鸦片战争，用巴麦尊首相的话说，是因为"再次打击中国已势在必行……像中国，葡萄牙与西班牙属美洲这类半野蛮的政府，十年八年，就要整治一下。他们那些浅薄的头脑记不住这些教训。而且，对于他们来说，警告是没有用的。他们根本不在乎你说什么，只有棍子打在他们肩膀上，他们才会屈服。"① 额尔金勋爵出任远征军司令开赴中国。他说他要尽量表现得"残暴野蛮"(uncontrolly fierce Barbarian)，因为"除非让他们感到害怕，否则愚蠢的中国人是不会屈服的"②。他下令烧毁圆明园！这就是西方促使东方觉醒与进步的意义与方式！《悲

---

① Great Britain and China:1833-1860，by W.C.Costir，Clarendon Press，Oxford，1937，p.149.

② 参 见 Barbarians and Mandarins：Thirteen Centuries of Western Travelers in China，by Nigel Cameron，New York：John Weatherhill，Inc.，1970，Chapter Sixteen：Lord Elgin and Wang's Mother，pp.345-360.

图 4-31：英法炮舰轰击大沽口炮台，失去海洋的民族也将失去陆地。

惨世界》的作者，法国大文学家雨果得知焚烧圆明园暴行后写道："我们欧洲人是文明人，在我们眼中，中国人是野蛮人，可是你看文明人对野蛮人干了些什么！"[①]

鸦片战争在中国看来，无论如何都是野蛮入侵。用战争的方式将毒品贸易强加给其他国家，不可能有任何正义或高尚的意义。西方人在社会进化论与殖民主义观念尺度上将中国当作野蛮国家，而中国，不管从传统的夷夏之辨还是现代的文明与野蛮对立的观念上，都难以将入侵的西方当作文明之邦。两次鸦片战争之后，是 1885 年在边境沿海进行的中法战争，法国人瞬间击毁了马尾港所有的中国船只（11 艘兵船 19 艘商船）和整个马尾造船厂，战争轻松得像是一场游戏。然后是中日甲午海战，中法战争摧毁了中国的部分海军，中日海战摧毁了中国的全部海军。洋务运动在军事上的成就完全葬送了。西方是一个文化概念，日本虽地处极东，由于接受了西方文明，开始帝国主义扩张，于是也变成"西方"。中国与西方冲突的历史，变成西方不断扩张凯旋的历史，中国不

① 转引自胡绳著：《从鸦片战争到五四运动》上，人民出版社 1981 年版，第 174 页。

断退守失败的历史。中国抵御不住西方的入侵，只能对西方开放，尽管这种开放还有另一种意义，就是对西方主导的现代文明开放。最后的失败与最后的开放，都在八国联军入侵中。丁韪良在《北京之困》描写八国联军攻陷北京时感慨："这座高傲的城市，东方巴比伦，如今威风扫地了。城门楼化为灰烬，有他们自己人烧的，也有被联军烧毁的；联军还推毁了北京的一些公共建筑，但狂暴的义和团在北京四处的破坏更多。这座帝都至少需要 50 年，才能恢复其往日的辉煌。"①

　　在世界历史中随着西方扩张展示的西方现代性，有两个侧面，一个是启蒙主义，一个是殖民主义。丁韪良用启蒙主义的正义话语表述殖民主义的侵略行径，让人感到历史与意识形态之间的反讽。丁韪良感到振奋的启蒙主义主题的五幕剧，在中国人的经验中，也有启蒙主义与殖民主义的两个侧面，只是不论哪个侧面，都让中国感到屈辱、沉痛、愤慨甚至仇恨。鸦片战争以来的历史，

图 4-32：中法战争间孤拔率领法国舰队炮击停泊在马尾港的中国水师兵舰。

　　① The Siege In Peking:China Against the World，by W.A.P.Martin，New York：Fleming H.Revell Company，1900，pp.138-139.

被中国表述为现代化的历史，这段历史的叙事，也有相互矛盾的双重主题：衰亡与复兴、屈辱与觉醒。我们非常熟悉中国现代化历史主流叙事关于这段历史的表述：西方帝国主义列强对中国的经济掠夺、军事侵略、政治压迫、文化扩张。这种隐喻屈辱与仇恨、奋起与救亡的叙事，往往遮蔽了启蒙主题。同时，我们也注意到另一种表述，那就是关于中国的腐败与邪恶、保守与愚昧的叙事，这种叙事又可能遮蔽西方的殖民霸权。

图 4-33：甲午海战中殉国的北洋水师"致远号"管带邓世昌。

中国现代化历史的这两种叙事，在非此即彼的所谓历史是非尺度下，经常是互不相容的。它们的直接根据，往往不是历史事实，而是现实价值。意识形态困境与历史困境是密切相关的。中西关系、内政格局的细微变化，都会影响到历史叙事，而中国的现代化历史始终处于一种两难困境中，要现代化就必须接受西方的启蒙主义的一面，否则现代化就无法完成，同时，要现代化就必须反对西方的殖民主义的一面，否则现代化就失去了民族—国家主体。

中国的民族主义是中国现代化的核心或根据，因为现代化的意义就在于民族救亡图强。民族主义思潮源于近代欧洲，最初作为一种反对宗教权力、建设世俗国家、维护君主权力的政治思潮出现，提出"一个君主，一种信仰，一部法典"。到文艺复兴后期启蒙运动时期，西方的民族主义具有了新的现代性内容，主张民族结成国家、制定法律，君

图 4-34：八国联军占领紫禁城，在乾清宫皇帝的御座上留影，远征到此已成为旅行。

图 4-35：英国控制的上海海关大楼。

主负责实施法律、维护国家，公民必须忠诚于国家、对国家有义务。于是，民族主义的口号又成为"民族、法律、君主"。19 世纪西方民族主义伴随着西方殖民扩张向世界传播，殖民地半殖民地国家与人民也接受了民族主义思想，但已与西方的民族主义有很大的不同，带有明显的反抗西方的殖民扩张、争取民族自决自强与国家独立主权的色彩，并与民族现代化运动联系起来。[①] 传统中国并没有民族主义观念，只有王朝或天下观念。钱穆先生曾说："中国人常把民族观念消融在人类观念里，也常把国家观念消融在天下或世界的观念里，他们只把民族和国家当作一个文化机体，并不存有狭义的民族观与狭义的国家观，民族与国家都只是为文化而存在。"[②] 19 世纪中国在西方列强连续不断的入侵中"觉醒"，觉醒到西方现代的民族主义思潮，走上现代化的道路，所谓现代化，就是

---

① 美国学者约翰·普累莫纳茨提出两种民族主义，西方的与非西方的。西方的民族主义强调的是文化上的同一性认同与民族国家自决；而非西方或东方民族主义，则主要主张社会革命、独立建国与世界民族竞争。参见 Two Types of Nationalism，by John Plamenatz，International Relations in the Twentieth Century:A Reader，ed. by Maro Williams,Hong Kong:Macmillan Education，1989，p.53。

② 钱穆著:《中国文化史导论》，上海三联书店影印本 1988 年版，第 19 页。

图 4-36：法国在上海的东方汇理银行。

实现本民族的现代化，民族主义是目的，而现代化则成为实现民族独立自强的途径。

值得注意的是，西方既是中国的民族主义的来源，又是中国民族主义排斥的对象。在西方现代扩张中遭遇的中西文明，交流常常是以冲突形式进行的。在中国面前，西方现代民族主义表现出天使与魔鬼两个侧面，天使的一面是高扬科学与进步、民主与自由的启蒙主义，魔鬼的一面是鸦片与炮舰推行的殖民主义。在西方现代民族主义两个不同侧面的冲击下，中国觉醒的民族主义也表现出两种相互冲突的侧面，一面是开放的启蒙主义，一面是野蛮的排外主义或反西方主义。开放的启蒙主义容易只看到西方现代民族主义天使的一面，只看到启蒙主义没看到殖民主义；野蛮的排外主义则只看到西方现代民族主义魔鬼的一面，只看到殖民主义没看到启蒙主义。

启蒙主义容易使中国的民族主义运动丧失主体，西方启蒙的中国彻底"西化"，中国现代化的结局是现代化的中国，但现代化的中国不再是"中国"；蒙昧主义的排外使中国的民族主义运动丧失过程，非理性的、野蛮的排外主义或反西方主义，会使中国继续沉沦在专制与停滞的传统社会中，未能现代化的中国最终也难以保全其国。何去何从，中国的现代化运动，在艰难的选择与痛苦的摇摆中。

"历史上没有哪一年能像1900年对于中国那样具有分水岭般的决定性意义。"这种决定性的意义，至少有三点是可以确定的：

一、它标志着中西关系史上的一个转折点，不论对七个多世纪的中西关系，还是对中国现代化历史，都是一个转折点，西方对中国的扩张达到凯旋的高峰，同时，中国民间的抵抗力量形成了，走上救亡图存富国强兵的艰难历程。

图 4-37：沙俄在旅顺的兵营。

　　二、它揭示了中西交流与冲突的复杂格局，两极、三角、四边，不断变换。中国现代化运动的选择与成败，往往与这种紧张危险的格局相关，20 世纪整整一个世纪的中国国民革命，都没有走出这三种危局。

　　三、它表现出中华民族救亡图强的现代化运动的某种文化困境。西方扩张有启蒙主义与殖民主义两个侧面，而中国的现代化运动，也有接受启蒙主义与反抗殖民主义两个侧面，西化主义与排外主义是两个危险的极端。

　　"义和团运动与八国联军暴侵，是西方扩张历史上的一个标志性事件。西方持续五个世纪的扩张，终于达到高潮。地球上最后一个抵抗性的帝国，最终被征服了。西方殖民主义帝国主义主导的'全球文明'格局，在那一时刻，才真正出现。1902 年，美国牧师塞西尔·罗德斯在自己《最后的愿望和遗嘱》中不无遗憾地说：'这个世界几乎已分配完毕，它所剩下的地区也正在被瓜分、被征服、被拓殖。想一想你夜晚在空中所看到的那些星球吧，那些我们永远无法达到的巨大世界吧！我常常这样想，如果可能的话，我将吞并这些星球。看到它

图 4-38：西方已在中国之内，连清廷的格格，也换上了洋太太的装束。

们这样清楚而又那么遥远，真使我感到悲伤。'"[1]

这个标志性事件的意义，对西方现代文明来说，在于扩张的高潮与衰落之间的困境。西方扩张在全球范围内达到极限，西方现代文明的暴力倾向无处发展，将转向自身，列强之间的冲突全面开始。两次世界大战与随后到来的冷战，在将近一个世纪的时间里，使西方内部陷入混乱与冲突，西方之外的世界，也乘机完成了民族独立与民主建国的运动。西方现代文明的真正困境，是如何调节自身那种内在动力性的扩张冲动或帝国主义冲动，使其不断获得外部对象，免得将这种暴力冲动发泄到自身而自毁。

义和团运动与八国联军暴侵，也是中西关系史上的一个典型性事件。对西方来说，八国联军是西方启蒙与殖民双重变奏的现代化扩张运动在中国进入凯旋阶段的标志，它可以表述为西方启蒙、中国觉醒的五幕剧的最后一幕，西方全面凯旋的一幕。对中国来说，它的意义可能表现为另一个方面，是中国民族主义觉醒、反抗西方侵略、开始救亡图强的国民革命运动的开幕。义和团运动前的 60 年，西方以武力开放中国，中国被彻底瓜分，中国社会抵抗西方扩张的力量，开始从社会底层聚集，逐渐发展成全民性的民族主义运

---

[1]　转引自［美］斯塔夫里阿诺斯著：《全球通史：1500 年以后的世界》，上海社会科学院出版社 1992 年版，第 567 页。

动。义和团后 60 年，中国的国民革命，进一步整合全民力量，最终以国家的形式对抗西方，直到"文化大革命"，中西关系似乎又回到鸦片战争前，甚至乾隆时代。

这一典型性事件对中国的现代化历史的意义，是现代启蒙与国民革命之间难以摆脱的某种两难困境。西方扩张，有启蒙主义与殖民主义两个侧面：启蒙主义是我们必要接受的，殖民主义是我们必须排斥的。但西方却是同一个西方，如何面对西方？中国的现代化，有启蒙主义与民族主义两个侧面，启蒙主义要求全面接受西方现代文明，但民族主义又在文化立场上，坚持国民主体，而当中国在危难与激奋中凝成一个国民整体时，排外的民族主义与自大的文化主义，又可能酿成非理性的冲动，如何面对中国传统？

义和团后 60 年："觉醒／救亡"的五幕剧

1900 年，义和团运动与八国联军入侵时，陈独秀正在东北，目睹了沙俄军队以"护路"为名侵占东北、烧杀掳掠的暴行。事后他说，这是他国家意识与爱国激情萌生的时机："以前，在家里读书的时候，天天只知道吃饭睡觉。就是奋发有为，也不过是念念文章，想骗几层功名，光耀门楣罢了。哪知道国家是什么东西，和我有什么关系呢？到了甲午年，才听见人说有个什么日本国，把我们中国打败了。到了庚子年，又有什么英国、俄国、法国、德国、意国、美国、奥国、日本八国的联合军，把中国打败了。此时我才晓得，世界上的人，原来是分做一国一国的，此疆彼界，各不相下。我们中国，也是世界万国中之一国，我也是中国之一人。一国的盛衰荣辱，全国的人都是一样

图 4-39：入侵满洲的沙俄军队。

图 4-40：表现西方列强瓜分中国的"时局图"，列强各用一种动物代表。如俄熊、英虎、美鹰、法蛙……"鬼化"或"妖魔化"西方列强为豺狼虎豹，是当时的一种流行话语，如 1901 年《开智录》发表《论帝国主义之发达及 20 世纪世界之前途》道："基督纪元 20 世纪开幕所演之大剧也；忽然乌天黑地，云黯风号，于是若碧眼，若血口，若长臂，若高足，种种离奇怪相舞蹈而来者，狰狞之恶鬼也；既而又山摇岳动，木拔海翻，于是或尖牙，或利爪，或斧头，或剑尾，色色凶残猛暴跳跃而出者，酷毒之猛兽也。凶凶然，逐逐然，扰攘欧洲以外之天地，非帝国主义之恶相乎？""俄虎、英豹、德法貔、美狼、日豺，眈眈逐逐，露爪张牙，环伺于四千余年病狮之傍……"王忍之编：《辛亥革命前十年间时论选集》第一卷上册，三联书店 1963 年版，第 56、452-453 页。

消受，我一个人如何能逃脱得出呢。我想到这里，不觉一身冷汗，十分惭愧。我生长二十多岁，才知道有个国家，才知道国家乃是全国人的大家，才知道人人有应当尽力于这大家的大义。"[1]

义和团运动使陈独秀明白，中国是世界中的国家，而且是世界中被外国欺负的国家；中国人是国家中人，国家兴衰，与个人身家性命直接相关，个人必须为国家负责；世界中不同国家有各自的领土主权，不可侵犯；国家以人民为主体，不同国家有不同的人民，不能不讲民族主义。西方扩张有两个侧面，启蒙主义与殖民主义，丁韪良描述的中国之觉醒的五幕剧，在西方中心的世界主义

---

[1] 三爱《说国家》，《安徽俗话报》第五期，1904 年 6 月 14 日版。《陈独秀著作选》第一卷，上海人民出版社 1984 年版，第 55 页。

背景下，只表现了西方冲击中国的启蒙主义的侧面，遮蔽了殖民主义侵略的一面。陈独秀在义和团运动、八国联军入侵中看到的，是中国的民族主义与爱国主义的侧面，看到的是中国现代化运动的另一个侧面，反抗西方扩张，救亡图强的国民革命的侧面。

西方扩张在八国联军侵华中达到顶峰，中华民族救亡运动也开始了。在中国现代历史上，中国的救亡运动也有两个侧面：崇洋主义与排外主义。义和团运动是一个起点，从这里我们可以开始叙述另一个五幕剧。义和团运动是第一幕，它是现代中国国家意识与爱国激情的触发点，也是现代中国民族救亡运动的出发点。这个触发点与出发点，设定了现代中国的民族主义运动的两个极端，并注定其左右摇摆的命运，或接受启蒙主义极端化为盲目崇洋，或反对殖民主义而盲目排外。

义和团运动失败八国联军入侵，中国朝野普遍流行一种"崇洋主义"，从义和团野蛮排外的极端转入盲目崇洋的极端，也正是在这种大潮流下，中国的现代化运动从器物阶段进入制度与观念层面，中体西用的原则动摇了，制度与思想上都从改良进到革命，千年帝制政统与儒家学统终结了，1911 年的辛亥革命

图 4-41：五四运动期间学生在清华园焚烧日货。

与 1919 年的五四运动，通常被当作中国现代化历史上的划时代事件。但是，从中西关系史上看，这两大事件的意义，并不如此前的义和团运动与此后的五卅运动。

　　义和团运动在华北号召"扶清灭洋"时候，孙中山领导的同盟会正在南粤惠州起义，他们的口号是"扶洋灭清"，与义和团正好相反。"扶清灭洋"也好，"扶洋灭清"也好，目的都是奋发强国，区别只是对图强的途径认识与选择不同。义和团依旧幻想满清朝廷在抵御外侮、富国强兵上是可信赖可依靠的，而同盟会革命者则认识到，"满洲政府实中国富强第一大障碍""满人不去国，中国不能复兴"[①]。扶清或排满，只是手段，中国民族主义运动的真正目的是在现代世界体系中竞逐富强，西方才是对手，既是教我者也是亡我者。孙中山领导辛亥革命，推翻帝制却不驱逐列强，不是不想为，而是不能为。

图 4-42：五四运动中"救国雪耻""毋忘国耻"的纪念章。

　　辛亥革命没有解决西方帝国主义在中国的殖民特权问题，冲突很快就爆发了。"二十一条"与"巴黎和会"进一步激化了中西冲突，五四运动有两个不同的方面，一是知识精英圈子内的思想文化运动，主题是接受启蒙主义的，甚至有彻底西化的崇洋倾向；另一个是民众范围内的社会政治运动，主题是反对殖民主义的，要求"外争国权、内惩国贼""取消二十一条""拒绝和约签字"。

　　五四运动的两个方面恰好表现出现代中华民族救亡运动的两个侧面。五四运动有彻底的启蒙精神，却无彻底的反殖精神。它依旧相信西方文明启蒙主义侧面许诺的正义性，希望威尔逊主义能够保证中国的独立与发展。遗憾的是西方列强的表现，一再让殖民主义侧面掩盖起启蒙主义侧面，中国的

---

① 吴樾：《意见书》，《民报》第 3 号；思黄：《论中国宜改创民主政体》，《民报》第 1 号。

反殖民主义激情也随之汹涌。救亡运动中的崇洋主义与排外主义两个极端之间微妙的平衡被打破了，五卅运动开始了民族救亡的第二幕。

义和团事件过去整整四分之一世纪之后，那位当年从义和团事件中觉醒到国家意识与爱国激情的安徽秀才陈独秀，曾经是中国共产党的创立者。《辛丑条约》的签订日，9月7日，也被国民党确定为"国耻日"。1924年9月3日，陈独秀有感于义和团运动之后难以忍受的失败主义与媚外主义，感到有必要重提义和团精神，在《向导》周报上发表纪念文章《我们对于义和团两个错误的观念》①，认为义和团运动在中国现代史上的重要意义不减于辛亥革命，人们普遍意识不到这一点，是因为人们通常对义和团怀有"两个错误的观念"：一是"憎恶义和团是野蛮的排外"，二是"以为义和团是少数人之罪恶，列强不应因少数人之故惩罚全中国人民以巨额负担"。

就第一个错误观念而言，实际上陈独秀是在指责人们只看到中华民族救亡运动的蒙昧的排外主义的一面与西方现代文明的启蒙主义的一面，没有看到西方殖民主义侵略的一面与中国民族主义救亡图强的一面：

"他们只看见义和团排外，他们不看见义和团排外所以发生的原因——鸦片战争以来全中国所受外国军队、外交官、教士之欺压的血腥与怨气！他们只看见义和团杀死德公使及日本书记官，他们不看见英人将广东总督叶名琛捉到印度害死，并装入玻璃器内游行示众！他们只看见义和团损害了一些外人的生命财产，他们不看见帝国主义的军事的商业的侵略损害了中国人无数生命财产！他们只看见义和团杀人放火的凶暴，他们不看见帝国主义者强卖鸦片烟、焚烧圆明园、强占胶州湾等更大的凶暴！他们自夸文明有遵守条约及保护外人生命财产的信义；他们忘了所有条约都是帝国主义者控制中国人之奴券（最明显的是关税协定及领事裁判权），所有在华外人（军警、外交官、商人、教士）都是屠戮中国人之刽子手，所有在华外人财产都是中国人血汗之结晶！"

陈独秀不仅要人们"看见"西方扩张的另一个侧面，而且似乎要把这个侧面看成全面。因为在民族主义斗争的激情中，难以一分为二地对待西方扩张，平衡西方的启蒙主义与殖民主义两个侧面。

---

① 《陈独秀文章选编》，三联书店1984年版，第574—575页，下列引文均出自此文，不另注。

就第二个错误观念而言，陈独秀试图将西方冲击下分裂的中国力量统一起来，改变三角格局为中西两极格局，一致对抗西方扩张，完成民族独立国家自强："他们不曾统观列强侵略中国，是对于全民族的，不是对于少数人的；剧烈的列强侵略，激起了剧烈的义和团反抗，这种反抗也是代表全民族的意识与利益，绝不是出于少数人之偶然的举动……义和团事件，不论是功是罪，都是全民族之责任，不当推在义和团少数人身上。全民族都在外人的压迫之下，若真只有少数人、义和团不甘屈服，那更是全民族无上的耻辱了！"陈独秀试图用全民族的概念打破中西冲突中的三角格局，将中国方面作为民族或国民统一起来，一致反抗西方列强。

陈独秀文章发表的第二年，中国爆发了"五卅运动"。这场运动恰好使人们注意到西方帝国主义侵略的一面，以及将分裂的中国力量统一起来一致对抗西方扩张的可能性。

在这场运动中，陈独秀要纠正的两个错误观念似乎都纠正过来，全民族彻底地反抗帝国主义西方的运动出现了。20世纪中国有许多次运动或革命，辛亥革命、五四运动，似乎都比五卅运动影响大，但那都是在中国历史视野中的，如果讨论中西关系，五卅运动无疑更重要。五卅运动是一次全民族的彻底地反对帝国主义西方的运动，鸦片战争是满清朝廷与西方列强的战争，义和团运动主要是农民阶层反抗西方的斗争，辛亥革命与五四运动是资产阶级与知识分子的革命运动，辛亥革命只排满不排洋，而且承诺革命政府维护中西种种不平等的条约，五四运动虽然要"外争国权，内惩国贼"，但基本上是排日亲美，用瞿秋白的话说是没有觉悟到"不是对付某一帝国主义的强国，而是对付一切帝国主义的列强"[①]

图4-43：五卅运动中牺牲的红色工人顾正红。

第3卷，人民出版社1989年版，第157页。

的国民革命使命。

五卅运动"是义和团的反抗侵略运动的继续"①，它打破了义和团运动之后中西关系的平衡状态，动员起全国各地各阶层进行了一次彻底的反西方主义运动。如果我们把 20 世纪中西冲突也表述为一个五幕剧，这五幕是义和团运动、五卅运动、抗日战争、朝鲜战争、"文化大革命"。

义和团运动在八国联军暴侵中落幕，在第一幕与第二幕之间，四分之一世纪里中西关系基本平稳，一则是因为《辛丑条约》之后西方扩张在中国的势力与利益格局基本形成，除日本外基本上没有新进展；二则是因为义和团运动失败后中国社会文化在自责与自新的心态中更多地关注西方文明的启蒙主义侧面；三则是连续的国内革命无暇顾及西方列强的扩张。直到 1925 年 5 月中旬，五卅运动爆发。

五卅运动是继义和团运动之后，中国又一次更广泛的反掠夺、反压制、反不平等条约的、全国性的、民族主义的反西方运动。它以 5 月 30 日为界，分为两个阶段，前一个阶段是为上海市的民权而斗争，后一个阶段则是为普遍的人道而斗争。这次运动是以和平的方式进行的，工人罢工、学生罢课、商人罢市，其仪式性影响比实际效果更重要。工人罢工最终还是复工，学生罢课也要复课，

尽管最初的条件与要求远无法达到。商人开市最早，也不全是因为资产阶级软弱妥协，因为工人罢工、学生罢课都可以得到生计救援，无大损伤，商人罢市，从某种意义上是自取灭亡。"罢市非置人死命，实置自己之死命"，罢市 25 天，上海工商界直接的经济损失就达 1286 万元，② 难

图 4-44：上海各界救国联合会公祭五卅烈士的大游行。

---

① 《瞿秋白文集》（政治理论编）第 3 卷，人民出版社 1989 年版，第 346 页。
② 根据商总联会各马路汇集报请北京政府交涉赔偿各商号损失数额总计，见上海市工商联合会档案史料卷 154。

图 4-45：末代沙皇一家。

怪英国领事曾经冷笑道："罢市一百年，亦与外人无关。"①

五卅运动对中国的损失是民命，收获是民气；对西方则完全是损失，主要在经济上。上海与省港大罢工，损害了英国经济，抵制英日货、提倡国货与对英日经济绝交的运动，也多少打击了英日在沪的企业和英日对华贸易。在政治上，西方列强在中国的霸权与特权受到严重的挑战，从进攻转入防守，以往中西协约双方，都是西方人提条件，以后似乎轮到中国方面提条件了。②

五卅运动动员中国全民形成反抗西方扩张的民族主义运动，形成了相当规模的全民统一战线。不仅民众无论城乡男女积极响应，最初段祺瑞政府也表示以外交形式配合，维护国体，体恤民生，军阀也纷纷表示誓为国民后盾，以雪国耻，尽管这一全民反抗西方的统一战线很快崩溃，但它至少展示了某种可能性。而对于西方，过去是一个统一战线的列强诸国，如今产生了分裂，因为"十月革命"已经将俄国从"八国联军"中分离出来。在中国有可能成为同一个中国的同时，西方分成了两个西方，这预示着中西关系中可能出现的一个新的三角格局。

① 《京报》1925 年 6 月 30 日。
② 美国学者多萝茜·博格评价五卅运动对中西关系的影响时说："在条约体系形成的数十年间，列强坚信，他们不是从中国获得更多的特权，就是可以维持对他们有利的现状。但是在 1925 年，这一情况发生了惊人的变化，中国人民以出人意料的力量和决心坚决反对外国列强在中国长期拥有的特权。有条约关系的列强突然发现自己开始处于防守而不是进攻的地位……问题不再是西方国家和日本向中国要求什么，而是激昂的富有民族主义精神的中国向他们提出要求。"(American Policy and the Chinese Revolution 1925-1928, by Dorothy Borg, New York : Octagon Books Inc., 1961, p.7)

图 4-46：十月革命中彼得格勒的红军。

五卅运动期间英国怀疑苏联参与策划了该运动，传说苏联答应援助冯玉祥向英国宣战。早在义和团运动期间，列宁就在《火星报》上发表文章《对华战争》，区分欧洲人民与帝国主义者："究竟是什么引起中国人袭击欧洲人，引起英国人、法国人、德国人、俄国人、日本人等等所如此热心镇压的这次叛乱？主战者硬说：是由于'黄种人仇视白种人'，'中国人仇视欧洲文化与文明'。是的，中国人确实是憎恶欧洲人，然而他们究竟是憎恶的哪一种欧洲人，并且为了什么呢？中国人并不是憎恶欧洲人民，因为他们和欧洲人民并无冲突，他们是憎恶欧洲资本家及对资本家驯服的欧洲各国政府。"[1]

俄国革命使俄国从西方阵营里分离出来，中国革命又使中国与苏联结成同盟，中西冲突的格局变了。西方分裂为两个西方，而且另一个西方正在与中国结盟。中国试图在国民概念上整合成同一个中国对抗西方，也没有成功。五卅运动的起点是中西二元对立国民运动，全民统一的反抗西方列强的民族主义运动。但五卅运动的终点却是国民阵线的分裂，西方分裂成两个西方，中国也还没有形成一个中国。

五卅运动之后，瞿秋白在陈独秀发表《我们对于义和团两个错误的观念》

①《列宁全集》第四卷，人民出版社 1984 年版，第 320 页。

图 4-47：老"中国通"赫德爵士。

一文整整一年以后，1925 年 9 月 3 日，在同一个刊物《向导》上发表《义和团暴动之意义与五卅运动之前途》。文章指出，五卅运动"是义和团的反抗侵略运动的继续"，"比二十六年前的义和团运动对于民众解放的斗争有更大的希望和更远的前途"。这个"更大的希望和更远的前途"，即体现在无产阶级领导与阶级斗争核心上。瞿秋白用民众解放取代了民族解放，便把阶级斗争置于民族斗争之前，而阶级斗争可以从中国国内到世界各地，于是，无产阶级与资产阶级的阶级界限便模糊或取代了中国与西方的地缘文明界限。甚至产生一种超越中西地缘文明界限的新的二元对立格局，即无产阶级与资产阶级的对立。五卅运动的结局与义和团运动一样，都在历史中认识到反抗西方的入侵必先进行中国内部的革命，使中国成为统一国族的中国或同一民众的中国："中国既然因有几十万无产阶级的团结奋斗而能暂时制止帝国主义之直接进攻，那么，要使这解放运动完全胜利，便应当更加发展中国无产阶级的势力，发展一般的民众力量，排除一切反动的帝国主义走狗的力量，那时才能废除辛丑条约，才能打破帝国主义束缚中国的一切锁链。"[1]

义和团纯粹是中国传统式农民运动，念咒练功、杀人放火、攻城劫舍，五卅运动虽然是中国的革命，但形式却是西方现代的，和平请愿、演讲游行、罢工罢课……纯粹中国与纯粹西方式的反西方的运动，都失败了。下面的问题是探索一条中西结合的路。义和团运动刚过，英国人赫德爵士就深有感触与预见性地分析：

"……中国人是一个有才智、有教养的种族，冷静、勤勉，有自己的文明，

---

[1] 参见瞿秋白《义和团暴动之意义与五卅运动之前途》，《瞿秋白文集》（政治理论编）第 3 卷，人民出版社 1989 年版，第 340—353 页。

在语言、思想和感情各方面都很纯一，人口总数约有四亿，生活在自己的围墙之中，在他们所繁衍的国家有肥沃的土地和富饶的江河，有高山和平原、丘陵和溪谷的无穷变化，有各种各样的气候和条件，地面上生产着一个民族所需要的一切，地底下埋藏着从没有开发过的无穷的财富，——这个种族，经过数千年高傲的与世隔绝和闭关自守之后，被客观情况的力量和外来进犯者的优势所逼，同世界其余各国发生了条约关系，但是他们认为那是一种耻辱，他们知道从这种关系中得不到好处，正指望有朝一日自己能够十足地强大起来，重新恢复自己的旧生活，排除同外国的交往、外国的干涉和外国的入侵……

"两千万或两千万以上武装起来、经过操练、受过训练而且又受爱国的——即使是被误解了——动机所激励的团民，将使外国人不可能再在中国住下去，将从外国人那里收回外国人从中国取去的每一样东西，将加重地来报复旧日的怨恨，将把中国的国旗和中国的武器带到许许多多现在连想都想不到的地方去，这样就为将来准备了甚至从来没有梦想过的骚乱和灾难。50年以后，就将有千百万团民排成密集队形，穿戴全副盔甲，听候中国政府的号召，这一点是丝毫不容置疑的！如果中国政府继续存在下去，它将鼓励——而这样鼓励是很对的——支持并且发展这个中华民族的运动；这个运动对于世界其余各国不是吉祥之兆，但是中国将有权利采取行动，中国将贯彻它的民族计划……"①

如果不是后来的事，没有人能够想起那位把持中国海关达半个世纪之久的老"中国通"的预言。五卅运动之后，中国共产党活动的主流从城市转向乡村，斗争形式也从和平抗议转向武装斗争。抗日战争开始的时候，中西冲突也中止了，临时的战争结盟使中西地缘文明界限变得没有意义，英美军队与中国军队共同抗日，在五卅运动中清晰的中西阵线，在第二次世界大战中模糊起来。

抗日战争是中华民族救亡运动的第三幕。在这一幕中，中国基本上是一个中国，而西方变成敌对的两个西方。世界大战结束，中国内战也结束了，当中国共产党在自己的国土上建立起一个人民的共和国时，中西界限又变得分明而尖锐。从鸦片战争到八国联军建立的那些条约，都被废除了，中国共产党军队的大炮炮击长江上的英国舰队（"紫英号"事件），英国舰队逃跑了，在华的西

---

① 《"黄祸论"历史资料选辑》，吕浦等编译，中国社会科学出版社1979年版，第163页。

图 4-48：1949 年 5 月 25 日，人民解放军开进上海，百年殖民历史结束了。此时，是否有人回忆起赫德爵士当年的预言："50 年以后，就将有千百万团民排成密集队形，穿戴全副盔甲，听候中国政府的号召……中国将贯彻它的民族计划……"

方人也纷纷逃离，实际上是被驱逐出中国的，只有苏联人被当作"老大哥"热情地留下来。中国在贯彻它自己的民族计划！西方感到某种伤痛。

美国人的伤痛表述为所谓的"中国丢失"论。几十亿美元的援助，几代传教士、商人、政客与军人的努力，最终在中国大地上除了仇恨之外，什么也没有留下。欧洲人的伤痛尽管没有美国人体验得那么剧烈，但似乎更深远。对美国人来说，这种伤痛只是两三代人的事，而对欧洲，则是两三个世纪的事。从伊比利亚扩张时代起，西方人就试图在贸易、传教、政治军事上"打开"中国。但是这个"长城帝国"如此难以"进入"，直到鸦片战争开始，先攻占沿海再攻陷北京，先烧毁圆明园再进驻紫禁城，一切终于如愿了，20 世纪初西方人进出中国像主人进出自己的庄园。商人们试图将中国人变成自己的顾客，传教士试图将中国人变成自己的信徒，政客、军人试图将中国变成帝国的殖民地，就在所有的努力即将最后收获的时候，一场发自中国腹地的红色风暴卷走了一切，什么都没有留下，几乎所有的西方人都被驱赶出去，在中国的财产也被没收，上帝的福音变成了马克思主义。红色中国又像中国历史上的那些皇朝一样，对西方毅然决然地关上了大门。

伤痛之外还有某种担忧。中国素来似乎有某种排外仇外倾向。西方人强行入侵中国改变了中国的社会政治"形态"，却没有改变中国传统文化的"心态"。中国人不仅从未从心底里欣悦或情愿地接受过外国人，而且还一直深藏着某些屈辱与仇恨。中国的传统排外仇外心理，再加上马克思主义信仰与有组织的暴力革命性的共产主义运动，前景就更令人担忧。红色中国明确表示它对西方世界的敌视，美国成为它的头号敌人，英国尽管表示承认中国并建立外交关系，中国政府也不以为然。担忧终于落实到战争，中国出兵朝鲜，在那里的美国士兵发现，他们一夜之间竟陷入漫山遍野的中国志愿军的重围之中。

第四幕在朝鲜战场上开启。赫德曾预言50年后，将有"千百万团民"武装起来，受过现代训练、被爱国的热情所激励，将所有的外国人都赶出去，并"将把中国的国旗和中国的武器带到许许多多现在连想都想不到的地方去"。果真是50年后，朝鲜战争证明了赫德爵士的预言，那个"连想都想不到的地方"竟然是朝鲜半岛！

志愿军出现在朝鲜美军阵地后不久《生活》杂志报道："20年前还是一群乌合之众的中国红色军队，已经被建设成为一支具有威胁的、苏联化的善战力量……"[1]朝鲜战争是20世纪最让美国人感到耻辱的战争。朝鲜战争损失近2000架飞机，联合国部队伤亡人数50余万人，其中94000名死亡官兵中，有33629人是美国人，而美国受伤的士兵则接近10万。[2]这场残酷的战争前后进行的时间，几乎跟美国参加第二次世界大战的时间一样长，但最终也没有取得胜利。联合国军总司令麦克阿瑟建议杜鲁门总统往中国东北投30—50枚原子弹，杜鲁门却撤换了麦克阿瑟，接替麦克阿瑟的联合国军总司令克拉克上将，最后在板门店停战协定上签字。朝鲜战争对美国政治军事经济的影响还不如它对美国文

---

① Life，November 20，1950，转引自［美］哈罗德·伊萨克斯著：《美国的中国形象》，于殿利、陆日宇译，时事出版社1999年版，第327页。

② 参见 Century of War，By Gabriel Kolko，New York：The New Press，1994，p.404。

图 4-49：朝鲜战争停战协定在板门店签署。克拉克上将说："美国将军在一个没有打胜的停战书上签字，这在美国历史上还是第一次。"

化心理的影响。它将美国人从第二次世界大战胜利的喜悦与自信中惊醒。而这种喜悦与自信，直到40年后的海湾战争才得以恢复。

西方分裂成冷战的两个阵营，而中国最终团结成一个革命的国家。朝鲜战争为其赢得了"令人尊敬的军事强国的地位"，却为中西竞争与冲突中再次分裂中国埋下了伏笔：美国第七舰队开进台湾海峡，又50年后台湾一些人妄图"独立"。新中国与西方对抗，美国是西方世界的首脑，也成为中国"最凶恶的敌人"。在中国政府试图建立世界范围的反美统一战线的同时，美国也将"好战"的中国当作"今天美国的主要敌人"，对中国实施外交敌视、内政干涉、经济封锁、侵略威胁。新中国"一边倒"向苏联，联苏抗美，但由于种种原因，中苏结盟的社会主义阵线很快出现裂痕。苏联不仅陈兵中苏边界，甚至要联美打击中国。对中国来说，西方似乎又变成彻底敌对的西方，陷入孤立的中国，只能既反美又反苏，进行世界无产阶级革命。

图 4-50：北京红卫兵批斗玛丽亚方济各会修女。从鲁布鲁克、孟德·高维奴那一代人算起，方济各会到中国传教的历史，几乎和中西关系的历史一样长。

第五幕即将开始。将中国革命进行到底，确保社会主义红色江山千秋万代不变颜色；将中国变成世界革命的中心，反帝反修发动并领导世界无产阶级革命解放全人类……极度的被动——与世界上两个超级大国同时为敌——在中国再次唤起世界革命的豪情，感到风暴的中心的眩晕。"文化大革命"爆发的时候，中西关系的格局又类似于义和团时候，几乎所有的西方主要国家都与中国敌对，一度游离出与中国对立的西方阵营的苏联，又回到中西冲突的对立面，当年八国联军的那些国家，如今还是中国的主要敌人。当然，中国也与所有这些西方国家为敌，并想象彻底地消灭他们。"文化大革命"那种虚妄的豪情、愚昧的破坏与彻底的反西方主义，也让人联想到世纪初的群众运动。

如果我们将 20 世纪中西冲突表述为一个五幕剧，朝鲜战争是第四幕，"文化大革命"是第五幕。毛泽东发动"文化大革命"有多重动机，有国内的政治权力斗争，清除所谓走资派与修正主义；有国际斗争，反对美国为首的西方帝国

图 4-51：红卫兵在英国驻华代办处前愤怒声讨英帝国主义的反华罪行。

主义与苏联为首的修正主义。而国内国际的斗争又是相通的，反帝反修必须首先反国内帝国主义修正主义的代理势力，历史的教训是中西冲突常常表现为中国内部中西两种力量代表的冲突，如同当年的团民与教民。

第五幕"文化大革命"，是一场全面"灭洋"的运动，在排外仇洋与封闭愚昧上，多少重复了义和团运动。在国际上反帝反修，就必须在国内确保统一的革命力量、确保毛泽东理想的无产阶级革命的纯洁性。"文化大革命""轰轰烈烈"，中国几乎与世界完全隔离，外国来华的活动基本上被取消或被减少到最低限度。民众抢劫了苏联驻华使馆，围攻撤离的苏联外交官的家属，将大连港停泊的苏联船只上的苏联官员押上岸游街示众。经过半个多世纪的现代化运动，红卫兵不会再像当年义和团民那样愚昧野蛮，但反西排外的激情与方式却大同小异。1967 年 8 月，以北京外语学院红卫兵为主的"首都无产阶级革命派反帝反修联络站"，在英国驻华代办处门前组织召开"首都无产阶级革命派愤怒声讨英帝反华罪行大会"，并冲进代办处打砸抄抢，最后纵火焚烧了英国代办处的汽车与办公楼。

在第五幕"文化大革命"中，中西冲突又表现出两极化的对立，同一个中国表现出的彻底的排外主义与反西方主义。1966 年，"文化大革命"兴起的那年秋天，美国《生活》杂志发表了著名汉学家费正清的长文，感觉是在讲述另一场义和团运动：

"几个世纪以来，长城一直是中国文化千古不变的象征，它骄傲自信地蜿蜒盘旋在赤裸的大地上。然而，就在上一周，北京城墙之内，共产党领导下年轻的、狂热的红卫兵们，正在攻击、破坏一切可以称之为'外国的'或'封建的'东西——使馆、教堂、义和拳起义中死者的坟墓、中国自身的艺术瑰宝。在中国漫长的历史河流中，即使是这些不可理喻的破坏也具有某种意义。在中国，或许在任何地方，当下之事总是与过去有或多或少的联系……在中国历史上，没有任何事件比义和拳起义以及 1900 年围攻北京公使馆更令世界震惊的了……三分之二个世纪前，疯狂的 1900 年仲夏，被朝廷支持在中国北方要消灭所有外国人的义和拳团成员，大部分是青年农民——今天，'红卫兵'正步当年义和团的后尘，在攻击所有外国东西方面表现了同样的热情。但义和拳只是想扫除西方对中国的影响，而红卫兵却表达了双重目标：既要扫除西方对中国的影响，又要扫除中国自身的'旧思想、旧风俗、旧习惯'。"[1]

---

① Life，September 23，29，October 6，1966．

第三节

在文化裂谷的深处

　　义和团运动，意味着中西冲突从"边衅"到"内乱"，中西之间的裂谷已经延伸到中国社会内部。马可·波罗时代，中国是世界的"轴心"，不论西方还是中国，彼此都还只是"传说"；郑和到郑成功的时代，中西已经遭遇在海上，贸易与冲突都开始了；英国人学会喝茶，中国人抽起鸦片，毒品走私与战争中中国与西方的命运捆绑在一起，衰落与兴盛也不过是几代人的事；鸦片战争之后，中西冲突在交流中凸显，并从中西两端延伸到中国社会内部，在西方冲击下启动的中国现代化运动，从一开始就注定了"中西之间"的艰难选择。

　　自从天下有中西，中西早已不仅是外交问题，而是内政问题；不仅是经济、政治、军事问题，而且是文明与文化问题、文明与文化的冲突问题，崇洋或排外、启蒙或救亡，一中一西，左右摇摆，进退都在中西之间……

进退在中西之间

　　1271 年前后，马可·波罗从威尼斯出发前往大汗的国土，在新建成的汗八里皇宫里觐见忽必烈。700 年过去了，美国总统尼克松准备访问中华人民共和国，正值"文化大革命"中。尼克松感觉自己像当年的马可·波罗，来到一个西方人完全陌生的世界，将要见到世界上最有权威的人，中国历史上最后一位"大汗"。

　　尼克松行前仔细向马尔罗询问有关毛泽东的信息。马尔罗是法国著名作家、

图 4-52：毛泽东会见尼克松。

戴高乐政府的文化部长，曾在北京中南海的丰泽园访问毛泽东。马尔罗说，毛泽东是中国历史上一系列英明君主的继承人，在毛泽东的身后，他看到中国历史上一系列雄才大略的帝王身影。[1] 他告诉尼克松："你面对的是一个巨人，不过是一个面临死亡的巨人……你将会晤的是一个命运奇特的人，他相信他正在演出自己一生的最后一幕。你可能以为他是在对你说话，但实际上他将是对死神说话……"

毛泽东的头脑里，的确有一个目标，一个神圣而伟大的事业的目标，他被

<hr />

① 参见《马尔劳访华回忆录》，刘述先著：《马尔劳与中国》，刘安云译，香港中文大学出版社 1981 年版，第 85—144 页。

图4-53：想象中中国中心的世界革命（一）："这位非洲的自由战士，在反对殖民军的英勇战斗中，光荣负伤。在治疗期间，他一直坚持学习毛主席著作，从中吸取智慧和力量。"《人民画报》1967年第3期。

这个目标迷住了，想在一夜之间，一场运动一场革命之后，就彻底超越中国现代化运动的两难困境，创造出一个既非中国传统，又非西方现代的崭新的、未来的红色中国。"文化大革命"不仅要排斥中国之外的"西方"，反帝反修，将红旗插遍全球，还要清除中国内部的"西方"，从制度到观念，揪出走资派，横扫一切牛鬼蛇神，灵魂深处闹革命……

伟人的幻象经常是历史的灾难。"文化大革命"是一场浩劫，不要轻言几个人的错误或一代人的灾难，因为真正的问题是，"文化大革命"绝非偶然，其深远的历史合理性渊源，一直可以追溯到中国现代化运动的起点，追溯到中西关系在中国现代起点上为中国设置的某种"文化宿命"。

鸦片战争之后，中西之间的裂痕延伸到中国内部，不仅是政治军事上"边衅"变成"内乱"，经济上文化上，中国社会也分裂出两种力量，西方现代的与中国传统的、改良的与保守的、革命的与反革命的……总之，中西关系在器物、制度与文化上变成中国内部的经济、政治、文化关系，变成中国现代化历史的核心问题。中国要现代化，难以避免要西化，如果西化，现代化的中国是否还是中国？彻底的中国革命，必须摆脱这种困境，创造出一个完整的、独特的未来中国。

如何摆脱中国现代化的原生性困境，创造出一个完整的、独特的未来中国？依靠制度化管理的程序，一万年太久。只争朝夕，就只能革命。"文化大革命"是一场浩劫，缘由与象征，都可以追溯到中国近代史。

"文化大革命"的理想是创造出一个完整的、独特的未来中国，结果却不是走向未来，而是回到过去，回到近代，甚至乾隆时代。费正清文中引一位著名的汉学家的话说："毛主席的革命一直存在着一种奇异的矛盾：他越是寻求使中国新生的东西，中国似乎就越往旧中国的老路上倒退。"曾经多次来过中国的法国汉学家佩雷菲特，事后回忆他的"文革"见闻感想：

"1960 年八九月间，我从香港出发，对中国进行了第一次探索。我马上就吃惊地看到这个社会同马戛尔尼的伙伴们描写的社会十分相似。简直可以说每个中国人的基因里都带有乾隆帝国时的全部遗传信息。该国以十足的中国方式在

图 4-54：想象中中国中心的世界革命（二）："美国人民热爱毛泽东思想。这两个美国青年在全神贯注地学习《毛主席语录》。"《人民画报》1967 年第 12 期。

造自己的反。要同过去决裂，它却从中寻找可以依靠的因素来证明自己的不变性。……1960 年的中国人仍赞同乾隆对马戛尔尼使华团的看法，这突出地表现了这种连续性。历史教科书，大学课本，以及我与之交谈的知识分子都用马克思的语言支持传统的观点。马戛尔尼的态度是'帝国主义的''资本主义的'和'殖民主义的'。所有的人都赞同乾隆的严厉的回答：'朕无求于任何人。尔等速速收起礼品，启程回国。'不久前遣返苏联技术人员和'顾问'时他们也是这样做的，当时宣布说：'我们要自力更生'。

"尽管'大跃进'导致了灾难，许多中国人认为中国比所有其他国家都优越；西方最多只能为它提供一些方法。120 年来它遭受的那么多不幸是因为它遭到贪婪的民族掠夺的结果。错误不可能是由它自己造成的。它落后了，但它将

图 4-55：想象中中国中心的世界革命（三）："伊拉克运动员在联欢会上高举毛主席像，与中国运动员倪志钦一起合影，表达他对伟大的领袖毛主席的无限热爱。"
《人民画报》1967 年第 2 期

在几年内赶上去，它将恢复已有数千年的优势。

"1971 年七八月，我率领'文化革命'5 年来获准前往的第一个西方官方代表团前去中华人民共和国，当时的国家政权与马戛尔尼打交道的政权离奇地相似，这使我惊讶不已。

"土地占有同样的优势：乾隆蔑视英国工业革命的产品和各国商人，毛主席要依靠农民而不是工人，这都是因为几乎全体人民都住在农村并以农业为生的

图 4-56：想象中中国中心的世界革命（四）：这幅照片据说是阿尔巴尼亚"发罗拉市的文艺工作者在唱中国歌曲《大海航行靠舵手》"，表达阿尔巴尼亚人民对中国人民的伟大领袖毛主席的无限热爱。《人民画报》1967 年第 3 期该照片版上方的标题是"全世界革命人民热爱毛主席"。

缘故……

"1971 年 9 月，我们回到欧洲后，同大家一起获悉毛的亲密的信徒、小红书的狂热鼓吹者林彪元帅可能想逃往莫斯科，并在空中丧命。我们回想起中国的礼宾司司长在 7 月中建议我们为毛和周恩来，而不为林彪——尽管他是被指定的接班人——干杯。马戛尔尼及其伙伴回国几年后，他们得知宠臣和绅成了一出类似的悲剧的亡故者。在中国，今天同往昔一样，塔耳珀伊亚岩石在卡庇托山[①]的里面，而不是在周围。

① 卡庇托山，罗马的一座小山，其西南角上沿台伯河处有一块岩石，叫塔耳珀伊亚岩石，古罗马时把犯罪的人从这里推下去处死。——原译注

　　"对外国人同样的不信任。他们只能扰乱中国的秩序；他们的好奇心十分危险；应当对他们严密监视……同样的集体反应：在闷热的夏夜，中国人继续夜宿在大街上……同样的俭朴；同样一碗米饭和烧白菜；同样的筷子……穿着同样的蓝灰色棉布衣服……同样好抽烟。

　　"革命的暴力本身证明这些遗产具有多么强的生命力。消灭的是每个中国人身上的'反动的'东西。如果说'解放'是用流血止住了动荡，那是因为传统的包袱过于沉重：解放了的农民仍然在其被剥夺了财产的主人面前发颤。仅仅取消旧官僚体制的科举、等级和特权是不够的，党的官僚体系自然而然就取而代之了。还应当粉碎敌对阶级，羞辱知识分子，摧毁等级制度。（原文的确如此，核对过）中国就这样翻来覆去地从过去的杀戮又恢复到过去的状态。一些金色和红色的标语牌重复着这个口号：'古为今用！'其壮举就是赋予中国人这样的感受：他们在废除其遗产的同时仍然忠于它。"①

　　从鸦片战争到"文化大革命"，中西交流与冲突的历史，恰好走完一个回合，义和团运动与八国联军入侵，是其中的分水岭。它彻底展示了西方扩张的启蒙主义与殖民主义的两面，也暴露了中国"反应"中的崇洋主义与排外主义的两个极端，从此预示或注定了现代中国的某种"存在性的"文化困境：现代中国，必须同时接受西方的启蒙进步，拒绝西方的殖民霸权；不接受西方的启蒙主义，中国无法"现代"，不拒绝西方的殖民主义，中国又无法成其为"中国"。遗憾的是，西方是同一个西方，令人困惑。接受西方的启蒙主义、拒绝西方的殖民主义，一来一去，容易偏激，极端化为崇洋主义或排外

图4-57："文革"中的批斗现场。

①　［法］佩雷菲特著：《停滞的帝国——两个世界的撞击》，王国卿等译，三联书店1993年版，第4—7页。

主义，其中自有道理。问题是，崇
洋主义将在文化上失去"中国"，
而排外主义将在文明上失去"现
代"。现代中国何去何从？

　　义和团运动要扶清灭洋，野蛮
的排外主义几乎导致灭朝覆国；八
国联军暴侵之后，中国尽管不会
"心悦"，但至少感到"诚服"。官
方与民间认清了自身的愚昧野蛮，
对降神念咒、杀人放火救国，不抱
希望了。慈禧太后表示要"量中华
之物力，结与国之欢心"，朝廷变
成洋人的朝廷，新政改革也开始了。
民间在更大规模上接受西方的器
物、习俗与观念，朝野一时有极端
的崇洋主义趋势。这种趋势，直到
五四运动、五卅运动，才开始转变，
而以后又逐步滑向排外主义，直到
"文化大革命"。在排外主义的激情
与狂热上，并不减于当年义和团。

图 4-58：孔庙大成殿内明代彩塑孔子像，"文革"间被挖眼、穿心、贴上诸如"头号大混蛋"之类的标语后，被推倒砸毁。

　　中国的现代化运动，仍在艰难的选择与痛苦的摇摆中。"文化大革命"反帝反修，将革命进行到底，在现代西方与传统中国之间陡峭的裂谷间升腾起的"美好新世界"，却满身是传统中国的尘土。启蒙或救亡？崇洋或排外？现代或传统？何去何从？"文化大革命"结束，结束的不是一个 10 年，可能更长远，结束了一个 50 年，没有人再要"打倒帝国主义"了，没有人再"抵制洋货"。中国重新开始"走向西方""走向世界"。心悦诚服于西方，毫不亚于义和团之后那一段。

　　义和团运动与八国联军入侵，是中西关系史上的一个重要转折点。义和团运动前 60 年与后 60 年，中西冲突发生了根本的变化。我们从 1850 年前后开始讨论中西关系的第四个阶段的历史背景，这第四个历史阶段中西关系的特征与意义是中西关系的内化、激化、多边化与复杂化，义和团运动与八国联军入侵，具有典型性意义。它展示了中西交流与冲突的复杂形态，两极对立、三角关系与四边格局，而且，更重要的是，它还表现出中西关系与现代化历程中，中国难以摆脱的某种文化困境。

从鸦片战争到义和团，从义和团到"文化大革命"，中西已不仅是外交或内政问题，而是文明与文化问题的冲突与中国现代化命运的问题。崇洋或排外、启蒙或救亡，中国的现代化运动始终在一中一西之间，左右摇摆，平衡的时候少，失衡的时候多。人们检讨 10 年或 20 年的教训，却不放眼量到检讨 100 年或 700 年。人们以为"文化大革命"是中国现代化运动的"中断"，却看不到"文化大革命"也是中国现代化进程的一个具有历史合理性的阶段，因为中国的现代化运动，从一开始就存在着一个难以选择的两难困境，两个无法允执中的极端。偏向其中任何一个极端，都是灾难。

百年沧桑从头越

毛泽东想发动一场革命，将中国从中西冲突的文化裂谷中拯救出来，创造一个不中不西的"红彤彤的新世界"。结果是他没有走进面前的刺目的朝阳，却被拖进身后浓重的阴影。"文化大革命"结束的时候，正好是马可·波罗到中国 700 年。理解这场毁灭性的革命，至少还有一个角度，就是 700 年中西交流与冲突的历史。

700 年前，马可·波罗与他同时代的旅行家前往中国旅行，诱发了西方文化自身的一场革命，成为西方向世界、向中国扩张的起点。他的旅行，发生在一种开放的、扩张的社会文化结构中，旅行实现了深远的历史影响。西方在他那个时代开始走向世界，因为"发现"中国，他们确认了自我；因为向往中国，他们发现了世界，被诱发的资本主义扩张的想象与热情，一发而不可收拾。

大旅行的时代，水天辽阔，马可·波罗成为传奇人物。对比之下，他的同时代中国人，列班·扫马，身后却寂寞了许多。列班·扫马的旅行没有触动中

图 4-59：1976 年 10 月 25 日，天安门广场百万军民大游行，庆祝揪出"四人帮"，"文化大革命"结束。中国的感觉是再次取得了伟大胜利。乾坤流转，日月如飞，此时，距马可·波罗到北京、列班·扫马西行，整整 700 年。

国社会，蒙元时代的中国正处于又一次保守化的转折点上，不存在实现其"发现"意义的社会文化语境。蒙古帝国瞬间完成了欧亚大陆的一体化运动。对于西方，它意味着"蒙古和平"，旅行与贸易、观念与知识，都开始了一场革命；欧亚大陆交通畅通，伊斯兰扩张被暂时压制了，东方的财富与技术都向西方开放，在古老的丝绸之路上，人从西方流向中国，财富与技术从中国流向西方。对于中国，它意味着"蒙古征服"，是一场国族覆灭的劫难。蒙古大军与色目官吏到来，洗劫或贸易，或洗劫式贸易，财富源源不断地从中国流出，那个时代，中国仍是世界的中心，但是一个将耗尽自己力量转动世界的、被奴役的轴心。

　　蒙古征服对西方与中国是两种完全不同的经验。西方文明幸免于难，中国则险有灭族之灾。蒙古浩劫之后，明朝收复华夏旧地，驱逐外夷，重建汉族政权，封闭保守是必然的，也有充分的历史缘由。蒙元历史的经验告诉中国，开放意味着民族奴役、政治压迫、经济掠夺。开放也没有必要，中国是当时世界上最先进的国家，政治经济充分自足，整个外部世界，从印度到欧洲，不论经济技术还是制度思想，都不能给中国提供借鉴。元明之际中华帝国历史进入全面收敛期，在整个社会文化趋向保守的趋势下，个人域外旅行就不可能实现其社会文化影响。中国与西方不同社会历史经验的因缘际会，决定最终是西方"发现"中国，而不是中国"发现"西方。西方扩张为一种"全球文明"，中国衰落到救亡图存的险境，如是命运，在历史的那一刻，似乎已经注定了。

郑和下西洋，正值中华帝国历史进入全面收敛期，在大的保守趋势上看，是某种例外，而停止下洋却在情理之中。中国是一个有千年传统的内陆帝国，持续的地理扩张在四方已达到极限，千年之间北方草原游牧民族不断进袭，如今固守住内陆，坚实的泥土与岩石才是帝国的基础。开放与扩张既无政治必要也无经济利益，郑和下西洋在中国历史具体的背景下，不仅是一种例外，而且可能还是一种疯狂，一种挥霍性的疯狂。

伊比利亚扩张不同，既有其社会文化历史的合理性，又有其可持续发展的内在力量。航海对伊比利亚社会各阶层，都是一项确实有利可图的事业。商人需要利润，水手需要暴富，贵族需要冒险，新兴的民族君主国家的国王需要更大的土地、更广阔的海域和更多的财富，教士们为了上帝需要更多的信徒。而远航东方确实能够满足上述的一切。

郑和下西洋是专制政治动员的，伊比利亚远航是市场动员的，既有资源潜力又有发展的活力。伊比利亚扩张第一次使地球不同文明区域连接成一个整体，海洋四通八达，技术与市场、原料与商品、生活习俗与宗教信仰、思想与艺术彼此交流、相互影响。真正全球意义上的世界形成了，而且西欧成为这个世界的中心。

伊比利亚扩张一方面要建立以西方为中心的世界经济秩序，另一方面又要建立以基督教为中心的普世文明。17世纪远东水域，是国际竞逐、东西方冲突的焦点，冲突有三种力量，西方扩张主义者、代表中国内陆朝廷的水师与中国民间海商海盗。这三种力量相互攻击也时而联合，朝廷可以联合西方势力"以夷破贼"，民间海盗也可以联合西方势力骚扰中国海岸打击官军，但在官民冲突中内耗的总是中国力量，西方扩张主义者不管联合哪一方，都是得利者。

谁称霸海洋，谁称霸世界；失去海洋的民族，最终也失去家乡。中华帝国的内耗，使它在列强的竞争中衰落。郑芝龙是大时代的英雄。其历史意义不在于他成为最大的海商海盗集团的头目，而在于他设法取得朝廷的招抚，使海商海盗集团合法化，统合内陆政权与海上民间势力遏制西方扩张，重建远东水域的"中国霸权"。只有在中国海三方势力冲突的格局中才能理解郑芝龙的业绩。西方试图将自己扩张成世界并成为这个新世界中心的时候，中国则力图摆脱这个世界。中国有自足的经济体系与自足的文化体系，既不需要佛郎机的财物也不需要他们的上帝。西方扩张冲击中国海岸的浪潮，一浪强过一浪，葡萄牙人、西班牙人、荷兰人，最后解决问题的是英国人，他们贩运茶叶与鸦片，毒品摧毁了一个帝国也成就了一个帝国，大英帝国无比的强大，而中华帝国彻底衰落。首先是鸦片贸易，继而是鸦片战争，最终将中华帝国带入西方扩张的世界体系。中西的交流与冲突全面开始了，由中西冲突导致的中国内在分裂与冲突也开始了。

中华帝国在西方文化开始发现扩张的时候，转入内敛保守；在西方集结全社会力量进行海外贸易殖民征服的时候，自毁了曾经一再领有优势的海上扩张力量；在拒绝了西方各种物资的贸易企图后却接受了毒品贸易，而社会的所有弊端、贫困、腐败，都在为毒品的泛滥肆虐提供条件。鸦片腐蚀的帝国，被战争击毁。我们在四个历史阶段背景上讨论四组典型性事件，从中明显可以看出中西交流与冲突的进程。

以马可·波罗与列班·扫马的旅行为典型事件的第一阶段，1250 年到1450 年间，中国与西方天各一方，彼此之间的联系不过是缥缈的传说与稀奇的珍宝。从 1450 年到 1650 年，世界史上的重要事件是郑和远航与伊比利亚扩张，中西之间直接的贸易与摩擦已经转移到中国外洋。1650 年到 1850 年，西方扩张力量冲破中国海岸防线，鸦片贸易与战争，开展在中国沿海。1850 年开始的第四阶段，西方扩张势力已经深入到中国内部，从海岸到内陆、从社会上层到社会底层，在物质与文化各个层面，中国被分裂了，1900 年爆发的义和团运动，既想弥合这种裂痕，又加剧了这种裂痕，置中国的现代化运动于中西冲突之间，直到"文化大革命"，又一次试图超越这种裂痕，却又一次加深了这种裂痕。

最初是中国或前往中国的旅行，将西方带入中国中心的"世界体系"，并开始了西方的现代化历程，西方扩张推动世界现代化历史，最后是西方或"西方的冲击"，又将中国带入西方中心的"世界体系"。天风海雨七个世纪，在世界现代历史格局中，中西关系的四个阶段，交流与冲突都在逐步深入逐步激化：从天各一方到遭遇外洋，从海岸侵扰到内陆沦陷，从渴望中国的西方到西方冲击的中国。第一次鸦片战争既是一个历史阶段的终点，又是一个历史阶段的起点。从 1850 年前后开始的中西交流的第四个历史阶段，明显的特征是中西的交流与冲突都达到高潮，西方冲击造成中国社会内部中西冲突的三重危局，也开始酝酿中国现代的不断革命，决定着中国现代化运动的命运。

义和团运动与八国联军暴侵，是一个象征，是一个阐释中西交流与冲突、历史兴盛与衰落的象征。自从西方扩张到中国社会内部，就有中国纠缠不清的启蒙主义与民族主义情结、摇摆不定的盲目崇洋与野蛮排外的两种倾向，就有难舍难分的传统中国与难拒难去的现代西方，就注定了中国现代化的两难选择、世界现代化格局中的中西两种模式。

在历史的交错时空中旅行，七个多世纪过去了，当年一些冒险家穿越大陆，用稀奇的珠宝香料、无稽的海外奇谈连接起来的两个世界，如今进入一个全球化文明体系。在这个文明体系中，西方扩张为世界，而中国在世界之中的同时，也让西方在中国之中。

1850 年前后，中国知识分子开始考察西方，用流行的话说，叫"走向世界"。本来是走向欧美或走向西方的，怎么被称作走向"世界"？本来中国在世界之中，又如何"走向"呢？当然，这样说也并不是没有道理，在现代中国人的潜意识中，似乎西方就是世界。一则，迫使或引发我们走出国门的是西方；二则，西方几个世纪持续不断地扩张，已使西方文明世界化。郭嵩焘出使英国，越洋旅程中停靠的港口，从上海到南安普敦，沿途停靠的港口，香港、新加坡、锡兰、亚丁、马耳他、直布罗陀，全是英国的殖民地，悬挂着英国国旗，怎不让人感到西方就是世界？ [①]

西方就是世界，中国"走向"西方，也就是"走向世界"。本来"走向世界"这一说法是有问题的。中国在世界之中，又如何走向？但如果走向世界的真实含义就是走向西方，中国在西方之外，中国也就在世界之外，真实处境当然是"走向"。丁韪良记述义和团运动的书《北京之困》，用的副题是"中国对

---

① The First Chinese Embassy lo West, by J.D.Frodsham, Oxford : Clarendon Press, 1974, Introduction.

抗世界"。传统中国在世界之外，或者准确地说在西方中心主义的世界体系之外，对抗西方扩张，就成为对抗"世界"甚至"对抗文明"。现代中国在世界之中，自然无法对抗世界，但如果世界就是西方或西方中心主义的世界体系，中国还可以对抗西方吗？

西方扩张为世界，中国在世界之中也在西方之中。中国接受西方文明，西方在中国之外也在中国之中。近现代以来，西方资本主义扩张深入中国，从海岸到内陆，从"洋药"（鸦片）到"洋教"（基督教），中国抵抗，却战则丧师，和则辱国，禁烟无法去"洋药"，教案无法排"洋教"，义和团运动仓皇而起的时候，西方已经深入中国内部，以一种强势文化的力量从内部改造中国，塑造一种新的文明类型。以后中国的问题已经不是选择西方或中国，而是矫正中国内部现代西方与中国传统的关系。

一方面是中国在西方 / 世界之外，另一方面世界 / 西方又在中国之内。话语的困惑透露出现实的困惑。西方已经变成世界的时候，中国在世界之中，却不认同在西方之中，中西之间的冲突就成为文明与文化之间的冲突。西方扩张到中国，是以一种文明势力进入的，进步成为其正义的根据。中国不可能在文明意义上反抗西方，除非你反对历史的进步或文明本身，这是义和团运动之后，人们已经普遍觉悟到的。但是，是否可以在文化意义上抵抗西方呢？

中西成为我们思考与表述中国的现代化运动的二元对立的坐标。这个坐标已经不仅说明某种国际关系，更重要的是说明一种文明类型与文化困境。从鸦片战争到义和团运动到"文化大革命"，百二十年的时光，中国人在挫折与懊悔中终于明白，现代文明是不可抗拒的，而世界的现代文明，尽管有不同民族的贡献，无疑是西方创造与主导的。但是，在西方文明全球化的大潮中，中国文化又如何生存发展？中西关系实质上变成文明与文化的关系。如果意识不到这种关系，或者无法对文明与文化进行有意识的区分，反抗西方文化的运动，就会演变成反抗文明的运动，义和团运动与"文化大革命"，都有这种嫌疑。而西方也会利用这种混淆的概念，将中国反抗西方文化的运动，当作反文明的运动，如当年丁韪良表述的那样。

不管现实中人们如何混用文明与文化的概念，学理上二者之间的区别还是明确的。文明指人类社会进步的程度，与野蛮相对，具有普遍的正义性；而文化，则指特定人群认同自己的祖先历史、语言宗教、价值习俗、伦理制度的方式，有民族个性。文明是时间的，文化是空间的。文明跟野蛮相对，文化则跟其他文化相对。令人困惑的中西之争，实际上是文明与文化之争。西方混淆文明与文化的界限，以文明进步的普世正义为理由扩张西方文化；而中国不分文明与文化，以为接受了人类进步的文明，就必须接受西方个性的文化，困扰与灾难不断。

"文化大革命"之后，中国人再次开始"走向世界"，尽管还是循着一百年前的途径，从器物到制度到观念，但每一步都更加深化。西方两大阵营的冷战，曾为中国提供机会，西方是两个西方，而中国是一个中国。冷战结束了，世界格局发生了新的变化："世界政治的主要争端将会在拥有不同文明的国民以及（其他）集团之间发生。文明的冲突将会支配整个世界政治。"①西方用文明划分世界，实际上是用文化划分世界。亨廷顿的"文明的冲突"描述或假设的，是世界地缘结构的作为行为主体的文化集团之间的冲突。值得注意的是，西方出现文明冲突论的同时，中国出现民族主义思潮。对于中国的新民族主义来说，真正的困惑仍然是中国的现代化运动中西方文明与文化的关系。现代化在文明层次上是西方现代的，但在文化层次上，是否可能成为中国本土的？

百年沧桑难回首，而今迈步从头越。"文化大革命"后中国再次"走向西方"，在西方发现世界，也在世界发现西方。在西方发现的世界，是一个文明进步主义的世界；在世界发现西方，却是一个文化保守主义的西方。文明与文化的冲突，再次可能以中西冲突的形式表现出来。历史如来，不去不来，当年义和团运动与八国联军开启与象征的中西冲突，不管在贸易与战争、霸权与安全的物质层面上，还是在民族主义文化认同与后殖民主义文化批判的精神层面上，一时还难以结束。

---

① 相关观点参见［美］亨廷顿著：《文明的冲突与世界秩序的重建》，周琪等译，新华出版社1998年版。